아산재단 연구총서 제381집

조선족 여성, 동남아시아 여성 그리고 새터민의 적응 유형 분석 및 삶의 질 향상 방안 모색

정 태 연

집문당

머리말

오늘날 우리 사회는 그야말로 다문화 사회이다. 세계화의 흐름 속에서 다양한 문화를 가진 사람들이 우리 사회로 이주해 오고 있다. 북한의 정치 및 경제적 상황과 맞물려서 국내로 들어온 새터민이 현재 거의 3만 명에 이르고 있다. 그뿐만 아니라, 결혼이민자의 수도 수만 명에 이르고, 이주노동자의 수는 더 커서 수십만 명에 이르고 있다.

당연하게도, 그들의 국내 이주는 단순히 그들의 요구에 의해서만 이루어진 것은 아니다. 그들을 끌어들이는 우리 사회의 요인이 그들의 요구와 부합함으로써, 이러한 사회적 변화가 일어난 것이다. 이러한 입장에서 볼 때, 한국 사회에서 이주민들이 꾸려가고 있는 삶은 단지 그들만의 문제이거나 책임일 수 없다.

우리 사회가 다문화 사회로 나아가면서, 다문화 출신자들에 대한 우리의 관심이 적은 것은 아니었다. 학문적으로는 그들이 적응 과정에서 겪는 여러 문제들을 연구해 왔고, 사회적으로나 제도적으로는 그들의 적응을 돕기 위한 다각적인 노력을 경주해 왔다. 본 연구는 그러한 우리 사회의 노력을 연장하고 확장하기 위한 것이다.

구체적으로, 본 연구는 문화적 배경이 다른 다양한 이주민들에 대한 자료를 충분히 수집해서 비교하고 검토해 보고자 했다. 그럼으로써 우리는 그들이 자신의 삶을 어떤 식으로 영위하고 있는지 그 유형을 파악하고자 했다. 또한 우리는 그러한 삶의 방식에서 그들이 겪는 삶의 고충이 무엇인지를 다양한 각도에서 이해하고자 했다.

연구 결과에 나타나 있듯이, 조선족 여성, 동남아시아 여성 그리고 새터민들은 우리 사회에서 다양한 유형의 삶을 살아가고 있었다. 물론 몇몇 사람들은 직면하는 여러 문제들을 적극적으로 적응하는 방식으로 해결하면서 긍정적으로 자신의 삶을 영위하고 있었다. 그럼에도 불구하고, 많은 이주민은 우리 사회에 적응하는 데 많은 어려움에 처해 있었다.

특히, 대부분의 조선족 여성들의 경우 생계활동을 하면서 직면하는 열악한 근로조건과 차별적 대우가 적응의 큰 장애요인이었다. 동남아시아 여성들의 경우 특히 언어와 문화적 차이가 어려움의 주요 원인이었다. 새터민들도 남북한의 이질적인 체제와 문화적 차이로 인해 대학생활 등에 심각한 어려움을 겪고 있었다.

게다가 이들에 대한 남한 사람들의 인식도 전반적으로 호의적이지 않았다. 고정관념과 편견 및 차별은 가벼워 보이지 않았다. 이러한 결과로 볼 때, 이들의 삶의 질을 향상시킬 수 있는 사회적 · 문화적 · 제도적 · 심리적 차원에서의 다각적 모색이 필요하다. 이때 그들이 우리와 함께 살아가야 할 공동체의 구성원이라는 점을 상기할 필요가 있다.

아무쪼록 이주민들의 삶에 대하여 우리 사회가 좀 더 진지하게 고민하는 데 본 연구의 결과가 기여하기를 기대한다. 우리 사회는 우리의 멀지 않은 지난 역사를 돌아볼 필요가 있다. 지금의 우리가 있게 한 것은 우리들만이 아니다. 또한, 지금 많은 이주민들이 우리 사회에 기여하는 점들을 기억할 필요가 있다. 그들은 우리 사회의 단순한 수혜자들이 아니다.

이러한 연구를 수행하는 데 연구보조원으로 참여한 박준성 박사, 허성호 박사에게 고마운 마음을 전한다. 또한 본 연구가 이루어질 수 있도록 지원을 아끼지 않은 아산사회복지재단에도 감사를 드린다. 마지막으로, 이 연구물의 출판을 위해 수고를 해 주신 집문당 관계자 분들께도 감사의 말씀을 드린다.

| 차 례 |

| 표 차례 |

| 그림 차례 |

/제1장/

연구의 목적 및 필요성

제1장 연구의 목적 및 필요성

세계는 지구촌이라는 국제화에 맞춰 국가 간의 인적 · 물적 · 사회문화적 접촉이 활발하고 긴밀하게 이루어지고 있다. 대한민국은 21세기를 맞이하며 국가 간 교류가 더욱 활발해졌고, 국내로 유입된 외국인의 숫자도 크게 증가하였다. 한국으로 이주해 온 외국인의 경우, 한국인과 결혼한 결혼이민자 및 한국에서 일자리를 구하기 위해서 온 외국인 노동자 수가 꾸준히 증가하고 있고, 국내로 들어오는 유학생의 수도 크게 증가했을 뿐만 아니라 탈북자들의 입국이 1990년대 초반을 기점으로 현저히 증가하여, 2007년에는 1만여 명에 이르고 있다(통계청, 2006).

국내에서 다문화 문제는 결혼이주 외국인과 외국인 노동자 및 새터민[1]으로부터 촉발되었다. 법무부의 통계에 따르면 2009년 3월 기준 한국 사회에 결혼이민자 124,998명(외국인 정책본부, 2009), 외국인 근로자 568,960명, 유학생 59,331명 등 총 100만 명이 넘는 외국인이 국내에 체류 중으로, 한국 사회에 출입하는 외국인 숫자가 증가함에 따라 한국 사회의 문화 · 경제 등 기존의 생활양식에 다양한 변화가 나타나고 있다.

---

1) 탈북해 한국에 정착한 자.

다인종과 다문화가 국내에 도입되면서 타문화를 이해하려는 노력 없이 회피하거나 수용하지 못 할 경우 문화 간 접촉에 따른 대립과 갈등을 피할 수 없다(Jasinskaja-Lahti, Liebkind, Horenczyk, & Schmitz, 2003; Kurman, Eshel & Sbeit, 2005). 이러한 결과는 개인의 차원을 넘어선 사회·국가적 차원의 문제이다. 현재 국내에 이주한 동남아시아 노동자와 국제결혼을 통해 이주한 동남아시아 여성들의 문화적응, 그들에 대한 고정관념 및 편견은 매우 심각한 수준이다(오성배, 2007; 윤형숙, 2004; 이영주, 2007). 또 다른 차원에서, 같은 민족이지만 정치이념과 경제구조가 완전히 다른 북한사회에서 온 탈북자들이 남한사회에 적응하는 문제도 심각하다(이장호, 1997; 전우택, 1995; 조영아, 전우택, 2005; 조용관, 2004). 왜냐하면 동남아시아 지역의 사람과 탈북자 등이 서로 다른 조건에서 국내로 이주해 왔음에도 불구하고 한국 사회는 같은 차원에서 문화적응을 위한 노력을 해왔기 때문이다.

이러한 시대적 흐름에 맞춰 문화 관련 국내 연구도 1980년대부터 활발히 증가했다. 초기에는 한국인의 전통적 특성, 유학에 대한 심리학적 조망 등에 관한 연구가 주류를 이루고 있었다. 또한 문화적 차원 즉, 집단주의-개인주의 차원에서 이루어진 비교문화연구가 많이 진행되었다(정태연, 김기범, 2005). 그러나 많은 연구들은 문화적응에 대한 사회현상이나 사회문제에 치중하여 개인의 심리적 문제를 간과하였다. 외국의 문화적응 연구는 사회현상이나 사회문제를 넘어선 개인의 다양한 분야 즉, 사회, 발달, 성격, 건강 영역에서 활발하게 진행되었다. 이 연구들의 대상은 이민자, 유학생과 해외주재원, 난민, 토착인, 관광객 등을 포괄하고 있다(정진경, 양계민, 2004). 그러나 외국의 문화적응 연구들이 심리적 차원에서 진행되었음에도 불구하고, 포괄적이고 추상적인 유형화로 말미암아 개인의 구체적인 심리상태의 진행과정을 이해하는 데에는 한계가 있었다. 기존 문화 관련 연구들은 대부분 이주민들을 특정 문화적응 유형으로 범주화함으로써, 이주민들이 실제로 경험하는 문화적응에 대한 구체적인 내용을 담아내지 못했다. 가령, Berry(1980)의 이론은 분류적인 차원에서 고정적인 4가지 차원의 문화적응 유형을 사용하여 각 맥락과 상황에 처한 사람들의 다양한 문화적응 양상을 포착하지 못했다.

이러한 연구 결과는 타문화에 적응할 때 기존에 거주했던 원문화의 특성을 배제함으로써 복합적인 다문화를 이해하는 데 한계를 갖고 있다. 그뿐만 아니라 사람들을 주류집단과 비주류집단으로 양분함으로써 사회문제를 야기하는 결과를 가져오기도 하였다(Berry, 1997; Phinney, 1990). 또한 다문화 현상에서의 문화적응 유형에 대한 포괄적인 이론이 절실함에도 불구하고 단순한 범주화 속에서 '통합' 혹은 '적응'이라는 획일적인 유형을 지향하고 있기 때문에 다양하고 폭넓은 다문화적응 유형을 설명하기에는 한계가 있다.

기존 연구의 한계점을 극복하기 위해서, 구체적이고 실제적인 경험에 근거하여 다양한 상황과 맥락에서 문화적응의 내용과 유형을 검토해봐야 한다. 이는 문화적응이 단순하고 획일적인 결과로 구분되지 않고, 개인이 처한 다양한 상황과 맥락에 따라 이루어지기 때문이다(Rocaas, Horenczyk & Schwartz, 2000). 가령, 박은미(2009)의 새터민 대학생들의 문화적응 유형을 살펴보면, 적응 유형은 사회적 적응 여부와 자기성장 추구 여부라는 두 차원에 따른 4가지가 존재함을 규명하기도 하였다. 이러한 연구 결과는 Berry(1980)의 연구 결과와는 다른 결과이다.

현재 한국 사회는 다인종·다문화로 들어서는 역사적 기로에 놓여 있다(보건복지가족부, 2010). 장기적으로 이주민들이 한국 사회에서 영향력 있는 신진 세력이 되어 한국 사회의 중추세력이 될 수도 있지만, 반대로 심각한 사회문제를 야기하는 부정적인 세력이 될 수도 있다. 그렇기 때문에 한국 사회가 다인종·다문화로 들어서는 이 기로에서 이주민 문제는 충분히 논의되어야 할 영역이다. 이에 본 연구는 한국 사회의 사회구조망 안에서 다문화 구성원의 문화적응 유형을 제시하고자 한다. 이는 기존 문화적응의 주요 개념과 논의들의 한계점을 극복하고 새로운 문화적응 유형에 대한 패러다임을 구축하는 것이다. 이를 위한 핵심 과제는 문화적응이 일어나는 개인들의 심리적인 원인은 무엇이며, 그것이 어떻게 일어나는지에 대한 역동적인 과정을 상황·맥락적으로 파악하는 것이다. 또한, 다문화와 관련된 문화적응 유형을 한국 사회의 여러 지역에 거주하는 다문화 이주민과 그와 연계되어 거주하는 한국인의 인식을 함께 검토하는 것도 중요하다. 마지막으로 개인의 실제적인 경험을 가능한 생생하고 구체적으로 검토할 수 있다면, 문화적응 유형을 상황·맥락적으로 충분히 설명할 수 있다. 문화적응을 하는 도중 어떤 과정을 통해 적응하고 있는지를 파악할 수 있다면, 한국 사회의 다문화적응 유형을 보다 더 잘 설명할 수 있을 것이다(Miller et al., 2009; Ward & Kennedy, 1994). 더 나아가 현재 직면한 문제들을 해결할 수 있는 가장 현실적이고 타당한 방안이 다문화 이주민의 삶의 질에 긍정적으로 영향을 미치는지 검증할 수 있다.

먼저, 중국동포의 경우 다른 이주민들과 마찬가지로 한국 사회에 적응하는 데 많은 어려움을 겪고 있는데 특히 사회문제적인 측면에서 남성보다 여성의 사례가 더 많이 보고된다. 이에, 본 연구에서도 조선족 여성들의 적응 실태에 초점을 맞추었다. 조선족 여성들의 가장 큰 특징은 우선, 중국과 한국이 지리적으로 가깝고 언어와 풍습을 공유한다는 이유 때문에 많은 조선족 여성이 한국 남성과 결혼했지만, 그들의 결혼이 기대만큼 성공적이지 못한 경우가 종종 발생한다는 것이다(강유진, 1999). 조선족 여성은 기대에 못 미치는 생활환경, 문화적 차이, 고향에 대한 그리움 등으로 힘들어 했다. 특히 한국 사회에서의 조선족에 대한 편견이 원만한 가정생활을 유지하는 데 장애물이었다. 한국 남성들은 조선족 여성의 위장결혼, 가출 등과 같은 문제로 어려움을 겪었고(문형진, 2008), 그에 따른 여러 가족해체의 사례들이 조선족 여성과의 결혼에 대한 한국 사회의 부정적 인식의 계기가 되었다(안병삼, 2009). 그리고 조선족 여성들이 한국에 거주하며 개인적인 부채를 안고 있는 경우가 종종 발생하였다. 한국 사회의 배타적인 분위기에서 식당종업원, 파출부 등과 같은 직업활동을 하며 고용주들의 임금체불로 인해 한국 사회에 대한 그들의 부정적인 인식이 깊어졌다. 또한 그들은 체류허가 기간을 넘겨 불법체류여성이 됨으로써 정상적인 근로활동을 하지 못하고 부적절한 직업활동(성매매 등)을 함으로써 사회갈등을 초래하고 있다(김영경, 2008).

두 번째로, 국제결혼이주여성들이 안고 있는 여러 가지 문제 양상들을 지적하고 해결책을 제시한 연구들은, 국제결혼이주여성들이 한국 사회에 적응하기 위해 국내 자치단체에서는 어떠한 프로그램을 개발해야 하는지 혹은 가정 내 문제를 어떻게 접근해야 하는지에 중점을 두고 있다. 특히 언어적인 갈등이 동반될 때, 이주민의 문화적 갈등 양상은 더욱 커지는 것으로 나타났으며, 가장 많이 연구되는 대상은 필리핀과 베트남 여성이다(신경희, 양성은, 2006). 예를 들어, 박행모와 문승태(2008)의 연구에서는 나주, 무안, 화순 등의 농촌 지역에 거주하는 이주여성을 중심으로 지역 내 생활권이 유사한 결혼여성을 연구대상자로 하여 한국 사회 적응 프로그램을 계발하고자 하였고, 정천석과 강기정(2008)은 국제결혼이주여성의 한국 생활적응 유형을 제시하여 그들에게 적절한 프로그램을 제안하였다. 또한 신경희와 양성은(2006)은 질적 연구 방법을 통해 국제결혼부부에 대해 기술하였고, 이무영과 강기정(2007)은 이주여성의 결혼생활 부적응으로 인한 부정적 결과의 문제점과 이주여성의 자아존중감이 부부갈등요인으로 작용하고 있음을 인식하고 국제결혼이주여성의 삶의 적응 도모를 위한 방안을 제시하였다.

하지만 국제결혼이주여성들의 행동과 사고 및 신념 체제는 한국인들만의 그것과는 다를 것이다. 그래서 그들의 적응 방식을 탐색하고자 한국인의 귀와 눈으로 보고하고, 한국문화에서 한국인의 언어로 구조화된 도구를 사용한다는 것은 적합한 접근이라고 할 수 없다. Berry(1997) 역시 최근의 연구를 통해 문화적응이 이주자 혹은 이주자 집단만의 문제가 아니라 이주자를 받아들이는 주류사회가 직면한 과제인 점을 지적하며, 자신의 문화적응 이론을 좀 더 확장하면서 다음과 같은 맥락을 언급하였다. 즉, 원래 문화적응의 정의에는 접촉하는 두 집단(이주집단과 주류사회)이 모두 문화적응되어야 한다는 것이 포함되어 있었으나 많은 연구자들이 이를 간과해왔다는 점을 지적했다. 실제로 이주자가 아무리 통합의 전략을 선택하고 싶더라도, 주류사회가 이를 거부한다면 이주자의 선택은 제한을 받을 수밖에 없다. 즉, 주류사회가 문화적으로 다양한 사람들이 살 수 있는 모든 집단의 권리를 허용하고 이주자 집단 역시 이를 허용하는 상호적 수용(mutual accommodation)을 통해서만 진정한 통합이 가능하다. 그런 관점에서 Berry는 이주자들이 자신의 고유한 문화와 정체성을 얼마나 유지할 것인가 그리고 새로운 문화와의 관계를 어떻게 성립할 것인가의 두 가지 문제가 이주자를 수용하는 주류사회에서도 비슷한 방식으로 제기된다고 주장한다. 이에, 본 연구에서는 동남아시아 이주민 중 그 수가 가장 많은 필리핀 여성을 대상으로 탐색적 연구를 실시하고자 한다.

마지막으로 탈북자의 경우, 국내에 입국한 대다수 새터민들이 문화적응에 따른 총체적인 삶의 변화를 겪으면서 엄청난 스트레스를 겪고 있다는 점이 특징이다(한유미, 2007). 특히, 대학생들은 정체성을 형성해야 할 시기에 한국에서 새로운 삶을 시작해야 하는 발달적 위기상황에 처해 있다(남북 문화 통합교육원, 2007). 특히, 주체사상과 극단적인 집단주의 문화 속에 자란 새터민 청소년들에게 남한에서의 법과 규칙, 개인주의, 자기결정과 책임의 문화는 적응하기에 너무나 낯설어, 자신을 한국 사회에서 이방인이라고 생각해서 고독감에 빠지기도 한다(윤인진, 2000). 또한 사회부적응에 따른 심리적 압박은 정체성의 문제와 미래에 대한 불안으로 이어지게 된다. 대인관계에서도 그들은 친구들과 함께 지내면서 사고방식, 놀이문화의 차이로 인해 소외감을 느끼게 된다(엄경남, 2001). 이러한 적응상의 어려움 외에도, 그들이 북한 내에서나 다양한 국내 유입경로를 거치면서 경험한 고통과 충격 역시 그들의 정신건강에 부정적인 영향을 행사할 수 있다. 가령, 다양한 새터민을 대상으로 연구한 결과에 따르면(허성호, 최영진, 정태연, 2008), 그들 대다수는 급식중단으로 자신의 노력 여하에 관계없이 생존권을 보장받지 못한 사건을 경험했으며, 특히 그들은 가족의 아사 장면을 목격하는 등의 고통스런 경험을 가장 많이 언급하기도 했다. 즉, 그들은 목숨을 건 탈북을 감행하면서 동료나 가족의 사망이나 체포와 같은 외상적인 경험을 했다. 그들 대다수가 10대 초중반에 북한을 탈출하여 제3국에 체류하다가 남한에 들어온 경우가 많았고, 자기 의사와 상관없이 보호자의 손에 이끌려 온 경우도 있었다. 이에, 새터민은 정신적인 충격을 이미 경험한 대상자들이 대다수라는 특성을 가진다. 그리고 분석 시에도 그들이 노출하고 싶지 않은 점들을 얼마나 도출할 것인가의 쟁점도 중요한 틀이 되고 있다.

/제2장/

연구대상

제2장 연구대상

본 연구의 1년차 연구대상은 현재 한국 사회에서 가장 연구가 필요한 동남아시아 이주여성과 조선족 여성 두 집단이다. 이들을 연구대상으로 선정한 이유는 그들의 문화적응유형이 유사하면서도 서로 다른 양상을 보이고 있기 때문이다. 동남아시아 이주여성과 조선족 여성에 대한 이주경험내용과 그 적응 유형을 알아보기 위해 서울 및 경기, 충남, 강원에 주거하는 동남아시아 이주여성과 조선족 여성을 면담하였다. 반구조화된 면담법을 실시하여 그들의 이주 경험과 적응 유형을 알아보았다. 그리고 양적인 설문지를 통하여 그들의 생활경험에 대해서 조사하였다. 그뿐만 아니라 그들과 교류하는 한국인들을 대상으로 양적 설문지를 통해서 다문화인들에 대한 인식과 생활경험을 조사하였다.

본 연구에 참여한 대상은 다음과 같다. 면담에 참여한 인원은 각각 동남아시아 이주여성(필리핀 여성) 13명, 조선족 여성 13명이다. 조사연구에 참여한 인원은 동남아시아 이주여성 100명과 그에 따른 한국인 100명, 조선족 여성 127명과 그에 따른 한국인 100명 그리고 새터민 79명과 그에 따른 한국인 78명이다.

/제3장/

연구방법

제3장 연구방법

본 연구는 다문화 한국 사회의 다각적인 측면을 고려하기 위해서 다양한 연구방법을 이용해서 진행하였다. 질적 연구를 통해서 다문화인의 한국적응과정과 적응 유형을 살펴볼 것이고, 조사 연구를 통해서 다문화에 관련된 특성들을 알아볼 것이다.

이에 다음과 같은 연구문제를 제안하여 연구를 진행할 것이다.

연구문제 1. 질적 연구를 통해 다문화인의 적응과정과 적응 유형을 알아볼 것이다.

연구문제 2. 조사 연구를 통해서 다문화와 관련된 생활경험에 대하여 알아볼 것이다.

아울러, 본 연구에서 질적 자료의 분석은 Strauss & Corbin(1998)의 근거이론연구 접근방법으로 실시하였다. 이 분석의 모든 과정은 질문하기와 지속적으로 비교하기를 통해 이루어진다. 이는 자료수집과 분석을 동시에 진행하면서 추가로 발견되는 개념을 질문하면서 범주화 과정에서 속성과 차원에 따라 비슷한 개념을 묶고 다른 개념들을 구분해내는 방법이다(Strauss & Corbin, 1998). 근거이론(grounded theory)의 관점을 활용함으로써 조선족 여성들이 직장 내에서 경험하는 갈등과 그들이 대처양상을 진술하는 가운데 언급하는 개념들을 찾아내고, 이 개념들 간의 관계성을 설명할 수 있다. 또한 특정 영역의 일정 범위를 충분히 설명할 수 있는 범주화 기법을 이용함으로써 다양한 패턴의 설명방식을 찾을 수 있다. 마지막으로, 심리적·사회적 현상에 대한 모형을 찾아냄으로써, 각 개인의 행동 본질을 이해할 수 있다 (Chenitz, Swanson, 1986).

/제4장/

연구 결과

가. 질적 연구 결과
나. 조사 연구 결과

제4장 연구 결과

가. 질적 연구 결과

1. 조선족 여성

본 연구는 조선족 여성 13명(평균 연령: 46세)을 대상으로 면담을 실시하였다. 개방코딩 결과 최종적으로 138개의 개념과 48개의 하위범주, 20개의 상위범주가 도출되었으며, 조선족 여성들의 한국문화적응 과정을 패러다임별로 구분하였다.

구체적인 자료수집 과정을 보면, 조선족 여성들이 한국 생활에서 겪는 여러 경험들을 알아보기 위해서 서울과 수도권 지역에 거주하는 조선족 여성 13명을 대상으로 인터뷰를 실시하였다. 자료수집은 반구조화된 포괄적인 질문으로 구성된 심층면접을 통해 이루어졌으며, 그 과정에서 참여자의 기준에 부합하는 대상자들을 알음알음으로 소개받았다. 소개를 받은 참여자에게는 연구목적을 설명한 후 동의를 얻고 면접을 요청하였으며, 면접을 시작하기 전에 면접이 자연스러운 대화로 진행되며 사생활을 보호한다는 것을 알렸다. 자료수집을 위한 인터뷰는 2011년 1월부터 2011년 3월까지 약 3개월간 1~3차례에 걸쳐 이루어졌다. 면접시간은 자신의 직장 내 경험을 충분히 이야기할 수 있도록 제약을 두지는 않았는데, 참여자에 따라 30분에서 2시간 정도 소요되었다. 이렇게 면접을 통해 얻은 음성데이터를 텍스트화하였는데, 이것은 녹음한 면접 내용과 설문 내용을 문서화하는 작업이다. 전체적으로 대략 3회에 걸쳐 면접을 실시하였으며, 텍스트양은 연구대상자당 A4용지로 약 8~10매 정도였다. 연구대상자들의 평균 연령은 46세(SD=8.21)이며, 기혼 12명, 미혼 1명이었다. 그들의 한국체류기간은 평균 7년(SD=2.04)이었으며 국적취득을 한 여성은 11명이었다. 직업은 요식업종 8명, 가사도우미 1명, 판매직 1명, 자영업 1명, 제조업 1명, 주부 1명으로 나타났다.

〈표 4-1〉 조선족 여성 연구대상자 정보

번호	이름	나이	이주년도	직업	결혼
1	김혜영	34	2005	서빙	초혼
2	양순희	48	2007	주방보조	초혼
3	조금자	57	2000	주방일	초혼
4	안정연	-	2008	자영업	초혼
5	고분순	48	1998	서빙	초혼
6	유동화	29	2000	판매원	초혼
7	김인영	27	2008	주방일	미혼
8	김소영	52	2003	서빙	초혼
9	이동연	60	2006	가사도우미	초혼
10	감연지	57	2008	식당보조	초혼
11	공순자	37	2000	제조	초혼
12	김연자	48	2000	주부	초혼
13	오동숙	54	2000	주방보조	초혼

1) 개방코딩

① 인과적 조건

a. 직업갈등: 직무조건 불만, 보수 불만, 불평등계약

조선족 여성들은 직업 장면에서 직무조건에 대한 불만을 가지고 있거나 보수에 대한 차별적 대우 및 보수미지급 문제로 인해 강한 불

〈표 4-2〉 조선족 여성: 인과적 조건

개념(concepts)	하위범주 (subcategory)	대범주 (category)
취업기회가 별로 없어, 4대보험 같은 걸 외국인이라고 안 들어주는	직무조건 불만	직업갈등
누구는 120받고 누구는 60받는 게, 월급 또한 여기서 받는 것이 (남들의) 1/3정도밖에, 월급을 받지 못하는 경우가 많았다	보수 불만	
강압적으로 대하면, 계약이 없기 때문에, 대우 잘 못 받을 때	불평등계약	
여기서는 영어를 많이 써서, 영단어의 사용이 많았다	영어사용	소통갈등
사용하는 단어의 뜻이 달라, 언어상에서 습관이 다르지, 언어적인 불편함	언어차이	
대화 자체가 잘 안되니까, 서로서로 생각해야 하는데 그러지 않아서, 의사소통 갈등 때문에	소통부족	
생활수준이 낮으니까, 생활에도 차도가 있다	생활불만	일상갈등
교육비가 비싸다, 생활비가 많이 나간다	생활비용	
교포라고 무시하는 것, 난리를 치고 욕을 해서, 낮추어 보는 경향, 얕잡아본다고 해야 할까요, 우리를 존중해주지 않는다	폄하	정서갈등
나쁘게 이야기를 할 때, 소리 지르는, 싫어하고 꺼려하는 게 느껴지는 거 같았어요, 화내고 욕을 합니다, 잦은 모욕을 당한 것	비난	
불법에 살았지, 영주권이 없어서, 불법적으로 체류	제도적 불평등	사회적 갈등
외국인이라는 편견 때문에, 중국 국적이라고 할 때, 차별대우	외국인 편견	

만을 가지고 있었다. 또한 공식적으로 계약할 수 없는 상황 때문에 받게 되는 불평등한 처우를 언급하면서 조심스럽게 그러한 부조리에 대한 개선요구와 더불어 현재 경험하는 갈등을 보고하고 있었다.

b. 소통갈등: 영어사용, 언어차이, 소통부족

언어적인 면에서도 갈등적인 양상이 드러났는데, 특히 한국에서는 영어를 많이 사용한다는 점이 자신들에게 불리하게 작용한다고 보고하고 있었다. 아울러 같은 언어를 사용하더라도 단어의 의미 차이로 인해 오해가 생기거나 의사소통에서 사소한 문제가 발생하는 등의 일상적인 불편이 야기되는 것으로 나타났다.

c. 일상갈등: 생활불만, 생활비용

한국으로 이주해 온 이후 생활면에서 수입은 상대적으로 중국에서보다 많을지 몰라도 실제로 그들이 생활하고 있는 공간이 한국이기 때문에 지출하는 생활비가 부담스럽고, 그로 인해 생활고를 겪는 사례도 있었다. 이러한 문제는 어느 정도 예상한 어려움이라 하더라도, 실제로 그들이 경험하는 현실은 차별이나 불평등의 요소들로 인해 더욱 크게 부각되고 있었다.

d. 정서갈등: 폄하, 비난

그들이 가장 우려하고, 빈번한 갈등의 유형이라고 할 수 있는 것이 인간적인 모독에 가까운 언행이나 행동이었다. 특히, 화를 내고 욕을 하거나 비난하는 등의 언사는 그들의 불안한 정서 상태를 더욱 각성시키고, 한국이나 한국인을 부정적으로 인식할 가능성을 보여 주고 있었다.

e. 사회적 갈등: 제도적 불평등, 외국인 편견

한국에서 그들에게 외국인 자격으로 주어지는 권리나 보장제도는 취약한 편이다. 특히, 경제적 생산 활동에 참여하고 있는 사례들은 대부분 부양해야 할 가족이 있거나 경제적 축적을 목표로 이주하였기 때문에 제한적인 제도는 불평등이라고 여겨지는 셈이다. 또한 그들은 자신이 다른 선진국의 이주민보다 더욱 차별받는 현실을 경험하면서 불평등한 사태를 여실히 고발하는 태도를 취하고 있다. 이에, 이러한 사회적 요소에서 비롯되는 갈등이 커질 것을 우려하는 점도 나타났다.

② 중심현상

f. 신체적 스트레스: 피곤, 스트레스

생활면에서 조선족 여성들은 경제적으로 궁핍한 생활고에 시달리면서 신체적인 스트레스가 많이 쌓여가고 있음을 보고하고 있다. 특히, 직업장면에서는 이들이 상대적으로 일을 어렵게 배우거나 어려운 일을 수행하기 때문에 이중고의 힘겨운 생활로 인해 더 피곤해지고, 더 신체적인 스트레스가 많아지고 있다는 것을 예측할 수 있다.

〈표 4-3〉 조선족 여성: 중심현상

개념(concepts)	하위범주 (subcategory)	대범주 (category)
나도 피곤하고 그렇지 뭐, 힘들기도 하고	피곤	신체적 스트레스
자극을 받는다, 충격을 받았어요	스트레스	
기분이 나쁩니다, 화도 나고, 속상합니다, 슬프기도 합니다	부정정서	정신적 스트레스
너무나 답답하고, 마음이 괴롭다, 억울했다, 원망스러울 때도 있었다	불안정서	

g. 정신적 스트레스: 부정정서, 불안정서

신체적인 면뿐만 아니라 정신적인 면에서도 타인들에 의해 무시당하거나 실수로 인해 비난받는 상황이 그들을 더욱 힘들게 만들고 있었다. 즉, 그들의 경험에서 한국인과의 갈등 문제 중 가장 많은 빈도를 보이는 정서갈등이 그들에게 가장 많은 정서적 스트레스를 야기시키고 있었다.

③ 맥락적 조건

h. 한국 사회특성: 법적자격강조, 사회제도특성, 한국의 다문화화

한국 사회에서는 내집단과 외집단의 경계가 뚜렷하고 그에 따라 외집단을 차별 대우하는 맥락이 제도적으로도 나타나고 있었다. 이러한 점은 제도적 측면이 한국의 다문화 사회가 건전하게 발전하는 것을 방해하는 요소로 작용하고 있음을 보여주는 것이다.

i. 한국 장점: 한국인 호감, 한국 복지

그들은 한국의 장점에 대해서는 한국인의 인정 많고, 관계 중심적인 맥락을 언급하고 있었다. 특히 상대적으로 중국보다 복지제도가 좋고, 여러 방면에서 생활 조건은 훨씬 선진화되어 있다고 여기고 있었다. 이러한 점이 그들의 한국 생활에 대한 적응 양상에 긍정적인 영향력을 미치고 있다고 할 수 있다.

j. 동질성: 언어공통성, 동일민족

한국인과 조선족 여성 간의 민족적 동질성은 갈등관계에 놓여 있을 때 포용할 수 있는 맥락으로 작용하고 있었다. 그래서 그들은 한국에서 부당한 대접을 받는다고 여길 때에 이러한 점을 강조하여 상

〈표 4-4〉 조선족 여성: 맥락적 조건

개념(concepts)	하위범주 (subcategory)	대범주 (category)
가장 중요한 것은 영주권, 법적으로 보호가 될지도 모르고	법적자격 강조	한국 사회 특성
사회제도가 달라서, 사회주의 국가와 자본주의 국가의 차이, 한국은 자본주의 국가이기 때문에	사회제도 특성	
다문화가정에 대한 지원이 부족, 한국에서 다문화를 실시, 한국은 다문화 사회가 되는 과정	한국의 다문화화	
친절하게 대해주니까, 한국인에 대해 선진적이라고 생각	한국인 호감	한국 장점
돈 벌기 좋으니까, 한국이 많이 발전했다, 편리한 시설이 많은 나라, 정부에서 베풀어 주는 것만 해도 좋은 거고	한국 복지	
말도 잘 되고 언어 상태에선 불편할건 없죠, 언어가 통하니깐	언어공통성	동질성
우리와 같은 조선민족이다, 한국은 우리의 조상이 있는 곳, 한민족 조선 한인이 하나밖에 없다	동일민족	
못 사는 나라에서 와서 일을 한다고 생각을 한다, 중국동포가 성실하지 못하다고 생각하는 거 같습니다, 중국동포이기 때문에, 조선민족으로 소수민족이다	소수민족 폄하	자민족 중심성
미국에서 온 다문화 가정과 차별되는 부분이 있습니다, 이주민들과 한국 사람들과의 많은 차이가 있다, 중국동포는 중국인이라는 견해를 가지고 있고	민족 차별주의	

대방의 정서공감을 유지하고자 노력하는 모습이 역력이 나타났다. 하지만 이러한 상태에서 상대방의 행동에 따른 반작용으로 배신감에 가까운 정서를 느끼고, 한국 사회에 대한 불만이 거세지는 경우도 다분하게 나타나고 있었다.

k. 자민족 중심성: 소수민족 폄하, 민족 차별주의

그들이 한국에서 적응하는 데 한국의 문화적 특성 중에 부정적인 간섭요인이 되거나 장애 요소가 되는 것 중의 하나는 자민족 중심 의식이다. 특히 조선족 여성은 한국인을 같은 동포로 여기지만 한국인이 그들을 외국인 취급하는 것이 이러한 맥락에서 장애요소로 작용하고 있다고 판단할 수 있다.

④ 중재적 조건

l. 반사회적 성향: 다문화 반대, 생활불편

한국국적을 취득하지 않는 것은 그들의 한국 사회적응을 방해하는 잠재적 요인일 수 있다. 한국국적은 정착 후 2년이 지나면 취득할 수 있다. 그럼에도 불구하고 그들이 한국국적을 취득하지 않는 것은 한국 사회의 정착과 부적인 관계가 있을 수 있음을 인터뷰를 통해 알 수 있었다. 또한 한국 사회가 다문화 현상에 반대하는 성향을 가지고 있어 현실적으로 약간의 이질감을 형성하고 있고, 그것은 그들의 적응 양상에도 장애요소로 작용할 가능성이 높다.

m. 친사회적 성향: 동류의식, 사회적 지지, 자기노력

지역사회 내에 형성된 동포 모임은 그들의 한국 사회 적응에 긍정

〈표 4-5〉 조선족 여성: 중재적 조건

개념(concepts)	하위범주 (subcategory)	대범주 (category)
다문화가 좋은 편이 아니에요, 단민족이 좋지	다문화 반대	반사회적 성향
불필요한 지출이 많다, 서툰 생활, 나는 여기 사람이 아니고	생활불편	
내가 출생지가 여기니까, 외로움은 크게 느끼지 않고	동류의식	친사회적 성향
이해해주고 존중해주는 경우도 있고, 정이 느껴지고 편안하기도 하다, 교회에서도 많이 해주고	사회적 지지	
스스로의 노력으로 수입을 얻는 것도 의미가 있을 것이라고 생각해서, 최선을 다하려고 노력한다, 내가 대화가 되니까	자기노력	

적 영향을 미치는 강력한 예측요인이다. 그들은 한국 생활을 하면서 겪은 어려움과 유익한 정보를 공유하고 서로 도우면서 적응을 도모한다. 또한 동포집단이나 종교단체의 물질적·정보적 지지는 지역사회에 가족관계에 원만하게 적응할 수 있도록 하는 자원이다.

⑤ 대처양식

n. 정서안녕: 지인과 상담, 교포와 사교

참여자들은 한국에서 가족을 형성하여 생활하고 있으므로 한국 생활에 실제적으로 필요한 것들을 지인이나 가족구성원으로부터 지원받고 있는 것으로 나타났다. 또한 그들은 동변상련의 입장에서 자신들을 더 잘 이해할 수 있다고 여겨지는 교포들과 친밀감을 쌓으면서

〈표 4-6〉 조선족 여성: 대처양식

개념(concepts)	하위범주 (subcategory)	대범주 (category)
딸에게 전화한다, 인터넷으로 채팅도 하니까, 얘기하며 풉니다	지인과 상담	정서안녕
교포들은 교포들끼리 논다, 중국동포끼리 인터넷에서 집단적으로 친목, 중국동포끼리 서로 가르쳐주시고, 교회를 가게 됩니다	교포와 사교	
자고 일어나면 잊어버립니다, 억제하면서 일을 해야 한다고 생각한다	억제	방어기제
내가 이해해야지라고 생각합니다, 이해하고 받아들인다	일부 수용	
말하기 싫어하고, 속에서는 남아 있어요	회피	
사장도 잘 대해 주어서, 지금은 일하는 만큼 한국 사람과 똑같은 급여를 받기 때문에 좋다	근로조건 개선	적극적 대처
편안한 마음이 듭니다, 화가 풀렸다, 기쁘다	정서안정	
개인 사업을 할 수가 없다, 어쩔 수없이 참고 일한다	계속 불만	도피적 대처
개의치 않는다, 그냥 버텨야 했다, 그냥 참았어요, 신고하고 싶었지만 참았어요	참는다	

정서적인 안녕감을 형성하는 데 주안점을 두고 있었다.

o. 방어기제: 억제, 일부 수용, 회피

방어기제를 보인 참여자들은 주체적이기보다는 현실에 순응하고 따르는 것만이 최상이라는 대처방략을 선택한 것으로 판단된다. 그래서 그들은 실제로 적응하는 데 도움이 되기보다는 부적응적 태도를 막을 수 있는 심리적 방어기제를 사용하고 있는 것으로 나타났다.

p. 적극적 대처: 근로조건 개선, 정서안정

적극적 대처는 적응적인 관점에서 가장 바람직한 방안이라고 할 수 있다. 자신에게 필요한 사안을 요구하거나 정서적 안정을 얻을 수 있는 방향으로 문제를 해결하는 전략적인 태도를 보여 주고 있었다. 결국, 그들에게 놓여 있는 장애 요소들을 하나씩 해결하는 방략을 추구하는 것이 그들의 행동전략인 것이다.

q. 도피적 대처: 계속 불만, 참는다

일부 대상자들은 그들의 삶의 양상에서 부정적인 차별이나 불공정성이 여전히 변화되지 않은 생활을 유지하고 있었다. 그리고 그들의 대다수는 정당한 적극적 반응보다 소극적인 도피적 대처 요령을 주요 반응전략으로 구사하고 있었다. 따라서 그들은 상황을 더 개선하기보다는 스스로가 인내하는 전략을 택한다.

⑥ 결 과

r. 부적응: 귀국의지, 생활불만족, 정서불안

조선족 여성들에게 필요한 것은 정서적 안녕이었고, 불안한 상태에서 그들의 관심은 생활안정이었으며, 앞으로의 계획에서는 귀국하겠다는 의지를 강하게 보이고 있었다. 결국, 그들은 한국에서 부적응적 태도를 보이며, 회피하거나 도피적 행동에 초점을 맞추어 그들의 삶에서 겪는 스트레스를 조금이라도 없애는 데 주력하고 있다고 볼 수 있다.

s. 필요성 요구: 사회적 기대, 차별개선 필요, 관계개선

참여자들은 한국에 처음 올 때 기대한 경제적 풍요로움에 대한 열망을 여전히 가지고 생활하였다. 이를 실현하기 위해 직업에 희망을 걸고 있었고, 생산 활동을 통해 원가족에게 경제적인 보탬이 되고 싶

〈표 4-7〉 조선족 여성: 결과

개념(concepts)	하위범주 (subcategory)	대범주 (category)
갈 때 되면 가야지, 불법체류자 신세가 될 것이고	귀국의지	부적응
한국에서 생활하면 어렵다, 편안함 없이 힘들게 사는 것 같다, 답답해 하기	생활불만족	
우리는 하루하루가 불안합니다, 해결된 건 없어 보입니다, 다문화가 적응이 안 되는 거 같습니다	정서불안	
앞으로의 생활이 괜찮을 것 같고, 이야기하면 대우가 좋아지기도 하고, 열심히 알아가야 한다고 생각합니다	사회적 기대	필요성 요구
외국 사람들도 한국 사회의 구성원으로 봐줘야 한다고 생각, 외국인들도 사회로 나와 취업을 해야 한다고 생각, 제도적으로 해결해주었으면 좋겠어요	차별개선 필요	
지금의 관계에 만족한다, 사장과의 관계도 좋다	관계 개선	
이곳에서 함께 지내고자 한다, 제가 죽기 전까지는 한국에서 살려는 생각이 있어요, 한국에서 계속 살 거구요, 한국이 살기 좋다	한국정착	문화적응
많은 발전이 있다, 한국 너무 좋아요, 한국 사람들의 보는 시선 또한 많이 좋아졌다	한국 사회 개선	
문화적 차이는 줄이는 것이 아니고 이해해줘야 하는 부분이라고 생각, 이제 한국문화를 많이 받아들였다	한국문화 이해	

은 열망을 지속적으로 추구하였다. 동시에 한국에서 같이 생활하고 있는 동료들과의 관계에 큰 의미를 부여하였다. 그들은 문화적 차이가 같은 민족이라는 의식을 없앨 수 없다고 강조하면서 문화적 상이함을 뛰어넘어 한 민족이라는 공동의 울타리가 존재함을 강조하였다.

ㅌ. 문화적응: 한국정착, 한국 사회 개선, 한국문화 이해

참여자들은 한국에서 함께 살아가기 위한 터전 혹은 독립적 자아로 성장하기 위한 터전으로서 한국문화에 적응하는 것이 매우 중요하다고 평가하였다. 따라서 그들은 한국문화를 더 많이 배우고자 하는 열망을 가지고 있었고, 한국에서 터전을 갖고 사는 것을 운명으로 받아들이고 있었다. 즉, 한국정착에 대한 의지가 강하고, 한국 사회가 앞으로 변화해야 할 점들도 염두에 두고 있었다.

2) 축코딩: 패러다임 범주분석

축코딩 과정에서는 개방코딩의 결과로 도출된 개념들을 하위범주화하고, 다시 하위범주를 대범주화하여 도출한 패러다임을 이용하게 된다. 즉, 축으로 이어져 있는 모형을 이용하여 이들의 범주가 서로 어떻게 연결되거나 교차되는지를 보여준다(Strauss, Corbin, 1998). 본 연구에서의 패러다임 도식은 〈그림 4-1〉과 같다.

① 인과적 조건

인과적 조건은 중심현상이 나타나는 원인을 말한다. 즉, 조선족이 한국 사회에서 갈등을 겪는 원인을 보여준다. 인과적 조건에서는 총 37개의 개념이 도출되었고, 12개의 하위범주, 5개의 대범주가 도출

되었다. 즉, '직무조건 불만', '보수 불만', '불평등계약'이라는 하위범주에 근거해서 〔직업갈등〕이라는 대범주, '영어사용', '언어차이', '소통부족'이라는 하위범주에 근거해서 〔소통갈등〕이라는 대범주, '생활불만', '생활비용'이라는 하위범주에 근거해서 〔일상갈등〕이라는 대범주, '폄하', '비난'이라는 하위범주에 근거해서 〔정서갈등〕이라는 대범주, 마지막으로 '제도적 불평등', '외국인 편견'이라는 하위범주에 근거해서 〔사회적 갈등〕이라는 대범주를 도출하였다. 결과적으로 조선족 여성들에게는 직업적인 갈등과 의사소통에서의 갈등, 일상생활에서의 갈등, 정서적인 갈등 그리고 사회적 갈등이 가장 많이 드러나고 있었다.

② 중심현상

중심현상은 조선족 여성들이 한국문화적응에서 경험한 중심정서를

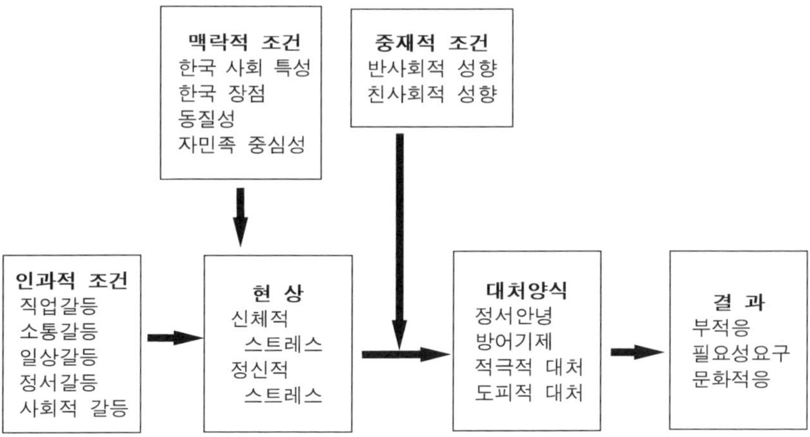

〈그림 4-1〉 조선족 여성이 경험하는 갈등 및 대처양상의 과정

말한다. 중심현상으로 총 12개의 개념이 도출되었고, 이것은 4개의 하위개념, 2개의 대범주로 묶였다. 즉, '피곤', '스트레스'라는 하위범주에 근거해서 〔신체적 스트레스〕라는 대범주, '부정정서', '불안정서'라는 하위범주에 근거해서 〔정신적 스트레스〕라는 대범주를 도출하였다. 결과적으로 조선족 여성들은 한국 사회 내에서 경험하는 갈등으로 인해 신체적 · 정신적 스트레스에 해당하는 정서적인 반응을 나타내고 있었다.

③ 맥락적 조건

맥락적 조건은 조선족 여성들이 경험하는 중심현상의 맥락적 요인을 말한다. 맥락적 조건에 의해서 총 27개의 개념이 도출되었고, 9개의 하위개념, 4개의 대범주가 묶였다. 즉 '법적자격 강조', '사회제도 특성', '한국의 다문화화'라는 하위범주에 근거해서 〔한국 사회 특성〕이라는 대범주, '한국인 호감', '한국 복지'라는 하위범주에 근거해서 〔한국 장점〕이라는 대범주, '언어공통성', '동일민족'이라는 하위범주에 근거해서 〔동질성〕이라는 대범주, '소수민족 폄하', '민족 차별주의'라는 하위범주에 근거해서 〔자민족 중심성〕이라는 대범주를 도출하였다. 결과적으로 조선족 여성들이 갈등을 경험하고 대처하는 맥락에서 한국 사회가 가진 상황적 조건은 특성이나 장점을 비롯하여 동류성을 가지게 할 수도 있지만, 자민족 중심성으로 인해 배척당하게 할 수도 있음을 보여준다.

④ 중재적 조건

중재적 조건은 조선족 여성들의 정서경험의 유지 혹은 변화에 영향을 미치고 이후 대처전략을 이끌어내는 요인을 말한다. 중재적 조건에 의해서 총 13개의 개념이 도출되었고, 5개의 하위개념, 2개의 대범주가 묶였다. 즉 '다문화 반대', '생활불편'이라는 하위범주에 근거해서 〔반사회적 성향〕이라는 대범주, '동류의식', '사회적 지지', '자기노력'라는 하위범주에 근거해서 〔친사회적 성향〕이라는 대범주를 도출하였다. 결과적으로 조선족 여성들이 갈등을 경험하는 가운데 그들의 반사회적 성향은 결정적으로 부적 적응을 초래하게 되는 경우가 많고, 반대로 친사회적 성향은 그들의 적응에 중요한 자원이 되는 것을 알 수 있다.

⑤ 대처양식

대처양식은 조선족 여성들이 중심현상과 중재적 조건에 의해 실제적으로 대처하는 행동적 양식을 말한다. 대처양식에 의해서 총 24개의 개념이 도출되었고, 9개의 하위범주, 4개의 대범주가 묶였다. 즉, '지인과 상담', '교포와 사교'라는 하위범주에 근거해서 〔정서안녕〕이라는 대범주, '억제', '일부 수용', '회피'라는 하위범주에 근거해서 〔방어기제〕라는 대범주, '근로조건 개선', '정서안정'이라는 하위범주에 근거해서 〔적극적 대처〕라는 대범주, '계속 불만', '참는다'라는 하위범주에 근거해서 〔도피적 대처〕라는 대범주를 도출하였다. 결과적으로 조선족 여성들은 한국문화를 적극적 혹은 소극적으로 수용하고, 필요에 의해 방어기제를 활용하는 경우도 있으며, 회피적인 태도를 보이기도 한다.

⑥ 결 과

결과는 조선족 여성들이 한국문화에 적응하기 위한 대처양상을 추구하면서 발견한 의미나 평가적 태도를 의미한다. 결과에 의해 총 25개의 개념들이 도출되었고, 9개의 하위범주, 3개의 대범주가 묶였다. 즉, '귀국의지', '생활불만족', '정서불안'이라는 하위범주에 근거해서 〔부적응〕이라는 대범주, '사회적 기대', '차별개선 필요', '관계 개선' 이라는 하위범주에 근거해서 〔필요성 요구〕이라는 대범주, '한국정착', '한국 사회 개선', '한국문화 이해'라는 하위범주에 근거해서 〔문화적응〕이라는 대범주를 도출하였다. 결과적으로 조선족 여성들은 부적응한 경우와 비교적 적응과정에 놓여 있는 경우 및 문화적으로 적응한 경우로 나눌 수 있을 것이다.

3) 선택코딩

본 분석을 통해서 조선족 여성들은 크게 세 가지 유형으로 구분했다. 첫 번째 유형은 한국 사회에서 경험하는 갈등으로 인해 신체적·정신적 스트레스와 더불어 부정적 피해의식을 가지고 있으며, 한국 사회의 차별적 대우에 대한 반감으로 반사회적 경향을 보이며, 도피적 전략을 추구하는 부적응 유형이다. 두 번째 유형은 한국 사회에서 경험하는 갈등으로 인해 신체적·정신적 스트레스와 더불어 부정적 피해의식을 다소 경험하고 있지만, 동질성이나 친사회적 성향을 통해 정서적 안녕을 추구하거나 방어기제를 활용하여 불충분 적응 유형이다. 이들은 예상치 못한 문화적 이질감과 어려움을 경험하면서 독립적 성장, 즉 직업을 갖고 경제적인 안정을 추구하는 데 더 큰 의의를 둔다. 세 번째 유형은 갈등 그 자체의 영향보다 효과적인 대처양식을 통해 문제를 적극적으로 해결하고자 하는 태도를 가지고 있으며, 정서적 안녕을 추구하는 친사회적 성향을 통해 문화적응적 태도를 보이는 유형이다. 이 세 가지 유형의 여성들이 동기나 경험 면에서 다양한 양상을 보이는 경향도 있다. 즉 정서적 적응 방략을 택할 것인가 자기 성장 방략을 택할 것인가의 여부는 개인·사회적 자원 및 장애물에 의해 지대한 영향을 받는다. 특히 한국사회의 지지를 받는 여성들은 대부분 한국의 긍정적 사회제도를 유지하기 위해서 노력하는 데 의의가 있다고 생각하는 반면, 사회적 지지를 받지 못하는 여성들은 독립적인 성장 측면에 더 의의를 두고자 하였다. 결과적으로 본 연구의 주요핵심은 '조선족 여성들은 한국문화를 이해하고 사회를 개선하고자 하는데, 이때 그들이 잘 적응하기 위해서는 사회 문화적 지원이 반드시 요구된다'는 것이다. 따라서 본 연구는 조선족 여성들이 한국사회의 구성원으로서 정착하기 위해서는 그들을 도와주는 사회 제도적 시스템을 마련하는 것이 중요함을 시사한다. 또한 개인과 사회의 다문화 인식에 대한 재고가 병행해야 한다는 것을 시사한다.

2. 동남아시아 여성

본 연구는 동남아시아 여성 13명(평균 연령: 37세)을 대상으로 면담을 실시하였다. 개방코딩 결과 최종적으로 170개의 개념과 55개의 하위범주, 24개의 상위범주가 도출되었으며, 필리핀 결혼이주여성들의 한국문화 적응과정을 패러다임별로 구분하였다.

구체적인 자료수집 과정을 보면, 필리핀 결혼이주여성들이 한국 생활에서 겪는 여러 경험들을 알아보기 위해서 충남 예산 지역에 거주하는 필리핀 여성 13명을 대상으로 인터뷰를 실시하였다. 자료수집은 반구조화된 포괄적인 질문으로 구성된 심층면접을 통해 이루어졌으며, 자료수집 과정에서 참여자의 기준에 부합하는 대상자들을 소개받았다. 소개를 받은 참여자에게는 연구목적을 설명한 후 동의를 얻고 면접을 요청하였으며, 면접을 시작하기 전에 면접이 자연스러운 대화로 이루어지며 사생활을 보호한다는 것을 알렸다. 자료수집을 위한 인터뷰는 2010년 7월부터 2010년 8월까지 약 1개월간 1~3차례에 걸쳐 이루어졌다. 면접시간은 자신의 직장 내 경험을 충분히 이야기할 수 있도록 제약을 두지는 않았는데, 참여자에 따라 30분에서 2시간 정도 소요되었다. 이렇게 면접을 통해 얻은 음성데이터를 텍스트화하였는데, 이것은 녹음한 면접 내용과 설문 내용을 문서화하는 작업이다. 전체적으로 대략 3회에 걸쳐 면접을 실시하였으며, 텍스트 분량은 연구대상자당 A4용지로 약 8~10매 정도였다. 연구대상자들의 평균 연령은 37세(SD=9.20)이며, 기혼 12명, 무응답 1명이었다. 그들의 한국체류기간은 평균 6년(SD=2.71)이었으며 국적취득을 한 여성은 10명이었다. 직업은 가정주부 6명, 영어교사 3명, 관리직 1명,

〈표 4-8〉 필리핀 결혼이주여성 연구대상자 정보

번호	이름	나이	이주년도	직업	결혼
1	앨마	39	2007	가정주부	초혼
2	마리	40	2003	영어교사	초혼
3	수잔	29	2005	영어교사	재혼
4	엘리스	44	2002	관리직	초혼
5	쉐럴	34	2002	농사일	초혼
6	제니	39	2000	가게	초혼
7	제시카	37	2004	가정주부	초혼
8	로이	51	2004	영어학원	초혼
9	앤	29	2005	가정주부	초혼
10	미나	41	2001	가정주부	초혼
11	제인	26	2006	가정주부	초혼
12	세실리아	33	-	가정주부	-
13	한나	33	2004	청소	초혼

농사 1명, 자영업 1명, 청소업체 1명으로 나타났다.

1) 개방코딩

① 인과적 조건

a. 경제적 풍요로움 추구: 한국의 경제조건, 필리핀 경제궁핍

참여자들은 필리핀에서 직업을 갖는 것으로는 가족부양이 힘들기 때문에 경제적으로 풍요로워지기를 원했다. 이는 국제결혼에 대한 열망으로 자연스럽게 이어졌는데, 이때 한국드라마 등의 영향으로 인해 한국남성들이 경제적으로 풍요롭다는 사실을 알게 되면서 그들과 결혼하기를 희망하게 되었다.

b. 결혼하고 싶음: 결혼추구, 가족추구

참여자들은 강요가 아닌 자발적인 선택으로 결혼을 했다. 그들은 가족을 부양하기 위해서 일에 전념하다 결혼시기를 놓치기도 하였다. 필리핀 사회에서는 20대 중반 이상이 되면 결혼시기가 지난 것으로 간주한다. 한편 그들은 결혼을 하여 가족을 구성하고 싶은 열망이 있었다.

c. 국제결혼의 기대: 필리핀 남성 거부, 국제결혼 희망

참여자들은 필리핀 남성들을 부정적으로 인식하면서 외국인과 결혼하기를 희망하였다. 그들은 사회적 분위기 역시 국제결혼에 관대하다고 설명하였다. 즉, 전반적인 사회분위기와 자국 남성에 대한 부정적 인식이 자연스럽게 국제결혼에 대한 기대를 갖게 한 것으로 보인다.

〈표 4-9〉 동남아 여성: 인과적 조건

개념(concepts)	하위범주 (subcategory)	대범주 (category)
한국남자들의 경제적 풍요, 한국에서는 돈을 금방 모을 수 있음, 한국드라마의 영향을 받음	한국의 경제조건	경제적 풍요로움 추구
필리핀의 월급이 적음, 필리핀에서 가족부양이 힘들어짐	필리핀 경제궁핍	
결혼 시기를 놓침, 노처녀로 남아 시집가기가 어려워 짐	결혼추구	결혼
가족을 만들고 싶음, 행복한 가정을 꾸리고 싶음	가족추구	
무능한 필리핀 남성을 기피함, 필리핀 남자친구가 없음, 필리핀 남자들이 마음에 들지 않음	필리핀 남성 거부	국제결혼 기대
외국인과 결혼 원함, 다른 나라에서 살기 원함	국제결혼 희망	
통일교에서 만남, 목사님의 소개로 만나게 됨	종교적 만남	제도적 국제결혼
사진을 통해 남편을 만나게 됨, 아는 사장님의 소개로 만남, 남편이 필리핀으로 오게 되었음, 남편의 첫인상이 좋았음, 남편이 집 사진을 보여주었음	국제결혼 정보회사를 통해 만남	
무료합동결혼식 올림, 만남 2주 만에 결혼, 만남 하루 만에 결혼, 일주일 만에 결혼 한 후 한 달 뒤 한국으로 오게 됨	빠른 결혼	

d. 제도적 국제결혼: 종교적 만남, 국제결혼정보회사를 통해 만남, 빠른 결혼

동남아 여성들과 결혼하기를 원하는 한국인 남성들이 증가하면서 국제맞선을 주도하고 결혼할 수 있도록 지원하는 단체 및 기관이 증가하였다. 이러한 에이전시를 통하여 한국남성과 필리핀 여성들이 만날 수 있는 기회가 증가했다. 에이전시는 보통 여성과 남성 모두 사진을 보고 상대방을 결정하도록 한 이후 몇 번의 만남을 통해 결혼을 할 수 있도록 지원하고 있다. 한편 교회나 통일교 등 종교적인 접촉을 통해서도 한국인 남성과 동남아 여성들의 결혼이 이루어지고 있다.

② 중심현상

e. 가족생활 갈등: 혼란, 소외감, 눈치 보임, 속상함

참여자들은 국제결혼을 통해 한국에서 결혼생활을 하면서 원가족과 한국가족의 문화적 차이로 인해 정서적 불안을 경험하고 있었다. 특히 한국 사회 내에서도 가부장적인 인식을 견고하게 유지하고 있는 농촌사회의 시부모님과 함께 살면서 경험하는 여타 한국가정생활문화는 그들로 하여금 혼란감, 소외감, 눈치 보임과 불편함을 느끼게 했을 뿐만 아니라, 자신의 힘든 처지를 이해하지 못하는 남편에 대한 속상함과 서운함도 경험하게 되었다.

f. 한국 생활 어려움: 농사일이 힘듦, 시골생활의 낯섦, 기후적응의 힘듦, 한국문화 어려움

문화적 · 지리환경적으로 상이한 한국에서 적응하는 것은 실제로 어렵다. 그들이 정착한 지역은 전형적 농촌사회로 아침부터 저녁까지 농사일을 거들어야 하는 상황과 농촌 지역이라는 특수성으로 인한 인적 교류의 미활성화 등은 그들의 적응을 어렵게 한다. 또한 원문화와 다른 한국 고유의 생활문화, 즉 언어와 음식의 상이함, 동남아와 동북아시아의 기후차이 등은 그들의 한국 생활을 더욱더 어렵게 한다.

g. 문화적 갈등: 한국문화의 이질감, 가족문화 이질감

참여자들은 일반적 한국문화와 가정문화의 상이함을 통해 이질감을 경험한다. 한국가족의 구성원이 된 후 한국문화에 맞추어 생활해야 하지만, 상이한 생활고 그에 대한 이해부족은 그들을 더욱더 힘들게 한다. 그들은 한국어나 음식, 제사문화, 명절 등 일반적 한국문화뿐만 아니라 시부모님을 거들거나 집안일을 도맡아 하면서 이질감을

〈표 4-10〉 동남아 여성: 중심현상

<table>
<tr><th>개념(concepts)</th><th>하위범주
(subcategory)</th><th>대범주
(category)</th></tr>
<tr><td>탐탁치 않음, 시부모님과 같이 사는 것에 대해 놀라움, 아이들이 창피해 함</td><td>혼란</td><td rowspan="4">가족생활
갈등</td></tr>
<tr><td>외로움, 내 편이 없음, 신랑 편드는 가족들 때문에 서글픔, 자녀들에게 도움이 되지 못함, 필리핀 가족이 없어서 슬픔</td><td>소외감</td></tr>
<tr><td>시부모님이 불편함, 같이 사는 식구들이 어려움, 분가하고 싶지만 마음대로 할 수 없음</td><td>눈치 보임</td></tr>
<tr><td>마음이 힘듦, 신랑 때문에 속상함, 아이 때문에 속상함</td><td>속상함</td></tr>
<tr><td>농사일이 힘듦, 밭 갈기의 어려움, 벼 심기의 어려움</td><td>농사일이
힘듦</td><td rowspan="4">한국생활
어려움</td></tr>
<tr><td>시골은 너무 조용함, 시간이 너무 안감, 친구가 없음</td><td>시골생활의
낯섦</td></tr>
<tr><td>한국의 날씨가 너무 추움, 겨울을 지내기가 힘듦</td><td>기후적응의
힘듦</td></tr>
<tr><td>한국어의 어려움, 젓가락질의 어려움, 음식을 먹을 수 없음</td><td>한국문화
어려움</td></tr>
<tr><td>한국어는 비슷한 말들이 많음, 매운 음식을 먹을 수 없음, 제사문화를 이해하기 힘듦, 명절에 매우 바쁨</td><td>한국문화
이질감</td><td rowspan="2">문화적
갈등</td></tr>
<tr><td>일찍 일어나시는 시부모님이 힘듦, 집안일을 도맡아 하면서 오는 힘듦</td><td>가족문화
이질감</td></tr>
</table>

경험하게 된다.

③ 맥락적 조건

h. 한국에 대한 이해 부족: 한국에 대한 인식 부족, 경제적인 기대

참여자들은 한국문화에 대한 이해가 실질적으로 부족했다고 보고한다. 즉 한국이 어떤 나라인지, 어떤 문화적 특징을 갖고 있는지에 대해서 궁금해 하지도 않았고 생각할 기회도 없었다고 보고하였다. 혹은 한류의 열풍으로 본 한국드라마를 통해 한국을 이해했다고 보고하

〈표 4-11〉 동남아 여성: 맥락적 조건

개념(concepts)	하위범주 (subcategory)	대범주 (category)
한국문화에 대해서 잘 알지 못함, 한국을 생각해 본 적이 없음	한국에 대한 인식 부족	한국에 대한 이해 부족
한국에서 일자리를 금방 얻을 수 있을 것이라고 기대, 금방 돈을 모을 수 있을 것이라고 기대	경제적인 기대	
엄격한 존칭 문화를 갖는 한국, 장유유서 문화, 남성 중심문화, 가족과 가족의 결합인 한국결혼문화, 개인과 개인의 결합인 필리핀 결혼문화, 제사가 너무 많음, 필리핀에서는 남자도 가사일을 함께 함, 한국에서 남성은 가사일을 하지 않음	가족문화 차이	문화 차이
음식 차이, 언어 차이, 집의 구조 차이, 인사하는 방식의 차이, 음식문화 차이	일반적 문화 차이	
필리핀가족을 잊고 지낼 것을 강요하는 시부모, 한국에 왔으니 한국의 문화를 무조건적으로 따를 것을 요구	무조건적 동화 요구	한국인의 다문화 수용 부족
필리핀에 대해 관심갖지 않는 남편, 남편은 필리핀어를 배우려고 하지 않음	원가족문화에 대한 관심 부재	

였다. 드라마 속에 비추어지는 한국은 경제적으로 풍요롭고 한국남성들은 자상하고 부드러운 남성상으로 그려진다. 그들은 한국드라마가 보여주는 제한적인 정보를 통해 한국에 대한 막연한 기대를 가졌을 수 있다.

i. 문화 차이: 가족문화 차이, 일반적 문화 차이

결혼생활을 통해 실제 경험한 한국문화는 그들의 원문화와 많은 차이를 갖는다. 특히 그들은 가부장적인 문화를 강하게 지니고 있는 가족문화적 차이를 보고하고 있다. 그뿐만 아니라 일반적 문화 차이도 보고하고 있다.

j. 한국인의 다문화 수용 부족: 무조건적 동화 요구, 원가족문화에 대한 관심 부재

결혼이주여성들은 자신을 제외한 나머지 가족들이 필리핀문화에 대한 지식이 부족하고 관심을 가지려 하지 않는다고 보고하였다. 또한 시부모나 남편은 한국에 시집을 왔으니 한국의 문화를 무조건적으로 따를 것을 요구했다고 보고하였다.

④ 중재적 조건

k. 개인 이해 자원: 개인적 자원, 한국에 대한 긍정적 평가

참여자들은 한국으로 이주한 지 2년이 지나면 한국국적을 취득할 수 있다. 이는 참여자들이 선택할 수 있는데, 많은 참여자들은 한국국적을 갖는 것이 한국 사회에 적응하는 데 도움이 된다고 보고하였다. 또한 자녀 출산 경험과 자녀가 있다는 것 역시 그들의 강력한 자원으로 작용하고 있었다. 한편 한국과 필리핀을 견주어 보며 한국을 더 긍정적으로 평가하는 것 역시 그들의 한국 생활적응에 긍정적으로 작용하였다.

l. 가족 지지 자원: 남편의 지지, 시부모와의 긍정적 관계

참여자들이 문화적으로나 가정적으로 힘들고 어려운 경험을 하지만, 남편과 시부모의 긍정적 지지는 그들의 적응에 가장 강력한 자원이 된다고 보고하고 있다. 남편만을 의지해야 하는 그들에게 남편의 도움과 정서적 지지는 그들의 한국 생활의 의미와도 직결된다. 시부모와 사이가 좋지 않은 경우라 하더라도 남편의 지지가 있는 여성들은 그들의 삶을 긍정적으로 평가하고 있다.

m. 사회 지지 자원: 사회적 지지, 지역사회의 도움

지역사회 내에 형성된 동포 모임은 그들이 한국 사회에 적응하는 데 긍정적으로 영향을 미치는 강력한 요인이다. 그들은 한국 생활을 하면서 겪은 어려움과 얻은 정보를 공유하고 서로 도우면서 적응을 도모한다. 또한 다문화센터나 종교단체의 물질적·정보적 지지 등은 그들이 지역사회와 가족 상황에 원만하게 적응할 수 있도록 도와주는

〈표 4-12〉 동남아 여성: 중재적 조건

개념(concepts)	하위범주 (subcategory)	대범주 (category)
한국 국적을 가짐, 친정에 다녀올 수 있는 환경, 자녀출산	개인적 자원	개인 이해 자원
한국인들을 대체로 긍정적으로 평가, 빨리빨리 돈을 모을 수 있는 한국, 필리핀보다 살기좋은 곳으로 평가, 현재 사는 지역에 만족함, 교육환경이 필리핀보다 좋음	한국에 대한 긍정적 평가	
가사일을 도움, 집을 마련함, 용돈을 줌, 친구들과 시간을 보낼 수 있도록 허락함, 남편이 한국어를 가르쳐줌, 남편이 내 말을 다 알아들음, 남편이 시어머니께 통역을 해줌	남편의 지지	가족 지지 자원
시댁식구와 사이가 좋음, 시부모님께서 크게 신경 쓰지 않음 분가해서 살고 있음, 시부모님께서 돌아가심, 집 마련 해줌, 남편과의 갈등에서 시아버지가 편을 들어줌	시부모와의 긍정적 관계	
친동생의 지원, 사촌의 지원, 필리핀 친구들의 모임, 한국어가 서툰 친구들을 서로 도움, 한국인 친구들의 정서적 지지, 지역주민의 지지	사회적 지지	사회 지지 자원
다문화센터의 지원, 교회의 지원, 성당의 지원, 한국어 방문선생님의 도움	지역사회의 도움	
한국국적을 가지지 않음, 유산 경험	개인적 장애물	부정적 개인 인식
지나친 교육열 때문에 학생들이 불쌍함, 지나친 공부양으로 학생들이 스트레스를 받음	한국에 대한 부정적 평가	
시부모 편만 드는 남편, 남편의 애정부족, 가사일을 전혀 돕지 않음, 가부장적 사고를 가짐, 남편의 직장 때문에 주말부부로 지냄	남편의 지지 부족	가족 충돌 요소
시어머니의 간섭, 다문화가정에 관심을 갖는 외부시선에 민감한 시어머니	시부모와의 부정적 관계	

자원이다.

n. 부정적 개인 인식: 개인적 장애물, 한국에 대한 부정적 평가

건강이 좋지 않거나 한국국적을 갖지 않는 것은 그들의 한국 사회 적응을 해하는 잠재적 요인일 수 있다. 한국국적은 정착 후 2년이 지나면 취득할 수 있다. 그럼에도 불구하고 취득하지 않는 것은 한국 사회의 정착과 부적인 관계가 있을 수 있음을 인터뷰를 통해 알 수 있었다.

o. 가족 충돌 요소: 남편의 지지 부족, 시부모와의 부정적 관계

참여자들이 가장 많이 힘들다고 보고한 측면은 가족들의 지지 부족이었다. 남편이 가부장적인 태도로 일관하며 아내를 돕지 않거나 낯선 곳에 온 아내를 정서적으로 지지하지 않아 더 힘들다고 보고하였다. 또한 시부모의 무조건적인 동화요구나 시어머니의 간섭 등은 참여자들의 한국 사회 적응의 스트레스 요인으로 작용하고 있다.

⑤ 대처양식

p. 적응노력: 한국어의 학습, 한국문화의 학습, 자녀양육의 포부, 직업 가짐

참여자들은 한국에서 가족을 꾸려 생활하면서 한국 생활에 실제적으로 필요한 것들을 적극적으로 학습하고자 노력하였다. 가령 한국어를 더 많이 배우고자 노력하였고, 한국식 인사나 한국식 사교문화 등에 대한 관심을 가지고 배우고자 하였다. 또한 자녀양육과 관련하여 자녀들이 한국에서 잘 적응할 수 있도록 필리핀어보다는 한국어와 영어를 중점적으로 교육하고자 하는 포부를 보였다.

q. 소극적 수용: 체념, 취사선택

참여자들은 자신들이 한국가족의 구성원으로 편입되었으므로 한국식 문화에 일방적으로 따라야 한다고 생각하고 있다. 그러나 그것이 주체적이라기보다는 현실에 순응해서 그 현실에 따르는 것만이 최상이라는 대처방략으로 판단된다. 한편 사회적 관계에서는 그들의 편의에 의해 음식을 가려 먹거나 동포 친구들과 제한적인 교류를 하고자 하였다.

r. 가족 갈등: 시부모와의 갈등, 남편과의 갈등

문화적 상이함, 상호 간 이해부족으로 인해 실제적인 갈등을 표면화한 참여자들도 있다. 즉, 지나치게 간섭하거나 동화를 강요하는 시부모와 말다툼을 하거나 필리핀으로 돌아가고 싶다고 속마음을 밝히는 등의 행동을 통해 갈등을 표면화했다. 또한 남편과의 갈등으로 별거를 경험하는 참여자들도 있었다.

s. 가족 화목: 가족과 긍정적인 관계 유지, 남편과 친밀한 관계 유지

참여자들은 가족생활에 적응하기 위해 서로 이해하고 긍정적인 관계를 유지하고자 노력하였다. 자녀, 시부모와 긍정적인 관계를 갖기 위해 노력하고 시부모 역시 참여자들을 이해하고자 노력하였다. 또한 남편을 이해하려고 하고 남편에게 고마움을 표시하는 등 상호 간 이해하기 위해 노력하였다.

t. 향수: 원가족과 연락, 동포 모임 가짐

한국으로 이주하였으나 원가족이 그리워질 때가 있는데, 이때 그들은 인터넷 화상채팅, 이메일 등을 통해 필리핀에 있는 가족들과 연락

〈표 4-13〉 동남아 여성: 대처양식

개념(concepts)	하위범주 (subcategory)	대범주 (category)
생활 속에서 한국어를 배움, 동네사람들과 지내면서 한국어를 학습	한국어의 학습	적응노력
젓가락질을 하려고 열심히 배움, 존칭 쓰는 법을 배움	한국문화의 학습	
자녀에게 한국어부터 가르침, 필리핀어를 가르치지 않음, 영어를 먼저 가르침	자녀양육의 포부	
영어교사로 일함, 공장에서 일함, 필리핀 식료품 장사를 함	직업 가짐	
시부모의 의견에 따르는 것이 한국문화임을 인지, 한국에 살고 있으므로 한국문화를 따라야겠다고 생각, 내가 사는 곳의 문화를 받아들여야 한다고 생각	체념	소극적 수용
먹고 싶은 음식만 먹음, 필리핀 친구들과만 교류함	취사선택	
시부모와 다툼, 시어머니와의 갈등에 대해서 직접적으로 이야기함, 필리핀으로 돌아가고 싶다고 말함	시부모와의 갈등	가족 갈등
별거 경험, 남편과 다툼	남편과의 갈등	
남편의 자녀들과 잘 지냄, 시부모에게 잘하려고 노력, 시부모가 이해해주려고 노력함	가족과 긍정적인 관계 유지	가족 화목
신랑과 잘 지냄, 남편으로부터 사랑받음, 남편에게 고마움을 가짐	남편과 친밀한 관계 유지	
인터넷을 이용해 가족과 연락, 친정에 다녀옴	원가족과 연락	향수
필리핀 친구들을 만남, 친구들과 필리핀 음식을 해 먹음, 필리핀 친구들 모임에 참가	동포 모임 가짐	

을 주고받기도 하고 동포들과 만나서 자국의 음식을 해 먹으며 향수를 달랬다. 이를 통해 타문화에서 받는 스트레스를 해소하는 것으로 보였다.

⑥ 결 과

u. 문화 적응: 한국문화 적응, 한국을 더 많이 알고 싶음, 한국 생활에 의미부여

참여자들은 가족이 함께 살아가기 위한 터전 혹은 독립적 자아로 성장하기 위한 터전으로서 한국문화에 적응하는 것이 매우 중요하다고 평가하였다. 따라서 그들은 한국어와 한국문화를 더 많이 배우고자 하는 열망을 가지고 있었고, 한국에서 터전을 갖고 사는 것을 운명으로 받아들이고 있었다.

v. 화목한 가족: 가족구성의 의미, 내 집 마련

참여자들은 비록 타지이지만 남편이 있고 자녀를 출산해서 가족을 꾸렸다는 것에 큰 의미를 부여하였다. 동시에 한국에서 가족이 살 수 있는 '내 집'을 가진 것에 큰 의미를 부여하였다. 그들은 문화가 다르다고 해서 가족이 분리될 수 없다는 점 그리고 가족은 인종과 문화적 상이함을 뛰어넘어 공동의 울타리로 존재함을 강조하였다.

w. 경제적 만족 추구: 직업 추구, 경제적 부양 희망

참여자들은 한국에 처음 올 때 기대한 경제적 풍요로움을 이루고자 하는 열망을 여전히 가지고 생활하였다. 이를 위해 직업에 대한 열망을 여전히 가지고 있었고, 생산활동을 통해 원가족에게 경제적인 보탬이 되고 싶은 열망을 지속적으로 추구하였다.

x. 필리핀 정체성 유지: 필리핀 정체성 유지

참여자들은 생활의 측면에서는 한국사람일이지 모르나 태생적으로는 필리핀인이고 그렇기 때문에 필리핀 정체성을 유지하는 것이 중요

〈표 4-14〉 동남아 여성: 결과

개념(concepts)	하위범주 (subcategory)	대범주 (category)
한국음식이 좋아짐, 한국사람이 되었다고 느낌, 한국을 사랑함	한국문화 적응	문화적응
한국문화에 대해 더 많이 배우고 싶음, 공부를 더 하고 싶음, 한국 사회에 적응하기 위해 공부하고 싶음, 한국어를 더 잘하고 싶음	한국을 더 많이 알고 싶음	
한국에서의 삶은 내 운명, 내 가족이 있는 한국은 소중함, 가족 때문에 한국에서 살고 있음, 한국에 산다는 것은 행복	한국 생활에 의미부여	
나의 아이를 갖게 되어 기쁨, 남편에게 항상 고마움, 열심히 사는 남편이 있어 행복함	가족구성의 의미	화목한 가족
나에게는 집이 있음, 작지만 예쁜 집을 가지고 있음	내 집 마련	
공장에서 일을 갖고 싶음, 한국에서 영어 선생님이 되고 싶음, 아이의 성장 이후 일을 갖고 싶음	직업 추구	경제적 만족 추구
친정부모님을 재정적으로 돕고 싶음, 친정어머니를 부양함	경제적 부양	
정의만 한국 사람일 뿐 태생은 필리핀인임, 나는 당연히 필리핀인	필리핀 정체성 유지	필리핀 정체성 유지

하다고 강조하였다. 이는 주민등록증으로 대변될 수 없는 것으로, 자신이 태어나고 성장한 나라에 대한 정체성을 유지하는 것이 당연하다는 인식과 그것을 유지하려는 의지를 보여주는 것이다.

2) 축코딩: 패러다임 범주분석

축코딩 과정에서는 개방코딩의 결과로 수집된 낱낱의 개념들을 하위범주화시키고, 다시 하위범주를 대범주화하여 구성한 패러다임을 이용하게 된다. 즉, 축으로 이어져 있는 모형을 이용하여 그들의 범주가 서로 어떻게 연결되거나 교차되는지를 보여준다(Strauss, Corbin,

1998). 본 연구에서의 패러다임 도식은 〈그림 4-2〉와 같다.

① 인과적 조건

인과적 조건은 중심현상이 일어나게 되는 원인을 말한다. 즉, 결혼이주여성이 한국인과 국제결혼을 하게 된 원인을 보여준다. 인과적 조건에서는 총 25개의 개념이 도출되었고, 9개의 하위범주, 4개의 대범주가 도출되었다. 즉 '한국의 경제 조건', '필리핀 경제적 궁핍'이라는 하위범주에 근거해서 〔경제적 풍요로움 추구〕라는 대범주, '결혼추구', '가족추구'라는 하위범주에 근거해서 〔결혼〕이라는 대범주, '필리핀 남성 거부', '국제결혼 희망'이라는 하위범주에 근거해서 〔국제결혼 기대〕라는 대범주, 마지막으로 '종교를 통해 만남', '국제결혼 정보회사를 통해 만남', '빠른 결혼'이라는 하위범주에 근거해서 〔제

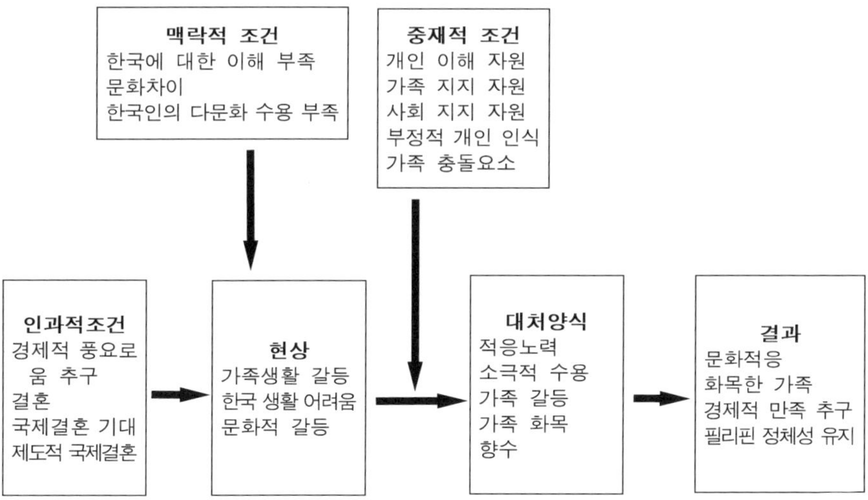

〈그림 4-2〉 결혼이주여성이 경험하는 갈등 및 대처양상의 과정

도적 국제결혼〕이라는 대범주를 도출하였다. 결과적으로 필리핀 출신 결혼이주여성들은 경제적 풍요로움 추구, 결혼, 국제결혼 기대, 제도적 국제결혼에 의해서 한국으로 결혼이주를 하게 되었다.

② 중심현상

중심현상은 결혼이주여성들이 한국문화적응에서 경험한 중심정서를 말한다. 중심현상으로 총 31개의 개념이 도출되었고, 10개의 하위개념, 3개의 대범주가 도출되었다. 즉 '혼란감', '소외감', '눈치 보임', '속상함'이라는 하위범주에 근거해서 〔가족생활 갈등〕이라는 대범주, '농사일이 힘듦', '시골생활의 낯섦', '기후적응의 힘듦', '한국문화 어려움'이라는 하위범주에 근거해서 〔한국 생활 어려움〕이라는 대범주, '한국문화 이질감', '가정문화 이질감'이라는 하위범주에 근거해서 〔문화적 갈등〕이라는 대범주를 도출하였다. 결과적으로 필리핀 출신 결혼이주여성은 한국 사회 내 가족생활 갈등, 한국 생활 어려움, 문화적 갈등을 경험하였다.

③ 맥락적 조건

맥락적 조건은 결혼이주여성이 경험하는 중심현상의 맥락적 요인을 말한다. 맥락적 조건으로 총 21개의 개념이 도출되었고, 6개의 하위개념, 3개의 대범주가 도출되었다. 즉 '한국에 대한 인식 부족', '경제적인 기대'라는 하위범주에 근거해서 〔한국에 대한 이해 부족〕이라는 대범주, '가족문화차이', '일반적 문화차이'라는 하위범주에 근거해서 〔문화차이〕라는 대범주, '무조건적 동화요구', '원가족문화에 대한 관심 부재'라는 하위범주에 근거해서 〔한국인의 다문화 수용 부족〕이라는 대범주를 도출하였다. 결과적으로 필리핀 출신 결혼이주여성이 정서적 불안, 어려움, 이질감을 경험하는 맥락은 한국에 대한 이해 부족, 문화 차이, 한국인의 다문화 수용 부족에 기인한다.

④ 중재적 조건

중재적 조건은 결혼이주여성들이 경험하는 정서의 유지 혹은 변화에 영향을 미치고 이후의 대처전략 요인을 말한다. 중재적 조건으로 총 39개의 개념이 도출되었고, 10개의 하위개념, 5개의 대범주가 도출되었다. 즉 '개인적 자원', '한국에 대한 긍정적 평가'라는 하위범주에 근거해서 〔개인 이해 자원〕이라는 대범주, '남편의 지지', '시부모와의 긍정적 관계'라는 하위범주에 근거해서 〔가족 지지 자원〕이라는 대범주, '사회적 지지', '지역사회의 도움'이라는 하위범주에 근거해서 〔사회 지지 자원〕이라는 대범주, '개인적 장애물', '한국에 대한 부정적 평가'라는 하위범주에 근거해서 〔부정적 개인 인식〕이라는 대범주, 마지막으로 '남편의 지지부족', '시부모와의 부정적 관계'라는 하위범주에 근거해서 〔가족 충돌요소〕이라는 대범주를 도출하였다. 결과적으로 필리핀 출신 결혼이주여성이 개인·가족·사회적 측면의 긍정적 자원을 갖는 것은 한국문화적응에 정적인 영향을 미치고, 개인·가족적 측면의 부정적 장애물은 부정적 영향을 미친다.

⑤ 대처양식

대처양식은 결혼이주여성들이 중심현상과 중재적 조건에 근거해서 실제적으로 대처하는 행동적 양식을 말한다. 대처양식으로 총 31개의 개념이 도출되었다. 12개의 하위범주, 5개의 대범주가 도출되었다. 즉 '한국어의 학습', '한국문화의 학습', '자녀양육의 포부', '직업 가짐'이라는 하위범주에 근거해서 〔적응노력〕이라는 대범주, '체념', '취사

선택'이라는 하위범주에 근거해서 〔소극적 수용〕이라는 대범주, '시부모와의 갈등', '남편과의 갈등'이라는 하위범주에 근거해서 〔가족 갈등〕이라는 대범주, '가족과 긍정적인 관계 유지', '남편과 친밀한 관계 유지'라는 하위범주에 근거해서 〔가족 화목〕이라는 대범주, 마지막으로 '원가족과 연락', '동포 모임 가짐'이라는 하위범주에 근거해서 〔향수〕라는 대범주를 도출하였다. 결과적으로 필리핀 출시 결혼이주여성은 한국문화를 적극적 혹은 소극적으로 수용하고, 가족과의 관계에서 갈등이 있어서 갈등을 유지하거나 원만한 관계를 형성하며, 향수 어린 태도를 보이기도 한다.

⑥ 결 과

결과는 결혼이주여성들이 한국문화에 적응하기 위한 대처양상을 추구하면서 발견한 의미나 평가적 태도를 의미한다. 결과 관련 총 23개의 개념들이 도출되었고 8개의 하위범주, 4개의 대범주가 도출되었다. 즉 '한국문화적응', '한국을 더 많이 알고 싶음', '한국 생활에 의미부여'라는 하위범주에 근거해서 〔문화적응〕이라는 대범주, '가족구성의 의미', '내 집 마련'이라는 하위범주에 근거해서 〔화목한 가족〕이라는 대범주, '직업추구', '경제적 부양'이라는 하위범주에 근거해서 〔경제적 만족 추구〕라는 대범주, 마지막으로 '필리핀 정체성 유지'라는 하위범주에 근거해서 〔필리핀 정체성 유지〕라는 대범주를 도출하였다. 결과적으로 필리핀 출신 결혼이주여성은 화목한 가족 혹은 경제적 만족 추구라는 기준으로 현재를 평가하였고, 그 기준의 달성을 위해 한국문화적응의 중요성을 강조하였다. 그러나 필리핀 정체성을 유지하는 것 역시 나타났다.

3) 선택코딩

본 분석을 통해서 필리핀 출신 결혼이주여성들은 크게 두 가지 유형으로 구분이 가능하다. 첫 번째 유형은 가족을 구성하기 위한 욕구를 가지고 국제결혼을 선택해 한국 생활 동안 문화적 차이에서 오는 이질감과 어려움을 극복함으로써 인종과 문화를 넘어 한 가족을 형성한 것에 큰 의의를 두는 유형이다. 두 번째 유형은 경제적 풍요로움을 추구하고 원가족의 가족부양을 목적으로 국제결혼을 선택한 여성들이다. 이들은 예상치 못한 문화적 이질감과 어려움을 경험하면서 가족의 구성보다 독립적 성장, 즉 직업을 갖고 경제적인 안정을 추구하는 데 더 큰 의의를 둔다. 어떤 여성들은 이 두 가지 유형이 혼재한 양상을 보이기도 한다. 가족중심적인 적응 방략을 택할 것인가, 독립적 성장 방략을 택할 것인가의 여부는 개인, 사회, 가족적 자원 및 장애물에 의해 지대한 영향을 받는다. 특히 남편의 지지를 받는 여성들은 대부분 가족을 형성하고 유지하는 데 노력하고 자신의 의미를 부여하는 반면, 그렇지 못한 여성들은 독립적인 성장 측면에 더 의의를 두고자 하였다. 결과적으로 본 연구의 주요핵심은 '결혼이주여성들은 가족 형성 및 유지와 경제적 안정을 추구하며 그들의 적응에는 개인, 가족, 사회적 지원이 반드시 요구된다'는 것이다. 따라서 본 연구는 결혼이주여성이 한국 사회의 구성원으로 기능하기 위해서는 그들의 개인적 자원을 개발하고 욕구를 충족하는 데 필요한 시스템을 마련하는 것이 중요함을 시사한다. 또한, 본 연구는 가족과 사회에서 다문화에 대한 인식을 재고할 필요가 있음을 시사한다.

먼저 결혼이주여성들이 결혼을 위해 한국행을 선택하는 이유는 경제적 어려움의 해소 욕구가 포함되어 있었지만, 대부분 자기 자신의 삶 속에서 결혼이라는 중대한 통과의례에 대한 성공적인 믿음이 우선하는 것으로 나타났다. 즉, 한국인들의 입장에서는 그들이 매매혼이라는 도구적 전략을 이용하고 있는 파렴치한 의식구조를 가지고 있다고 오해하기도 하지만, 실제로는 그들 대다수가 소위 서구 선진국에서 결혼을 위해 이주해 온 여성들과 다를 바 없다는 점을 반드시 짚고 가야 할 것이다. 한편, 결혼이주여성들 중 경제적인 욕구 충족에 주안점을 두거나 한국에 대한 사회적 거리감이 커질 경우 결과적으로 부적응 양상을 띠고 있었다. 따라서 필리핀 여성이 결혼을 이유로 한국에 이주하였다면, 그들에게 가장 주요한 삶은 경제적 가치 실현이 아니라 현재 부부 생활이나 가족구성원들 간의 성공적인 친밀감에 기반해야 한다.

둘째, 그들이 경험하는 한국 사회에서의 갈등 양상 중에는 한국어에 대한 소통능력 부족이나 관습적인 면들도 있었지만, 한국인 여성들도 동일하게 경험하는 갈등들이 많았다. 따라서 그들에게 그러한 갈등의 양상이 그들의 내면적 이유 때문에 야기되는 것이 아니라 이미 한국 사회가 오래전부터 가지고 있던 문제라고 말할 수도 있을 것이다. 단지 그들에게만 절실하게 요구되는 것이 있다면 문화적 이질감이나 한국 사회에 대한 사회적 거리감을 극복할 수 있는 사회적 제도나 지지 체계일 것이다. 따라서 한국에 이주해 온 결혼이주여성들은 한국문화에 대한 수용적인 태도를 내재화할 수 있도록 적극적인 노력이 필요하다. 특히, 한국문화에 원만하게 적응하기 위해서는 가족구성원 간의 화목이 가장 중요한 요소인 것으로 나타났다.

3. 새터민

본 연구는 새터민 남성 8명(평균 연령: 34세)과 여성 5명(평균 연령: 30세)을 대상으로 면담을 실시하였다. 개방코딩 결과 93개의 개념과 62개의 하위범주, 22개의 상위범주가 도출되었으며, 새터민의 한국 문화적응과정을 패러다임별로 구분하였다.

구체적인 자료수집 과정을 보면, 새터민들이 한국 생활에서 겪는 여러 경험들을 알아보기 위해서 서울 지역에 거주하는 새터민 13명을 대상으로 인터뷰를 실시하였다. 자료수집은 반구조화된 포괄적인 질문으로 구성된 심층면접을 통해 이루어졌으며, 그 과정에서 참여자의 기준에 부합하는 대상자들을 소개받았다. 소개를 받은 참여자에게는 연구목적을 설명한 후 동의를 얻고 면접을 요청하였으며, 면접을

〈표 4-15〉 새터민 연구대상자 정보

번호	이름	성별	나이	이주년도	직업	결혼
1	이동수	남자	42	2009	요리사	기혼
2	김혁준	남자	42	2009	회사원	기혼
3	방원길	남자	44	2002	사회기업	기혼
4	최제인	남자	30	2002	무직	기혼
5	오두영	남자	26	2004	대학생	미혼
6	권오현	남자	26	2007	대학생	미혼
7	장태규	남자	32	2009	무직	미혼
8	정도선	남자	26	2003	대학생	미혼
9	김양희	여자	35	2009	주부	기혼
10	박은진	여자	24	2004	대학생	미혼
11	이솔이	여자	21	2009	대학생	미혼
12	노영숙	여자	42	2005	-	기혼
13	김은진	여자	28	2010	대학생	미혼

시작하기 전에 면접이 자연스러운 대화로 진행되며 사생활을 보호한다는 것을 알렸다. 자료수집을 위한 인터뷰는 2012년 1월부터 2012년 3월까지 약 3개월간 1~3차례에 걸쳐 이루어졌다. 면접시간은 자신의 직장 내 경험을 충분히 이야기할 수 있도록 제약을 두지는 않았는데, 참여자에 따라 30분에서 2시간 정도 소요되었다. 이렇게 면접을 통해 얻은 음성데이터를 텍스트화하였는데, 이것은 녹음한 면접 내용과 설문 내용을 문서화하는 작업이다. 전체적으로 대략 3회에 걸쳐 면접을 실시하였으며, 텍스트양은 연구대상자당 A4용지로 약 8~10매 정도였다. 연구대상자들의 평균 연령은 33세(SD=3.44)이며, 기혼 6명, 미혼 7명이었다. 그들의 한국체류기간은 평균 6년(SD=2.71)이었다. 직업은 요리사 1명, 회사원 1명, 사회기업 1명, 대학생 6명, 무직 2명, 가정주부 1명, 무응답 1명이었다.

1) 개방코딩

① 인과적 조건

a. 자기실수: 실수

새터민들은 직업 장면에서 상사에게 한 사소한 실수도 그들의 신경질적인 반응을 야기한다는 인상을 형성한 것으로 보인다. 그들은 직장 내에서 힘들었던 것에 대한 질문에 다른 집단에 비해 매우 사사로운 수준에서만 언급하고 있었다. 이것은 복합외상성에 의한 스트레스 장애의 임상적 증후군으로 볼 수 있다.

b. 문화차이: 이질성, 언어차이

다른 집단들과 마찬가지로 언어적인 갈등이 나타났는데, 단지 문화적인 차이에서 많이 비롯된 것으로 보인다. 또한 음주문화나 한국의 관계적 특성이 어느 정도 부적응을 야기하는 요소라고 보고하고 있다.

c. 차별대우: 폄하, 냉정한 대우, 편견

새터민들이 가장 많이 언급한 것이 자신들을 불쌍하게 보거나 무섭게 보는 것과 같은 편견이다. 그래서 더욱 무시 받거나 같은 공동체 내에서도 격리되는 등의 수모를 겪는 이도 있었다. 그리고 사회적인 관계에서도 새터민들에게는 어느 정도 제한되어 있는 것이 있어서 불만을 가지고 있는 이들도 적지 않았다.

d. 정서적 고갈: 억울함, 속상함, 화, 우울

전반적으로 정서적인 고갈 상황이 많이 드러나고 있었다. 즉, 이것은 복합외상후 스트레스 증후군의 가장 많은 임상적 증상들로, 생각보다 더 많은 빈도수를 보이고 있었으며, 전반적으로 인지적 왜곡 현상까지 수반하고 있었다. 그래서 다시 우울증과 같은 정서적 불안정을 경험하는 이들이 많이 나타나고 있었다.

〈표 4-16〉 새터민: 인과적 조건

개념(concepts)	하위범주 (subcategory)	대범주 (category)
내가 문서를 거짓으로 작성해서, 메신저 보다가	실수	자기실수
관계성, 서로 다른 점	이질성	문화차이
쓰는 말도 다르고, 언어 사용, 언어적인 갈등	언어차이	
낮추어 보는 게 있는데, 무시	폄하	차별대우
나를 경계해서, 사람들이 차가워서	냉정한 대우	
외국인 취급, 차별화	편견	

〈표 4-17〉 새터민: 중심현상

개념(concepts)	하위범주 (subcategory)	대범주 (category)
억울, 억울해서 성공해야겠다는 생각	억울함	정서적 고갈
많이 우울하고 많이 슬퍼요, 슬퍼지는데	속상함	
원망, 화나 가지고, 화나기도 했고	화	
우울증이 정말 심하게 생기게 됩니다, 우울함을 느꼈던 적도 적지 않았던 것 같다	우울	
새터민인 것을 영원히 감추고 살고 싶은 심정, 열등감과 같은 생각, 위축감	열등감	인지적 고갈
소심해지고, 소외, 외로운 것이지요	소외감	
답답하다, 당황스럽고	혼란	

e. 인지적 고갈: 열등감, 소외감, 혼란

정서적 고갈로 인하여 인지적 고갈현상이 나타나고 있는 것으로 해석할 수 있다. 새터민들은 처음에는 긍정적인 기대를 하고 적응하고자 노력하였지만, 이내 열등감이나 소외감으로 인해 차별을 받은 후에 이들의 생각이 처음과 많이 달라져 가고 있다는 것을 알 수 있다. 특히, 북한에 대한 향수라든가 남한에 대한 불만족과 같은 요소들이 인지적 고갈을 가중시키는 것으로 사료된다.

f. 변화의 양상: 과도기, 문화의 차이 잔존

한국 사회는 혼란스러운 과도기를 지나고 있으며 소수민족 간의 문화적 차이는 여전히 잔존하고 있어, 그들 간의 화합과 공존을 저해하고 있다. 더구나 앞으로 한국사회의 변화에 이주민들이 적응하기 위해서는 더욱 많은 노력이 필요할 것이며, 한국 사회의 변화양상에 대한 진단이 시급하다.

g. 문화변동: 문화충격 두려움, 다문화화

문화는 서로 다른 점을 이해하고 공유하는 과정을 통해 다문화화 되거나 그렇지 못할 경우 서로 충돌한다고 볼 때, 한국 사회의 구성원들은 자국민과 이주민 모두 이러한 문화충격을 두려워하고 있으며, 더욱 변질될까봐 걱정하는 시각이 많은 것을 알 수 있다.

h. 사회적 쟁점: 취업문제 발생, 북한에 대한 관심

북한사회가 점점 개방되면서 이제 한국인들도 북한에 대한 적극적인 관심을 가지게 되었고, 특히 탈북자들이 경험한 고통에 대해 공감을 느끼고자 하는 분위기가 많이 형성되었다. 그런데 이러한 시점에서 유래 없는 취업난이 발생하였고, 이러한 사회문제적 쟁점은 이주민들에게도 중요한 문젯거리로 여겨지고 있는 것으로 나타났다.

〈표 4-18〉 새터민: 맥락적 조건

개념(concepts)	하위범주 (subcategory)	대범주 (category)
과도기인 것 같다, 사회문화적으로는 아무래도 조금은 혼란스러운 시기인 것 같다, 아직 바뀌지는 않은 그런 저런 중간 단계인거 같아서, 혼란스러운 시기를 지나 이제는 다져지는 단계라고 생각한다	과도기	변화의 양상
문화차이와 언어차이를 극복하고 결혼의 울타리 안에 들어서기까지 너무 힘든 것 같습니다.	문화의 차이 잔존	
변질될까봐 무섭다	문화충격 두려움	문화변동
다른 문화권 사람들이 많으니 한국도 이제는 다문화 사회가 되었다고 생각한다, 다문화는 나쁜 것만은 아니라고 생각해요	다문화화	
사회적으로 정말 좋은 나라이지만 취업하기 조금 어렵습니다	취업문제 발생	사회적 쟁점
북한의 인권에 관한 뉴스를 보면서 한국 사회도 북한에 관심을 더 가지기 시작했다	북한에 대한 관심	

i. 화합기대: 공존의지, 사회적 통합 기대

새터민들이 한국에 기대하는 것은 문화 간 화합이다. 즉, 한국인 위주로 이주민을 이끌기보다 공존하기를 기대하고 그것을 바탕으로 사회적 통합을 완성하고자 하는 염원이 있는 것으로 나타났다.

j. 이질문화: 다문화 인정, 결혼이민, 일자리 이민

한국에서는 다문화를 인정하는 사람들이 점점 더 늘어나고, 백의민족이나 단군의 자손과 같은 과거 응집력의 외침을 다시 해석하여 결

〈표 4-19〉 새터민: 중재적 조건

개념(concepts)	하위범주 (subcategory)	대범주 (category)
공존하며 잘 살았으면 좋겠다, 한국 사회와 우리가 정말 조화롭고 아름답게 어우러졌으면 좋겠다	공존의지	화합기대
좀 더 감싸 안아줄 수 있는 것이 필요하지 않나 싶다, 서로 교환하면서 서로 도움주고 그러면서 살아가는 게 괜찮은 거 같아요	사회적 통합 기대	
다른 문화 때문에 겪었던 고통을 다른 애들은 안 겪었으면 하는 것도 있고, 다른 문화들을 존중해줘야 한다고 생각해	다문화 인정	이질문화
예쁜 여자들이 시집가는 것도 있어요	결혼이민	
일하기 위해 여기에 오는 사람, 돈 벌기 위해 오는 사람도 있잖아요	일자리 이민	
새터민을 다문화 가족이라고 생각하는 분들이 많던데 저희는 한 핏줄에 한겨레입니다, 우리 새터민은 한국사람하고 애초에 한민족이기 때문에 결혼 시 다문화사회가정이라고 보기 힘들다	민족성	동류의식
한국인 중 몇몇은 우리들 새터민을 외국인으로 보는 경향이 있습니다, 한국인이나 새터민이나 서로 편견을 갖지 말고 같은 민족으로 바라봐줬으면 좋겠습니다	이민족 취급	배타적
배척하는 경향이 많습니다, 처음에는 피부 빛이 다른 사람들이 길을 지나갈 적마다 있어서 신기했습니다, 새터민 문제를 떠나서도 외국인 노동자와 같은 그런 문제도 해결해야 할 것이 많다고 생각한다	다문화의 이질성	

혼이민이나 일자리 이민에 대한 차별적인 시선이 많이 사라진 것으로 보인다. 다시 말해 새터민들은 남한 사람들이 아닌 것으로 생각한다고 보고 있다.

k. 동류의식: 민족성

하지만 아직까지도 새터민들이 한국 사회에서 가장 많이 확인하는 것은 자신이 남한 사람들과 같은 한국인이라는 점이다. 이것은 우리 민족의 동질성을 확인하여 다른 이민족보다 더 친밀한 관계를 형성하고자 하는 바람과 일치한다고 할 수 있다.

l. 배타적: 이민족 취급, 다문화의 이질성

그럼에도 불구하고 새터민들은 한국인들이 자신들을 이민족과 같이 취급하는 경향이 너무 많다는 사실에 불만이 많은 것으로 보인다. 특히 외국인 노동자들을 자신들과 동일하게 여긴다는 것에 대해 매우 섭섭해 했고, 이것은 정서적인 분리와 관계적인 대립으로 이어지기도 하였다.

m. 관계회복 시도: 대인관계 형성

그들은 자신들이 직장에서 경험하는 다양한 대상들과 친하게 지내려는 시도를 많이 하는 것으로 보인다. 특히, 자신들은 한민족으로, 중국동포보다 새터민 집단이 더 친근하다는 것을 강조하였다. 그러한 접근으로 관계회복을 시도하는 것으로 나타났다.

n. 갈등해소 의지: 노력, 의지충전

갈등을 야기하는 요소에 직접 접근하기보다 갈등을 이길 수 있는 자신의 마음가짐을 더욱 다지는 것으로 나타났다. 전반적으로 그들은 의지력을 되새기며, 더욱 열심히 해서 인정받고자 하는 동기를 더욱 강화시키는 대처전략을 선택하는 것으로 보인다.

o. 문제해결 시도: 언어공부, 상담, 학습노력

언어공부에 매진하는 경우도 있었다. 특히, 영어를 많이 배우는 것을 보고 더욱 매진하는 새터민들이 많았으며, 문제를 직접 해결하기 위해 상담소나 병원을 찾아 가는 이들도 많았다. 또는 학습의욕을 발휘하여 공부를 더 많이 하거나 기술에 필요한 지식을 더욱 많이 습득하고자 하는 대처전략을 선호하는 이들도 있었다.

p. 정서적 안정 시도: 전환, 신앙

문제를 해결할 수 없는 상태라면 대부분 기분전환의 대처전략을

〈표 4-20〉 새터민: 대처양식

개념(concepts)	하위범주 (subcategory)	대범주 (category)
교회에서 알게 된 탈북자들과 자주 만납니다, 사귀려 노력했었던 것 같다	대인관계 형성	관계회복 시도
그냥 최선을 다하죠, 내 일에 최선을 다한다	노력	갈등해소 의지
소중한 것들을 되새기고, 해 보자라는 결심을 하며	의지충전	
외래어도 많이 익히고 있다	언어공부	문제해결 시도
병원에 가서 치료	상담	
더 배우기 위해 노력하는 편입니다	학습노력	
문화활동, 운동하거나, 이직 시도	전환	정서적 안정 시도
나만의 기도문	신앙	
혼자 삭히거나, 참고 참고 했는데	인고	정서적 회피 시도
담배를 피우던가, 술을 많이 마신다	술 담배	

선택하고 있었다. 혹은 신앙을 통해 자신만의 정서적 안정 유지 방법을 개발하기도 하였다.

q. 정서적 회피 시도: 인고, 술 담배

만약 정서적 안정 전략도 실패한다면, 그들은 거의 대부분 그냥 참거나 술과 담배로 대신하는 회피적 전략을 선호하는 경향이 있었다. 이러한 전략은 악순환으로 인해 결과적으로 더 큰 문제를 초래할 수 있다. 그러나 대부분 질문에 대하여 그냥 알아서 한다는 식의 응답이 많은 것으로 보아 한국인에 대한 신뢰도 많이 낮아지고 있음을 알 수 있었다.

r. 불안부적응: 걱정, 역부족, 자신감 상실

결론적으로 새터민들 중에는 정서적인 부적응 상태로 살아가는 부류가 있었다. 그들은 늘 자신에 대해서 걱정하거나 할 수 없다는 등의 무력감을 보이고 있었으며, 자신감이 없어 더욱 소극적인 태도를 유지하는 것으로 나타났다.

s. 회피부적응: 향수, 우회적 사고, 숙명적

적극적인 해소 방법을 찾는 것보다 당분간 분리하거나 혹은 있는 그대로를 수용하여 참고 견디는 상황을 유지하고자 하는 경향도 있었다. 하지만 극단적인 불안증상은 없는 것으로 보이며, 전형적인 복합외상의 임상적 증후군 중 무기력 증상과 관여되어 있는 것으로 해석할 수 있다.

t. 문제해결: 갈등 해소, 무시 해소, 우울증 해소

문제를 적극적으로 해소하고자 한 집단은 거의 대부분 문제를 해결하고 나서 성취감을 경험하는 것으로 나타났다. 그래서 점점 더 많은 영역에서 적응적인 양상을 넓혀나가는 것으로 나타났으며, 정서적인 부분이나 관계적인 부분도 모두 적극적인 대처로 인해 회복하는 과정에 있는 것으로 보였다.

u. 개인적 성숙: 숙련도 향상, 기대 강화

문제를 해결하거나 대인관계를 회복함으로써 개인적인 의미에서는

〈표 4-21〉 새터민: 결과

개념(concepts)	하위범주 (subcategory)	대범주 (category)
앞으로도 이렇게 계속 외로울까 걱정입니다	걱정	불안 부적응
동료와의 관계는 자신 스스로만의 문제로 해결될 수 없었습니다	역부족	
자신감은 상실되었다, 자신감이 사라지게 되었고	자신감 상실	
북한에 살 적에 친했던 사람들이 보고 싶습니다	향수	회피 부적응
지금 이렇게 사는 것만 해도 감사한거죠	우회적 사고	
그 직원들은 고쳐지지 않았고 그냥 그대로 지냈죠, 내 숙명이라고 생각한다	숙명적	
힘들었던 부분은 모두 해소되고	갈등 해소	문제해결
무시성의 질문을 덜 받게 되었고	무시 해소	
우울증도 많이 나아져서	우울증 해소	
자기네보다 훨씬 잘하고 그러면 말이 없죠	숙련도 향상	개인적 성숙
앞으로 더 적응해서 잘 살 것이라고 생각합니다	기대 강화	
한국 친구들도 많이 사귈 수 있었다, 사람을 만나는 게 재미있고, 정말 친해진 지인들이 많이 생겼습니다	대인관계 확장	사회적 적응
결국 만족할만한 일자리를 찾았다	이직 성공	
사람들에게 비춰지는 나의 모습 또한 바뀌었던 것 같다	사람들의 인정	
신뢰는 계속적으로 쌓여갔습니다	신뢰감	

가장 중요한, 능력과 친밀감을 높인 것으로 나타났다. 그들은 숙련도 측면에서 높은 수준을 보이고 있었으며, 앞으로의 기대치도 상당히 높은 것으로 나타났다.

v. 사회적 적응: 대인관계 확장, 이직 성공, 사람들의 인정, 신뢰감

결과적으로 사회적인 적응도 긍정적으로 나타나, 문제해결이나 정서적 대처를 매우 주도적이고 적극적으로 시도하였다고 보인다. 따라서 이들 집단은 주위 사람들에게 인정받거나 다른 직장으로 이직에 성공하는 등 다양한 형태의 적응 양상을 보여주고 있었다.

2) 축코딩: 패러다임 범주분석

축코딩 과정에서는 개방코딩의 결과로 수집된 낱낱의 개념들을 하위범주화시키고, 다시 하위범주를 대범주화하여 구성한 패러다임을 이용하게 된다. 즉, 축으로 이어져 있는 모형을 이용하여 이들의 범주가 서로 어떻게 연결되거나 교차되는지를 보여준다(Strauss, Corbin, 1998). 본 연구에서의 패러다임 도식은 〈그림 4-3〉과 같다.

① 인과적 조건

인과적 조건은 중심현상이 일어나게 되는 원인을 말한다. 즉, 새터민이 한국에서 갈등을 경험하는 원인을 보여준다. 인과적 조건에서는 총 13개의 개념이 도출되었고, 6개의 하위범주, 3개의 대범주가 도출되었다. 즉 '실수'라는 하위범주에 근거해서 〔자기실수〕라는 대범주, '이질성', '언어차이'라는 하위범주에 근거해서 〔문화차이〕라는 대범주, '폄하', '냉정한 대우', '편견'이라는 하위범주에 근거해서 〔차별대

우〕라는 대범주를 도출하였다. 결과적으로 새터민들은 정서적인 갈등과 사회적 갈등을 가장 많이 드러내고 있었다.

② 중심현상

중심현상은 새터민들이 한국문화 적응에서 경험한 중심정서를 말한다. 중심현상으로 총 17개의 개념이 도출되었다. 7개의 하위개념, 2개의 대범주가 도출되었다. 즉 '억울함', '속상함', '화', '우울'이라는 하위범주에 근거해서 〔정서적 고갈〕이라는 대범주, '열등감', '소외감', '혼란'이라는 하위범주에 근거해서 〔인지적 고갈〕이라는 대범주를 도출하였다. 결과적으로 새터민들은 한국 사회 내에서 경험하는 갈등으로 인해 정서적이고 인지적인 측면에서의 반응을 보이고 있었다.

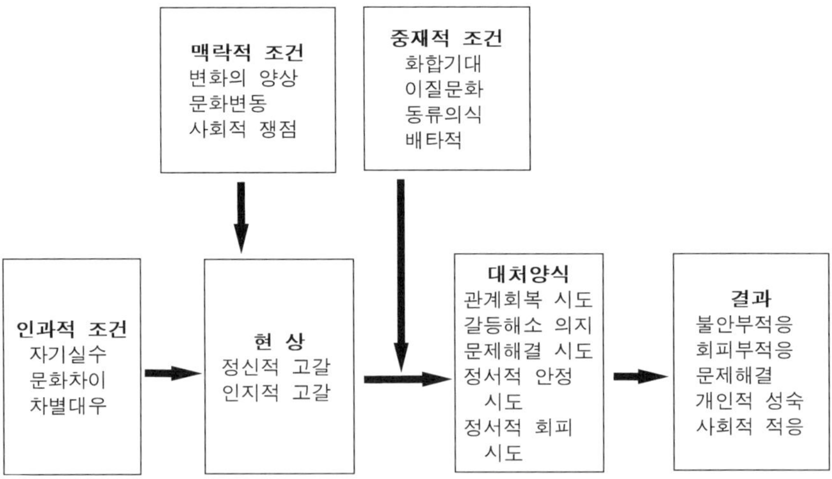

〈그림 4-3〉 새터민이 경험하는 갈등 및 대처양상의 과정

③ 맥락적 조건

맥락적 조건은 새터민들이 경험하는 중심현상의 맥락적 요인을 말한다. 맥락적 조건에서 총 11개의 개념이 도출되었고, 6개의 하위개념, 3개의 대범주가 도출되었다. 즉 '과도기', '문화의 차이 잔존'이라는 하위범주에 근거해서 〔변화의 양상〕이라는 대범주, '문화충격 두려움', '다문화화'라는 하위범주에 근거해서 〔문화변동〕이라는 대범주, '취업문제 발생', '북한에 대한 관심'이라는 하위범주에 근거해서 〔사회적 쟁점〕이라는 대범주를 도출하였다. 결과적으로 사회변화라는 큰 쟁점에서 그들 또한 한국인과 마찬가지로 걱정하고 고민하고 있다는 것을 알 수 있었다.

④ 중재적 조건

중재적 조건은 조선족 여성들의 정서경험의 유지 혹은 변화에 영향을 미치고 이후 대처전략을 이끌어내는 요인을 말한다. 중재적 조건에서 총 16개의 개념이 도출되었고, 8개의 하위개념, 4개의 대범주가 도출되었다. 즉 '공존의지', '사회적 통합 기대'라는 하위범주에 근거해서 〔화합기대〕라는 대범주, '다문화 인정', '결혼이민', '일자리 이민'이라는 하위범주에 근거해서 〔이질문화〕라는 대범주, '민족성'이라는 하위범주에 근거해서 〔동류의식〕이라는 대범주, '이민족 취급', '다문화의 이질성'이라는 하위범주에 근거해서 〔배타적〕이라는 대범주를 도출하였다. 결과적으로 새터민들이 갈등을 경험하고 대처하는 맥락에서 한국 사회가 가진 상황적 조건은 특성이나 장점을 비롯하여 동류의식을 가지게 할 수도 있지만, 이질적인 문화로 인해 그들을 배척할 수도 있음을 보여준다.

⑤ 대처양식

대처양식은 새터민들이 중심현상과 중재적 조건에 의해 실제적으로 대처하는 행동적 양식을 말한다. 대처양식으로 총 17개의 개념이 도출되었고, 10개의 하위범주, 5개의 대범주가 도출되었다. 즉 '대인관계 형성'이라는 하위범주에 근거해서 〔관계회복 시도〕라는 대범주, '노력', '의지충전'이라는 하위범주에 근거해서 〔갈등해소 의지〕라는 대범주, '언어공부', '상담', '학습노력'이라는 하위범주에 근거해서 〔문제해결 시도〕라는 대범주, '전환', '신앙'이라는 하위범주에 근거해서 〔정서적 안정 시도〕라는 대범주, '인고', '술 담배'라는 하위범주에 근거해서 〔정서적 회피 시도〕라는 대범주를 도출하였다. 결과적으로 새터민들은 문제중심적 혹은 정서적, 관계적인 대처전략을 다양하게 구사하고 있었다.

⑥ 결 과

결과는 새터민들이 한국문화에 적응하기 위한 대처양상을 추구하면서 발견한 의미나 평가적 태도를 의미한다. 결과 관련 총 19개의 개념들이 도출되었고 15개의 하위범주, 5개의 대범주가 도출되었다. 즉 '걱정', '역부족', '자신감 상실'이라는 하위범주에 근거해서 〔불안부적응〕이라는 대범주, '향수', '우회적 사고', '숙명적'이라는 하위범주에 근거해서 〔회피부적응〕이라는 대범주, '갈등 해소', '무시 해소', '우울증 해소'라는 하위범주에 근거해서 〔문제해결〕이라는 대범주, '숙련도 향상', '기대 강화'라는 하위범주에 근거해서 〔개인적 성숙〕이라는 대범주, '대인관계 확장', '이직 성공', '사람들의 인정', '신뢰감'이라는 하위범주에 근거해서 〔사회적 적응〕이라는 대범주를 도출하였다. 결과적으로 새터민들은 부적응한 경우와 문제를 해결해서 개인적인 성숙 과정에 놓여 있는 경우와 사회적으로 적응한 경우로 나눌 수 있을 것이다.

3) 선택코딩

본 분석을 통해서 새터민들은 크게 세 가지 유형으로 구분이 가능하다. 첫 번째 유형은 한국 사회에서 경험하는 갈등으로 불안과 두려움과 같은 각성 혹은 회피와 같은 증상을 보이고 있는 집단이다. 이들은 차별적 태도에 대해 불만을 가지고 있지만 무기력한 성향 때문에 회피적 전략을 추구하는 부적응의 유형이다. 두 번째 유형은 한국 사회에서 경험하는 갈등으로 정신적 고갈이나 부정적 피해의식을 가지고 있지만, 동질성이나 대인관계 회복이나 문제해결 시도를 통해 개인적 문제를 해결하여 개인적인 성숙 과정에 놓여 있는 유형이다. 이들은 예상치 못한 한국 사회의 취업난과 다문화화를 경험하면서 화합적 성장과 공유 및 공존의식 개선을 추구하는 데 더 큰 의의를 둔다. 세 번째 유형은 갈등 그 자체보다 효율적인 대처양식으로 문제를 적극적으로 해결하고자 하는 태도를 가지고 있으며, 관계적 회복을 통해 친사회적 성향을 더욱 강화하는 사회적 적응 유형이다. 이 세 가지 유형의 새터민들이 동기나 경험 면에서 다양한 양상을 보이는 경향성도 있다. 즉 정서적 적응 방략을 택할 것인가, 자기 성장 방략을 택할 것인가의 여부는 개인·사회적 자원 및 한국인에 의해 지대한 영향을 받는다. 특히 사회적 지원을 받는 새터민들은 대부분 한국에서의 긍정적 관계나 동류의식을 좋게 보는 반면, 사회적 지지를 받지 못하는 새터민들은 향수와 같은 도피 측면에 더 의의를 두고자 하였다. 결과적으로 본 연구의 주요핵심은 '새터민들은 한국에서의 자기개발과 사회적응을 추구하며 그들의 적응은 사회 변화 과정에 놓여 있다'는 것이다. 따라서 본 연구를 통해 새터민들이 한국 사회의 구성원으로 정착하기 위해서는 그들의 개인적 자원을 개발하고 욕구를 충족하는 데 필요한 시스템을 마련하는 것이 중요하다. 또한, 본 연구는 사회에서 다문화 인식에 대한 재고가 병행해야 한다는 점을 시사한다.

4) 질적 연구 결과 논의

전반적으로 한국에 거주하는 이주민들의 대다수는 문화충격에 적응하기 위해 나름대로의 효과적인 전략을 구축하고자 노력하고 있었으며, 그 공통점은 다음의 4가지로 요약할 수 있다.

먼저, 이주민들은 모두 비교적 경제적인 상황이 좋지 않다는 것이 특징이다. 그들에게 우선적으로 해결해야 할 과제는 경제적인 문제이며, 많은 도움을 필요로 하지만 실제로는 고정관념과 편견으로 인한 차별을 경험하고 있다고 보고하고 있다.

둘째, 같은 민족이든 그렇지 않든 문화 특유의 의사소통 장벽이 존재한다. 그들이 대인관계를 늘이고 더 나은 사회성을 개발하는 데 한국 문화 특유의 의사소통 방식이 매우 큰 장애요소가 되고 있다. 특히 이주민들은 원주민으로서의 한국인이 자신들에게 동화만을 고집한다고 여기고 있으며, 이는 어느 정도 사실이라고 볼 수 있다.

셋째, 한국의 변화에 대한 우려가 잠재되어 있다. 이주민들은 모두 한국이 다문화화되어 간다는 사실을 직시하고 있으면서도, 사회구성원들의 수용적인 태도는 다소 부족하다는 것을 지적하고 있었다. 그리고 그로 인해 앞으로의 변화 과정에서도 한국 사회의 전체적인 화합과 공존을 우려하는 목소리가 있었다.

마지막으로, 적응적인 태도를 가지고 있는 이주민들은 대부분 문제 중심적인 대처전략을 구사하는 성향이 있었다. 소수나마 대인관계의 진전이나 친밀감 증진 등을 보고하고 있다. 하지만 그들은 실제적인 적응을 언급하면서 대부분 한국에서의 사회적 지위나 경제적 성장 그리고 자신의 노력으로 인한 문제 해결을 보고하는 것으로 보아, 한국에서의 대인 중심적인 대처는 우회적인 전략을 사용했을 가능성이 높다. 즉, 회유나 인내 등의 방어기제를 활용하였을 가능성이 높다고 할 수 있다.

아울러 이주민 집단의 각 특성들을 비교해 보면 다음과 같다. 먼저, 조선족 여성들은 거의 대부분 한국인 원주민과 같은 민족이라는 동족의식이 강하지만, 동시에 국가 정체성은 중국이라고 강조하고 있었다. 결과적으로 그들이 한국에 적응하는 이유는 돈을 벌어서 다시 중국으로 가기 위한 경우가 가장 많았고, 적응과정에서 가장 강한 긍정적 피드백은 수입이었다.

두 번째, 동남아시아 여성들은 거의 스스로 한국인이라고 말할 정도로 한국에 대한 정체성이 높았다. 모두 한국에서 아이를 낳고 살아가면서, 나름대로 문화적응에 대한 수용도를 높여 가면서 적응하고자 노력하는 것으로 보였다. 하지만 한국인의 민족주의 사고관 때문에 차별받는 것에 대한 불만을 많이 토로하고 있었다.

세 번째, 새터민의 가장 큰 특징은 많은 부분을 숨기고 있다는 것이다. 특히, 남한과 북한에 대한 정치적 이념을 질문하게 되면 거의 침묵했다. 그리고 무엇보다도 세 집단들 중에 가장 큰 특징으로, 새터민들은 복합-외상후스트레스장애(Complex-PTSD)를 경험하고 있었다. 이에 본 연구에서도 설문이나 인터뷰를 요청하기가 어려웠으며,

응답하더라도 속마음은 좀처럼 드러내지 않는 경향을 보였다.

마지막으로 본 질적 연구를 통해 우리는 한국에 거주하는 세 소수 집단을 대상으로 문화적응 과정을 분석한 결과, 그들 모두 나름대로 적응하려는 전략을 다양하게 구축하고 있었다는 점을 발견할 수 있었다. 동시에 우리는 한국문화의 변화를 직시해야 한다는 점을 강조하고자 한다.

나. 조사 연구 결과

1. 조사 연구에 참여한 참여자의 인구통계학적 특성

본 연구의 조사 연구에 참여한 인구통계학적인 특성은 다음의 표들과 같다.

세대에 따른 특성을 보면 조선족 여성의 세대별 비율은 30대와 40대가 가장 많았다. 그리고 동남아 여성은 20대와 30대가 많았다.

〈표 4-22〉 세대에 따른 특성

단위: 명(%)

	조선족 여성	동남아 여성	새터민	한국인의 인식 (조선족 여성)	한국인의 인식 (동남아 여성)	한국인의 인식 (새터민)	총
20대	21(3.6)	48(8.3)	15(2.6)	34(5.9)	33(5.7)	1(.2)	152(26.3)
30대	42(7.3)	36(6.2)	29(5.0)	20(3.5)	18(3.1)	23(4.0)	168(29.1)
40대	39(6.7)	12(2.1)	20(3.5)	20(3.5)	19(3.3)	12(2.1)	122(22.1)
50대	19(3.3)	1(.2)	14(2.4)	26(4.5)	28(4.8)	19(3.3)	107(18.5)
60대	5(.9)	-	1(.2)	-	-	23(4.0)	29(5.0)
총	126(21.8)	97(16.8)	79(13.7)	100(17.3)	98(17.0)	78(13.5)	578(100.0)

성별에 따른 비율을 보면 본 연구에서는 다문화인들 중, 조선족 여성과 동남아 여성을 주대상으로 선정하였기 때문에 다문화인의 남자 비율은 없었다. 그러나 새터민과 한국인의 인식에서는 남녀비율이 어느 정도 유사하게 맞춰져 있다.

혼인에 따른 특성을 살펴보면, 조선족 여성의 결혼비율은 81.1%, 동남아 여성의 결혼비율은 85.0%로 현저하게 높은 결혼비율을 보이고 있었다. 그에 반해 한국인들은 결혼 유무의 특성이 비슷하였다.

학력에 따른 특성을 살펴보면, 조선족 여성은 고졸이 가장 많았고, 동남아 여성은 고졸과 대졸의 비율이 거의 비슷하였다. 새터민은 고졸이 가장 많았고 그 다음으로 대졸의 순이었다. 한국인들은 고졸보다는 대졸이 상당히 많은 비율을 보이고 있었다.

〈표 4-23〉 성별에 따른 특성

단위: 명(%)

	조선족 여성	동남아 여성	새터민	한국인의 인식 (조선족 여성)	한국인의 인식 (동남아 여성)	한국인의 인식 (새터민)	총
남자	-	-	35(6.0)	46(7.9)	42(7.2)	37(6.3)	160(27.4)
여자	127(21.7)	100(17.1)	44(7.5)	54(9.2)	58(9.9)	41(7.0)	424(72.6)
총	127(21.7)	100(17.1)	79(13.5)	100(17.1)	100(17.1)	78(13.4)	584(100.0)

〈표 4-24〉 혼인에 따른 특성

단위: 명(%)

	조선족 여성	동남아 여성	새터민	한국인의 인식 (조선족 여성)	한국인의 인식 (동남아 여성)	한국인의 인식 (새터민)	총
기혼	103(17.8)	85(14.7)	57(9.8)	49(8.4)	53(9.1)	62(10.7)	490(70.5)
미혼	24(4.1)	15(2.6)	22(3.8)	48(8.3)	46(7.9)	16(2.8)	171(29.5)
총	127(21.9)	100(17.2)	79(13.6)	97(16.7)	99(17.1)	78(13.4)	580(100.0)

〈표 4-25〉 학력에 따른 특성

단위: 명(%)

	조선족 여성	동남아 여성	새터민	한국인의 인식 (조선족 여성)	한국인의 인식 (동남아 여성)	한국인의 인식 (새터민	총
초등졸	4(.7)	6(1.0)	1(.2)	-	1(1.0)	1(.2)	13(2.2)
중졸	17(2.9)	18(3.1)	11(1.9)	1(1.0)	2(2.0)	5(.9)	54(9.3)
고졸	65(11.2)	38(6.6)	46(8.0)	23(4.0)	21(21.0)	27(4.7)	220(38.1)
대졸	34(5.9)	33(5.7)	20(3.5)	68(11.8)	71(71.0)	39(6.7)	265(45.8)
대학원 이상	4(.7)	2(.3)	1(.2)	8(1.4)	5(5.0)	6(1.0)	26(4.5)
총	124(21.5)	97(16.8)	79(13.7)	100(17.3)	100(17.3)	78(13.5)	578(100.0)

〈표 4-26〉 직업에 따른 특성

단위: 명(%)

	조선족 여성	동남아 여성	새터민	한국인의 인식 (조선족 여성)	한국인의 인식 (동남아 여성)	한국인의 인식 (새터민	총
학생	15(2.6)	9(1.5)	7(1.2)	36(6.2)	37(6.3)	2(.3)	105(18.0)
주부	28(4.6)	38(6.5)	21(3.6)	11(1.9)	9(1.5)	19(3.3)	125(21.4)
단순 노동	37(6.3)	25(4.3)	7(1.2)	1(.2)	3(.5)	3(.5)	76(13.0)
반 숙련직	17(2.9)	6(1.0)	7(1.2)	4(.7)	2(.3)	2(.3)	38(6.5)
숙련직	5(.9)	8(1.4)	5(.9)	5(.9)	2(.3)	3(.5)	28(4.8)
연예인/ 운동선수	1(.2)	-	-	-	-	2(.3)	3(.5)
자영업	15(2.6)	8(1.4)	22(3.8)	18(3.1)	18(3.1)	14(2.4)	95(16.3)
사무직	5(.9)	3(.5)	8(1.4)	8(1.4)	9(1.5)	17(2.9)	50(8.6)
전문직	4(.7)	3(.5)	2(.3)	12(2.1)	12(2.1)	9(1.5)	42(7.2)
관리직	-	-	-	4(.7)	4(.7)	4(.7)	12(2.1)
고위 관리직	-	-	-	1(.2)	2(.3)	-	4(.7)
무직	-	-	-	-	2(.3)	3(.5)	5(.9)
총	126(21.6)	100(17.2)	79(13.6)	100(17.2)	100(17.2)	78(13.4)	584(100.0)

직업에 따른 특성에 대해서 살펴보면, 조선족 여성은 단순노동직이 가장 많았고, 동남아 여성은 주부가 높은 비율을 차지하였다. 새터민은 자영업자와 주부가 높은 비율을 차지하였다.

2. 각 변인의 문항 간 신뢰도

조사 연구에서 측정한 변인들의 문항 간 신뢰도는 Cronbach $\alpha =$ .50~.96의 범위를 보였다. 그 중에서 공동체의식은 문항 간의 신뢰도가 낮았지만, 다른 변인들은 문항 간의 신뢰도가 .60 이상으로 높아 본 연구에 사용하기 적합했다.

3. 각 변인의 평균과 표준편차

각 변인의 평균은 리커트 5점 척도를 사용하여 측정하였다. 측정한 결과 대부분의 점수는 평균 2~3점 사이에서 측정되었다. 연구 총

〈표 4-27〉 각 변인의 문항 간 신뢰도

변인명	신뢰도(Cronbach α)	변인명	신뢰도(Cronbach α)
행복(이주 이전)	.92	민주시민의식	.79
행복(현 시점)	.91	타인수용의식	.74
삶의 의미(이주 이전)	.96	한국생활 경험	.88
삶의 의미(현 시점)	.96	타인종 인식	.69
자기수용(이주 이전)	.80	타문화 인식	.81
자기수용(현 시점)	.72	문화적응 스트레스	.77
공동체의식	.50	사회적 지지	.93
사회적 거리감	.77	생활만족(이주 이전)	.86
시민의식	.81	생활만족(현 시점)	.81

참여자의 평균을 살펴보면, 타인종에 대한 인식이 가장 낮은 점수였다(평균=2.83, 표준편차=.36). 반대로 가장 높은 점수는 다문화인이 인식하는 한국 생활의 경험이었다(평균=3.84, 표준편차=.66).

세부적으로 조선족 여성 중에는 한국인에 대한 중국인의 인식(타인종 인식)의 점수가 가장 낮았다(평균=2.91, 표준편차=.38). 반대로 가장 높은 점수는 조선족 여성이 인식하는 한국 생활경험이었다(평균=3.90, 표준편차=.67). 동남아시아 여성 중에는 한국에 오기 전 경험했던 행복 수준이 가장 낮았다(평균=2.88, 표준편차=.47). 반대로 가장 높은 점수는 동남아시아 여성이 인식하는 한국 생활경험이었다(평균=3.76, 표준편차=.64). 새터민은 과거의 행복에 대한 인식이 가장 낮았다(평균=2.67, 표준편차=.58). 반대로 가장 높은 점수는 한국에서의 생활경험이었다(평균=3.42, 표준편차=.75).

조선족 여성에 대한 한국인의 인식 중, 중국동포에 대한 인식(타인종)이 가장 낮았다(평균=2.68, 표준편차=.30). 반대로 가장 높은 점수는 시민의식이었다(평균=3.69, 표준편차=.56). 동남아시아 여성에 대한 한국인의 인식 중, 동남아시아 여성에 대한 인식(타인종)이 가장 낮았다(평균=2.75, 표준편차=.34). 반대로 가장 높은 점수는 시민의식이었다(평균=3.66, 표준편차=.58). 새터민에 대한 한국인의 인식 중, 타문화 인식에 대한 점수가 가장 낮았다(평균=2.63, 표준편차=.54). 반대로 가장 높은 점수는 시민의식이었다(평균=3.77, 표준편차=.60).

〈표 4-28〉 각 변인의 평균과 표준편차(각 변인은 5점 척도로 측정)

	조선족 여성	동남아 여성	새터민	한국인의 인식 (조선족 여성)	한국인의 인식 (동남아 여성)	한국인의 인식 (새터민)	총
행복 (이주 이전)	2.98(.49)	2.88(.47)	2.67(.58)	-	-	-	2.87(.52)
행복 (현 시점)	3.14(.50)	3.05(.47)	2.94(.53)	3.13(.33)	3.20(.41)	3.18(.45)	3.11(.45)
삶의 의미 (이주 이전)	3.12(.59)	3.11(.55)	2.77(.67)	-	-	-	3.03(.61)
삶의 의미 (현 시점)	3.29(.57)	3.23(.54)	3.14(.65)	3.42(.44)	3.44(.49)	3.41(.58)	3.32(.55)
자기수용 (이주 이전)	3.20(.57)	3.14(.43)	2.95(.64)	-	-	-	3.11(.56)
자기수용 (현 시점)	3.37(.54)	3.32(.47)	3.21(.58)	3.48(.41)	3.41(.39)	3.51(.52)	3.38(.49)
공동체의식	2.93(.36)	2.96(.30)	2.83(.42)	2.88(.31)	2.91(.28)	2.91(.33)	2.91(.34)
사회적 거리감	3.58(.60)	3.73(.50)	3.28(.70)	3.11(.73)	3.18(.67)	3.30(.66)	3.38(.38)
시민의식	3.69(.71)	3.56(.53)	3.31(.75)	3.69(.56)	3.66(.58)	3.77(.60)	3.62(.63)
민주시민 의식	3.59(.50)	3.54(.38)	3.30(.57)	3.49(.38)	3.52(.32)	3.59(.43)	3.51(.45)
타인수용 의식	3.19(.43)	3.15(.35)	2.99(.49)	3.13(.30)	3.21(.32)	3.15(.39)	3.14(.39)
한국 생활 경험	3.90(.67)	3.76(.64)	3.42(.75)	-	-	-	3.73(.71)
타인종 인식	2.91(.38)	2.94(.36)	2.84(.44)	2.68(.30)	2.75(.34)	2.76(.33)	2.82(.37)
타문화 인식	3.33(.53)	3.32(.50)	3.17(.60)	2.83(.48)	2.93(.43)	2.63(.54)	3.06(.57)
문화적응 스트레스	2.92(.38)	3.00(.40)	2.88(.40)	-	-	-	2.92(.39)
사회적 지지	3.46(.74)	3.36(.66)	3.31(.69)	3.23(.68)	3.40(.74)	3.06(.69)	3.32(.71)
생활만족 (이주 이전)	3.37(.79)	3.17(.68)	2.94(.85)	-	-	-	3.19(.79)
생활만족 (현 시점)	3.55(.67)	3.27(.64)	3.30(.74)	3.55(.59)	3.50(.71)	3.54(.79)	3.46(.69)

4. 각 변인 및 대상별 빈도분석 결과

1) 조선족 여성의 인식

과거 행복 변수의 빈도분석을 실시하기 위해서 본 연구자들은 과거 행복에 해당하는 문항들 중에 '내 자녀가 건강하게 자란다'와 '나는 가족 혹은 친척들과 원만한 관계를 유지한다'의 문항을 선정하여 분석에 활용하였다. 우선, '내 자녀가 건강하게 자란다'의 문항에 대한 응답결과는 〈표 4-29〉에 나타나 있으며, 전반적으로 정상분포의 양상을 보이고 있음을 확인할 수 있다.

'내 자녀가 건강하게 자란다'에 '전혀 아니다'라고 응답한 대상자들은 10명으로 나타났으며, 이들은 7.9%에 해당하는 비율이다. '거의 아니다'라고 응답한 대상자들은 11명으로 나타났으며, 이들은 8.7%에 해당하는 비율이다. '보통이다'라고 응답한 대상자들은 28명으로 나타났으며, 이들은 22%에 해당하는 비율이다. '거의 그렇다'라고 응답한 대상자들은 26명으로 나타났으며, 이들은 20.5%에 해당하는 비율이다. '매우 그렇다'라고 응답한 대상자들은 52명으로 나타났으며, 이들은 40.9%에 해당하는 비율이다.

다음으로 '나는 가족 혹은 친척들과 원만한 관계를 유지한다'의 문항에 대한 응답결과는 〈표 4-30〉에 나타나 있으며, 이 역시 전반적으로 정상분포의 양상을 보이고 있음을 확인할 수 있다.

〈표 4-29〉 조선족 여성: 내 자녀가 건강하게 자란다(과거)

응답	전혀 아니다	거의 아니다	보통이다	거의 그렇다	매우 그렇다
빈도	10(7.9%)	11(8.7%)	28(22%)	26(20.5%)	52(40.9%)

'나는 가족 혹은 친척들과 원만한 관계를 유지한다'에 '전혀 아니다'라고 응답한 대상자들은 5명으로 나타났으며, 이들은 3.9%에 해당하는 비율이다. '거의 아니다'라고 응답한 대상자들은 11명으로 나타났으며, 이들은 8.7%에 해당하는 비율이다. '보통이다'라고 응답한 대상자들은 30명으로 나타났으며, 이들은 23.6%에 해당하는 비율이다. '거의 그렇다'라고 응답한 대상자들은 34명으로 나타났으며, 이들은 26.8%에 해당하는 비율이다. '매우 그렇다'라고 응답한 대상자들은 47명으로 나타났으며, 이들은 37%에 해당하는 비율이다.

현재 행복 변수의 빈도분석을 실시하기 위해서 본 연구자들은 현재 행복에 해당하는 문항들 중에 '내 자녀가 건강하게 자란다'와 '나는 가족 혹은 친척들과 원만한 관계를 유지한다'의 문항을 선정하여 분석에 활용하였다. 우선, '내 자녀가 건강하게 자란다'의 문항에 대한 응답결과는 〈표 4-31〉에 나타나 있으며, 전반적으로 정상분포의 양상을 보이고 있음을 확인할 수 있다.

'내 자녀가 건강하게 자란다'에 '전혀 아니다'라고 응답한 대상자들은 13명으로 나타났으며, 이들은 10.2%에 해당하는 비율이다. '거의 아니다'라고 응답한 대상자들은 5명으로 나타났으며, 이들은 3.9%에

〈표 4-30〉 조선족 여성: 나는 가족 혹은 친척들과 원만한 관계를 유지한다(과거)

응답	전혀 아니다	거의 아니다	보통이다	거의 그렇다	매우 그렇다
빈도	5(3.9%)	11(8.7%)	30(23.6%)	34(26.8%)	47(37%)

〈표 4-31〉 조선족 여성: 내 자녀가 건강하게 자란다(현재)

응답	전혀 아니다	거의 아니다	보통이다	거의 그렇다	매우 그렇다
빈도	13(10.2%)	5(3.9%)	25(19.7%)	32(25.2%)	52(40.9%)

해당하는 비율이다. '보통이다'라고 응답한 대상자들은 25명으로 나타났으며, 이들은 19.7%에 해당하는 비율이다. '거의 그렇다'라고 응답한 대상자들은 32명으로 나타났으며, 이들은 25.2%에 해당하는 비율이다. '매우 그렇다'라고 응답한 대상자들은 52명으로 나타났으며, 이들은 40.9%에 해당하는 비율이다.

다음으로 '나는 가족 혹은 친척들과 원만한 관계를 유지한다'의 문항에 대한 응답결과는 〈표 4-32〉에 나타나 있으며, 이 역시 전반적으로 정상분포의 양상을 보이고 있음을 확인할 수 있다.

'나는 가족 혹은 친척들과 원만한 관계를 유지한다'에 '전혀 아니다'라고 응답한 대상자들은 7명으로 나타났으며, 이들은 5.5%에 해당하는 비율이다. '거의 아니다'라고 응답한 대상자들은 8명으로 나타났으며, 이들은 6.3%에 해당하는 비율이다. '보통이다'라고 응답한 대상자들은 35명으로 나타났으며, 이들은 27.6%에 해당하는 비율이다. '거의 그렇다'라고 응답한 대상자들은 30명으로 나타났으며, 이들은 23.6%에 해당하는 비율이다. '매우 그렇다'라고 응답한 대상자들은 47명으로 나타났으며, 이들은 37%에 해당하는 비율이다.

과거 삶의 의미 변수의 빈도분석을 실시하기 위해서 본 연구자들은 과거 삶의 의미에 해당하는 문항들 중에 '나는 인생에 궁극적인 목적과 의미가 있음을 믿고 있다'와 '나는 내 자신의 삶의 목표를 성취하기 위해 노력하고 있다'의 문항을 선정하여 분석에 활용하였다. 우선, '나는 인생에 궁극적인 목적과 의미가 있음을 믿고 있다'의 문

〈표 4-32〉 조선족 여성: 나는 가족 혹은 친척들과 원만한 관계를 유지한다(현재)

응답	전혀 아니다	거의 아니다	보통이다	거의 그렇다	매우 그렇다
빈도	7(5.5%)	8(6.3%)	35(27.6%)	30(23.6%)	47(37%)

항에 대한 응답결과는 〈표 4-33〉에 나타나 있으며, 전반적으로 정상분포의 양상을 보이고 있음을 확인할 수 있다.

'나는 인생에 궁극적인 목적과 의미가 있음을 믿고 있다'에 '전혀 아니다'라고 응답한 대상자들은 5명으로 나타났으며, 이들은 3.9%에 해당하는 비율이다. '거의 아니다'라고 응답한 대상자들은 22명으로 나타났으며, 이들은 17.3%에 해당하는 비율이다. '보통이다'라고 응답한 대상자들은 55명으로 나타났으며, 이들은 43.3%에 해당하는 비율이다. '거의 그렇다'라고 응답한 대상자들은 22명으로 나타났으며, 이들은 17.3%에 해당하는 비율이다. '매우 그렇다'라고 응답한 대상자들은 23명으로 나타났으며, 이들은 18.1%에 해당하는 비율이다.

다음으로 '나는 내 자신의 삶의 목표를 성취하기 위해 노력하고 있다'의 문항에 대한 응답결과는 〈표 4-34〉에 나타나 있으며, 이 역시 전반적으로 정상분포의 양상을 보이고 있음을 확인할 수 있다.

'나는 내 자신의 삶의 목표를 성취하기 위해 노력하고 있다'에 '전혀 아니다'라고 응답한 대상자들은 3명으로 나타났으며, 이들은 2.4%에 해당하는 비율이다. '거의 아니다'라고 응답한 대상자들은 22명으로 나타났으며, 이들은 17.3%에 해당하는 비율이다. '보통이다'라고

〈표 4-33〉 조선족 여성: 나는 인생에 궁극적인 목적과 의미가 있음을 믿고 있다(과거)

응답	전혀 아니다	거의 아니다	보통이다	거의 그렇다	매우 그렇다
빈도	5(3.9%)	22(17.3%)	55(43.3%)	22(17.3%)	23(18.1%)

〈표 4-34〉 조선족 여성: 나는 내 자신의 삶의 목표를 성취하기 위해 노력하고 있다(과거)

응답	전혀 아니다	거의 아니다	보통이다	거의 그렇다	매우 그렇다
빈도	3(2.4%)	22(17.3%)	48(37.8%)	31(24.4%)	23(18.1%)

응답한 대상자들은 48명으로 나타났으며, 이들은 37.8%에 해당하는 비율이다. '거의 그렇다'라고 응답한 대상자들은 31명으로 나타났으며, 이들은 24.4%에 해당하는 비율이다. '매우 그렇다'라고 응답한 대상자들은 23명으로 나타났으며, 이들은 18.1%에 해당하는 비율이다.

현재 삶의 의미 변수의 빈도분석을 실시하기 위해서 본 연구자들은 현재 삶의 의미에 해당하는 문항들 중에 '나는 인생에 궁극적인 목적과 의미가 있음을 믿고 있다'와 '나는 내 자신의 삶의 목표를 성취하기 위해 노력하고 있다'의 문항을 선정하여 분석에 활용하였다. 우선, '나는 인생에 궁극적인 목적과 의미가 있음을 믿고 있다'의 문항에 대한 응답결과는 〈표 4-35〉에 나타나 있으며, 전반적으로 정상분포의 양상을 보이고 있음을 확인할 수 있다.

'나는 인생에 궁극적인 목적과 의미가 있음을 믿고 있다'에 '전혀 아니다'라고 응답한 대상자는 1명으로 나타났으며, 이는 0.8%에 해당하는 비율이다. '거의 아니다'라고 응답한 대상자들은 14명으로 나타났으며, 이들은 11%에 해당하는 비율이다. '보통이다'라고 응답한 대상자들은 50명으로 나타났으며, 이들은 39.4%에 해당하는 비율이다. '거의 그렇다'라고 응답한 대상자들은 34명으로 나타났으며, 이들은 26.8%에 해당하는 비율이다. '매우 그렇다'라고 응답한 대상자들은 28명으로 나타났으며, 이들은 22%에 해당하는 비율이다.

다음으로 '나는 내 자신의 삶의 목표를 성취하기 위해 노력하고 있다'의 문항에 대한 응답결과는 〈표 4-36〉에 나타나 있으며, 이 역시

〈표 4-35〉 조선족 여성: 나는 인생에 궁극적인 목적과 의미가 있음을 믿고 있다(현재)

응답	전혀 아니다	거의 아니다	보통이다	거의 그렇다	매우 그렇다
빈도	1(0.8%)	14(11%)	50(39.4%)	34(26.8%)	28(22%)

전반적으로 정상분포의 양상을 보이고 있음을 확인할 수 있다.

'나는 내 자신의 삶의 목표를 성취하기 위해 노력하고 있다'에 '전혀 아니다'라고 응답한 대상자들은 3명으로 나타났으며, 이들은 2.4%에 해당하는 비율이다. '거의 아니다'라고 응답한 대상자들은 14명으로 나타났으며, 이들은 11%에 해당하는 비율이다. '보통이다'라고 응답한 대상자들은 40명으로 나타났으며, 이들은 31.5%에 해당하는 비율이다. '거의 그렇다'라고 응답한 대상자들은 36명으로 나타났으며, 이들은 28.3%에 해당하는 비율이다. '매우 그렇다'라고 응답한 대상자들은 34명으로 나타났으며, 이들은 26.8%에 해당하는 비율이다.

과거 자기수용 변수의 빈도분석을 실시하기 위해서 본 연구자들은 과거 자기수용에 해당하는 문항들 중에 '나는 부정적인 피드백을 받으면, 이를 내 행동 혹은 수행을 향상시킬 수 있는 기회로 삼는다'와 '나는 자신이 하는 일에서 성공한 사람들은 특별히 가치 있는 사람이라고 생각한다'의 문항을 선정하여 분석에 활용하였다. 우선, '나는 부정적인 피드백을 받으면, 이를 내 행동 혹은 수행을 향상시킬 수 있는 기회로 삼는다'의 문항에 대한 응답결과는 〈표 4-37〉에 나타나 있으며, 전반적으로 정상분포의 양상을 보이고 있음을 확인할 수 있다.

'나는 부정적인 피드백을 받으면, 이를 내 행동 혹은 수행을 향상시킬 수 있는 기회로 삼는다'에 '전혀 아니다'라고 응답한 대상자들은 9명으로 나타났으며, 이들은 7.1%에 해당하는 비율이다. '거의 아니

〈표 4-36〉 조선족 여성: 나는 내 자신의 삶의 목표를 성취하기 위해 노력하고 있다 (현재)

응답	전혀 아니다	거의 아니다	보통이다	거의 그렇다	매우 그렇다
빈도	3(2.4%)	14(11%)	40(31.5%)	36(28.3%)	34(26.8%)

다'라고 응답한 대상자들은 30명으로 나타났으며, 이들은 23.6%에 해당하는 비율이다. '보통이다'라고 응답한 대상자들은 63명으로 나타났으며, 이들은 49.6%에 해당하는 비율이다. '거의 그렇다'라고 응답한 대상자들은 16명으로 나타났으며, 이들은 12.6%에 해당하는 비율이다. '매우 그렇다'라고 응답한 대상자들은 9명으로 나타났으며, 이들은 7.1%에 해당하는 비율이다.

다음으로 '나는 자신이 하는 일에서 성공한 사람들은 특별히 가치 있는 사람이라고 생각한다'의 문항에 대한 응답결과는 〈표 4-38〉에 나타나 있으며, 이 역시 전반적으로 정상분포의 양상을 보이고 있음을 확인할 수 있다.

'나는 자신이 하는 일에서 성공한 사람들은 특별히 가치 있는 사람이라고 생각한다'에 '전혀 아니다'라고 응답한 대상자들은 3명으로 나타났으며, 이들은 2.4%에 해당하는 비율이다. '거의 아니다'라고 응답한 대상자들은 18명으로 나타났으며, 이들은 14.2%에 해당하는 비율이다. '보통이다'라고 응답한 대상자들은 44명으로 나타났으며, 이들은 34.6%에 해당하는 비율이다. '거의 그렇다'라고 응답한 대상

〈표 4-37〉 조선족 여성: 나는 부정적인 피드백을 받으면, 이를 내 행동 혹은 수행을 향상시킬 수 있는 기회로 삼는다(과거)

응답	전혀 아니다	거의 아니다	보통이다	거의 그렇다	매우 그렇다
빈도	9(7.1%)	30(23.6%)	63(49.6%)	16(12.6%)	9(7.1%)

〈표 4-38〉 조선족 여성: 나는 자신이 하는 일에서 성공한 사람들은 특별히 가치 있는 사람이라고 생각한다(과거)

응답	전혀 아니다	거의 아니다	보통이다	거의 그렇다	매우 그렇다
빈도	3(2.4%)	18(14.2%)	44(34.6%)	31(24.4%)	31(24.4%)

자들은 31명으로 나타났으며, 이들은 24.4%에 해당하는 비율이다. '매우 그렇다'라고 응답한 대상자들은 31명으로 나타났으며, 이들은 24.4%에 해당하는 비율이다.

현재 자기수용 변수의 빈도분석을 실시하기 위해서 본 연구자들은 현재 자기수용에 해당하는 문항들 중에 '나는 부정적인 피드백을 받으면, 이를 내 행동 혹은 수행을 향상시킬 수 있는 기회로 삼는다'와 '나는 자신이 하는 일에서 성공한 사람들은 특별히 가치 있는 사람이라고 생각한다'의 문항을 선정하여 분석에 활용하였다. 우선, '나는 부정적인 피드백을 받으면, 이를 내 행동 혹은 수행을 향상시킬 수 있는 기회로 삼는다'의 문항에 대한 응답결과는 〈표 4-39〉에 나타나 있으며, 전반적으로 정상분포의 양상을 보이고 있음을 확인할 수 있다.

'나는 부정적인 피드백을 받으면, 이를 내 행동 혹은 수행을 향상시킬 수 있는 기회로 삼는다'에 '전혀 아니다'라고 응답한 대상자들은 7명으로 나타났으며, 이들은 5.5%에 해당하는 비율이다. '거의 아니다'라고 응답한 대상자들은 11명으로 나타났으며, 이들은 8.7%에 해당하는 비율이다. '보통이다'라고 응답한 대상자들은 72명으로 나타났으며, 이들은 56.7%에 해당하는 비율이다. '거의 그렇다'라고 응답한 대상자들은 28명으로 나타났으며, 이들은 22%에 해당하는 비율이다. '매우 그렇다'라고 응답한 대상자들은 9명으로 나타났으며, 이들은 7.1%에 해당하는 비율이다.

〈표 4-39〉 조선족 여성: 나는 부정적인 피드백을 받으면, 이를 내 행동 혹은 수행을 향상시킬 수 있는 기회로 삼는다(현재)

응답	전혀 아니다	거의 아니다	보통이다	거의 그렇다	매우 그렇다
빈도	7(5.5%)	11(8.7%)	72(56.7%)	28(22%)	9(7.1%)

다음으로 '나는 자신이 하는 일에서 성공한 사람들은 특별히 가치 있는 사람이라고 생각한다'의 문항에 대한 응답결과는 〈표 4-40〉에 나타나 있으며, 이 역시 전반적으로 정상분포의 양상을 보이고 있음을 확인할 수 있다.

'나는 자신이 하는 일에서 성공한 사람들은 특별히 가치 있는 사람이라고 생각한다'에 '전혀 아니다'라고 응답한 대상자들은 3명으로 나타났으며, 이들은 2.4%에 해당하는 비율이다. '거의 아니다'라고 응답한 대상자들은 15명으로 나타났으며, 이들은 11.8%에 해당하는 비율이다. '보통이다'라고 응답한 대상자들은 38명으로 나타났으며, 이들은 29.9%에 해당하는 비율이다. '거의 그렇다'라고 응답한 대상자들은 35명으로 나타났으며, 이들은 27.6%에 해당하는 비율이다. '매우 그렇다'라고 응답한 대상자들은 36명으로 나타났으며, 이들은 28.3%에 해당하는 비율이다.

공동체의식 변수의 빈도분석을 실시하기 위해서 본 연구자들은 공동체의식에 해당하는 문항들 중에 '나는 곤란한 상황에 처한 사람들을 돕는 데에 적극적이다'와 '나는 이재민이 도움을 요청한다면, 나의 생활이 불편하더라도 당분간 그들과 함께 살겠다'의 문항을 선정하여 분석에 활용하였다. 우선, '나는 곤란한 상황에 처한 사람들을 돕는 데에 적극적이다'의 문항에 대한 응답결과는 〈표 4-41〉에 나타나 있으며, 전반적으로 정상분포의 양상을 보이고 있음을 확인할 수 있다.

〈표 4-40〉 조선족 여성: 나는 자신이 하는 일에서 성공한 사람들은 특별히 가치 있는 사람이라고 생각한다(현재)

응답	전혀 아니다	거의 아니다	보통이다	거의 그렇다	매우 그렇다
빈도	3(2.4%)	15(11.8%)	38(29.9%)	35(27.6%)	36(28.3%)

'나는 곤란한 상황에 처한 사람들을 돕는 데에 적극적이다'에 '전혀 아니다'라고 응답한 대상자들은 10명으로 나타났으며, 이들은 7.9%에 해당하는 비율이다. '거의 아니다'라고 응답한 대상자들은 20명으로 나타났으며, 이들은 15.7%에 해당하는 비율이다. '보통이다'라고 응답한 대상자들은 56명으로 나타났으며, 이들은 44.1%에 해당하는 비율이다. '거의 그렇다'라고 응답한 대상자들은 28명으로 나타났으며, 이들은 22%에 해당하는 비율이다. '매우 그렇다'라고 응답한 대상자들은 13명으로 나타났으며, 이들은 10.2%에 해당하는 비율이다.

다음으로 '나는 이재민이 도움을 요청한다면, 나의 생활이 불편하더라도 당분간 그들과 함께 살겠다'의 문항에 대한 응답결과는 〈표 4-42〉에 나타나 있으며, 이 역시 전반적으로 정상분포의 양상을 보이고 있음을 확인할 수 있다.

'나는 이재민이 도움을 요청한다면, 나의 생활이 불편하더라도 당분간 그들과 함께 살겠다'에 '전혀 아니다'라고 응답한 대상자들은 36명으로 나타났으며, 이들은 28.3%에 해당하는 비율이다. '거의 아니다'라고 응답한 대상자들은 41명으로 나타났으며, 이들은 32.3%에 해당하는 비율이다. '보통이다'라고 응답한 대상자들은 36명으로 나타

〈표 4-41〉 조선족 여성: 나는 곤란한 상황에 처한 사람들을 돕는 데에 적극적이다

응답	전혀 아니다	거의 아니다	보통이다	거의 그렇다	매우 그렇다
빈도	10(7.9%)	20(15.7%)	56(44.1%)	28(22%)	13(10.2%)

〈표 4-42〉 조선족 여성: 나는 이재민이 도움을 요청한다면, 나의 생활이 불편하더라도 당분간 그들과 함께 살겠다

응답	전혀 아니다	거의 아니다	보통이다	거의 그렇다	매우 그렇다
빈도	36(28.3%)	41(32.3%)	36(28.3%)	9(7.1%)	5(3.9%)

났으며, 이들은 28.3%에 해당하는 비율이다. '거의 그렇다'라고 응답한 대상자들은 9명으로 나타났으며, 이들은 7.1%에 해당하는 비율이다. '매우 그렇다'라고 응답한 대상자들은 5명으로 나타났으며, 이들은 3.9%에 해당하는 비율이다.

사회적 거리감 변수의 빈도분석을 실시하기 위해서 본 연구자들은 사회적 거리감에 해당하는 문항들 중에 '나는 우리 집을 다른 외국인에게 세주지 않겠다'와 '나는 우리 지역에 이사 온 다른 외국인을 이웃으로 받아들일 수 있다'의 문항을 선정하여 분석에 활용하였다. 우선, '나는 우리 집을 다른 외국인에게 세주지 않겠다'의 문항에 대한 응답결과는 〈표 4-43〉에 나타나 있으며, 전반적으로 정상분포의 양상을 보이고 있음을 확인할 수 있다.

'나는 우리 집을 다른 외국인에게 세주지 않겠다'에 '전혀 아니다'라고 응답한 대상자들은 40명으로 나타났으며, 이들은 31.5%에 해당하는 비율이다. '거의 아니다'라고 응답한 대상자들은 42명으로 나타났으며, 이들은 33.1%에 해당하는 비율이다. '보통이다'라고 응답한 대상자들은 27명으로 나타났으며, 이들은 21.3%에 해당하는 비율이다. '거의 그렇다'라고 응답한 대상자들은 12명으로 나타났으며, 이들은 9.4%에 해당하는 비율이다. '매우 그렇다'라고 응답한 대상자들은 6명으로 나타났으며, 이들은 4.7%에 해당하는 비율이다.

다음으로 '나는 우리 지역에 이사 온 다른 외국인을 이웃으로 받아들일 수 있다'의 문항에 대한 응답결과는 〈표 4-44〉에 나타나 있으

〈표 4-43〉 조선족 여성: 나는 우리 집을 다른 외국인에게 세주지 않겠다

응답	전혀 아니다	거의 아니다	보통이다	거의 그렇다	매우 그렇다
빈도	40(31.5%)	42(33.1%)	27(21.3%)	12(9.4%)	6(4.7%)

며, 이 역시 전반적으로 정상분포의 양상을 보이고 있음을 확인할 수 있다.

'나는 우리 지역에 이사 온 다른 외국인을 이웃으로 받아들일 수 있다'에 '전혀 아니다'라고 응답한 대상자들은 2명으로 나타났으며, 이들은 1.6%에 해당하는 비율이다. '거의 아니다'라고 응답한 대상자들은 4명으로 나타났으며, 이들은 3.1%에 해당하는 비율이다. '보통이다'라고 응답한 대상자들은 19명으로 나타났으며, 이들은 15%에 해당하는 비율이다. '거의 그렇다'라고 응답한 대상자들은 47명으로 나타났으며, 이들은 37%에 해당하는 비율이다. '매우 그렇다'라고 응답한 대상자들은 55명으로 나타났으며, 이들은 43.3%에 해당하는 비율이다.

시민의식 변수의 빈도분석을 실시하기 위해서 본 연구자들은 시민의식에 해당하는 문항들 중에 '나는 내가 속한 집단의 결정을 존중하는 것이 중요하다'와 '나는 내가 속한 집단의 이익을 위해서라면 개인의 이익을 기꺼이 희생한다'의 문항을 선정하여 분석에 활용하였다. 우선, '나는 내가 속한 집단의 결정을 존중하는 것이 중요하다'의 문항에 대한 응답결과는 〈표 4-45〉에 나타나 있으며, 전반적으로 정상분포의 양상을 보이고 있음을 확인할 수 있다.

'나는 내가 속한 집단의 결정을 존중하는 것이 중요하다'에 '전혀 아니다'라고 응답한 대상자는 1명으로 나타났으며, 이는 0.8%에 해

〈표 4-44〉 조선족 여성: 나는 우리 지역에 이사 온 다른 외국인을 이웃으로 받아들일 수 있다

응답	전혀 아니다	거의 아니다	보통이다	거의 그렇다	매우 그렇다
빈도	2(1.6%)	4(3.1%)	19(15%)	47(37%)	55(43.3%)

당하는 비율이다. ‘거의 아니다’라고 응답한 대상자들은 4명으로 나타났으며, 이들은 3.1%에 해당하는 비율이다. ‘보통이다’라고 응답한 대상자들은 39명으로 나타났으며, 이들은 30.7%에 해당하는 비율이다. ‘거의 그렇다’라고 응답한 대상자들은 49명으로 나타났으며, 이들은 38.6%에 해당하는 비율이다. ‘매우 그렇다’라고 응답한 대상자들은 34명으로 나타났으며, 이들은 26.8%에 해당하는 비율이다.

다음으로 ‘나는 내가 속한 집단의 이익을 위해서라면 개인의 이익을 기꺼이 희생한다’의 문항에 대한 응답결과는 〈표 4-46〉에 나타나 있으며, 이 역시 전반적으로 정상분포의 양상을 보이고 있음을 확인할 수 있다.

‘나는 내가 속한 집단의 이익을 위해서라면 개인의 이익을 기꺼이 희생한다’에 ‘전혀 아니다’라고 응답한 대상자들은 5명으로 나타났으며, 이들은 3.9%에 해당하는 비율이다. ‘거의 아니다’라고 응답한 대상자들은 22명으로 나타났으며, 이들은 17.3%에 해당하는 비율이다. ‘보통이다’라고 응답한 대상자들은 57명으로 나타났으며, 이들은 44.9%에 해당하는 비율이다. ‘거의 그렇다’라고 응답한 대상자들은 28명으로 나타났으며, 이들은 22%에 해당하는 비율이다. ‘매우 그렇

〈표 4-45〉 조선족 여성: 나는 내가 속한 집단의 결정을 존중하는 것이 중요하다

응답	전혀 아니다	거의 아니다	보통이다	거의 그렇다	매우 그렇다
빈도	1(0.8%)	4(3.1%)	39(30.7%)	49(38.6%)	34(26.8%)

〈표 4-46〉 조선족 여성: 나는 내가 속한 집단의 이익을 위해서라면 개인의 이익을 기꺼이 희생한다

응답	전혀 아니다	거의 아니다	보통이다	거의 그렇다	매우 그렇다
빈도	5(3.9%)	22(17.3%)	57(44.9%)	28(22%)	15(11.8%)

다'라고 응답한 대상자들은 15명으로 나타났으며, 이들은 11.8%에 해당하는 비율이다.

민주시민의식 변수의 빈도분석을 실시하기 위해서 본 연구자들은 민주시민의식에 해당하는 문항들 중에 '개인의 자유는 어떤 일이 있어도 보장되어야 한다'와 '사회나 정치생활에서 국민이나 집단은 모든 문제를 법치주의에 입각해서 해결해야 한다'의 문항을 선정하여 분석에 활용하였다. 우선, '개인의 자유는 어떤 일이 있어도 보장되어야 한다'의 문항에 대한 응답결과는 〈표 4-47〉에 나타나 있으며, 전반적으로 정상분포의 양상을 보이고 있음을 확인할 수 있다.

'개인의 자유는 어떤 일이 있어도 보장되어야 한다'에 '전혀 아니다'라고 응답한 대상자는 1명으로 나타났으며, 이는 0.8%에 해당하는 비율이다. '거의 아니다'라고 응답한 대상자들은 6명으로 나타났으며, 이들은 4.7%에 해당하는 비율이다. '보통이다'라고 응답한 대상자들은 38명으로 나타났으며, 이들은 29.9%에 해당하는 비율이다. '거의 그렇다'라고 응답한 대상자들은 41명으로 나타났으며, 이들은 32.3%에 해당하는 비율이다. '매우 그렇다'라고 응답한 대상자들은 41명으로 나타났으며, 이들은 32.3%에 해당하는 비율이다.

다음으로 '사회나 정치생활에서 국민이나 집단은 모든 문제를 법치주의에 입각해서 해결해야 한다'의 문항에 대한 응답결과는 〈표 4-48〉에 나타나 있으며, 이 역시 전반적으로 정상분포의 양상을 보이고 있음을 확인할 수 있다.

〈표 4-47〉 조선족 여성: 개인의 자유는 어떤 일이 있어도 보장되어야 한다

응답	전혀 아니다	거의 아니다	보통이다	거의 그렇다	매우 그렇다
빈도	1(0.8%)	6(4.7%)	38(29.9%)	41(32.3%)	41(32.3%)

'사회나 정치생활에서 국민이나 집단은 모든 문제를 법치주의에 입각해서 해결해야 한다'에 '전혀 아니다'라고 응답한 대상자는 1명으로 나타났으며, 이는 0.8%에 해당하는 비율이다. '거의 아니다'라고 응답한 대상자들은 7명으로 나타났으며, 이들은 5.5%에 해당하는 비율이다. '보통이다'라고 응답한 대상자들은 53명으로 나타났으며, 이들은 41.7%에 해당하는 비율이다. '거의 그렇다'라고 응답한 대상자들은 36명으로 나타났으며, 이들은 28.3%에 해당하는 비율이다. '매우 그렇다'라고 응답한 대상자들은 30명으로 나타났으며, 이들은 23.6%에 해당하는 비율이다.

타인수용의식 변수의 빈도분석을 실시하기 위해서 본 연구자들은 타인수용의식에 해당하는 문항들 중에 '대부분의 사람들은 자기만이 옳다는 생각으로 자신의 나쁜 점을 인정하지 않으려고 한다'와 '당신이 남에게 호의를 베풀기 시작하면 그들은 당신을 무시하게 될 것이다'의 문항을 선정하여 분석에 활용하였다. 우선, '대부분의 사람들은 자기만이 옳다는 생각으로 자신의 나쁜 점을 인정하지 않으려고 한다'의 문항에 대한 응답결과는 〈표 4-49〉에 나타나 있으며, 전반적으로 정상분포의 양상을 보이고 있음을 확인할 수 있다.

'대부분의 사람들은 자기만이 옳다는 생각으로 자신의 나쁜 점을 인정하지 않으려고 한다'에 '전혀 아니다'라고 응답한 대상자들은 5명으로 나타났으며, 이들은 3.9%에 해당하는 비율이다. '거의 아니다'

〈표 4-48〉 조선족 여성: 사회나 정치생활에서 국민이나 집단은 모든 문제를 법치주의에 입각해서 해결해야 한다

응답	전혀 아니다	거의 아니다	보통이다	거의 그렇다	매우 그렇다
빈도	1(0.8%)	7(5.5%)	53(41.7%)	36(28.3%)	30(23.6%)

라고 응답한 대상자들은 10명으로 나타났으며, 이들은 7.9%에 해당하는 비율이다. '보통이다'라고 응답한 대상자들은 44명으로 나타났으며, 이들은 34.6%에 해당하는 비율이다. '거의 그렇다'라고 응답한 대상자들은 46명으로 나타났으며, 이들은 36.2%에 해당하는 비율이다. '매우 그렇다'라고 응답한 대상자들은 22명으로 나타났으며, 이들은 17.3%에 해당하는 비율이다.

다음으로 '당신이 남에게 호의를 베풀기 시작하면 그들은 당신을 무시하게 될 것이다'의 문항에 대한 응답결과는 〈표 4-50〉에 나타나 있으며, 이 역시 전반적으로 정상분포의 양상을 보이고 있음을 확인할 수 있다.

'당신이 남에게 호의를 베풀기 시작하면 그들은 당신을 무시하게 될 것이다'에 '전혀 아니다'라고 응답한 대상자들은 33명으로 나타났으며, 이들은 26%에 해당하는 비율이다. '거의 아니다'라고 응답한 대상자들은 34명으로 나타났으며, 이들은 26.8%에 해당하는 비율이다. '보통이다'라고 응답한 대상자들은 36명으로 나타났으며, 이들은 28.3%에 해당하는 비율이다. '거의 그렇다'라고 응답한 대상자들은

〈표 4-49〉 조선족 여성: 대부분의 사람들은 자기만이 옳다는 생각으로 자신의 나쁜 점을 인정하지 않으려고 한다

응답	전혀 아니다	거의 아니다	보통이다	거의 그렇다	매우 그렇다
빈도	5(3.9%)	10(7.9%)	44(34.6%)	46(36.2%)	22(17.3%)

〈표 4-50〉 조선족 여성: 당신이 남에게 호의를 베풀기 시작하면 그들은 당신을 무시하게 될 것이다

응답	전혀 아니다	거의 아니다	보통이다	거의 그렇다	매우 그렇다
빈도	33(26%)	34(26.8%)	36(28.3%)	16(12.6%)	8(6.3%)

16명으로 나타났으며, 이들은 12.6%에 해당하는 비율이다. '매우 그렇다'라고 응답한 대상자들은 8명으로 나타났으며, 이들은 6.3%에 해당하는 비율이다.

한국 생활 변수의 빈도분석을 실시하기 위해서 본 연구자들은 한국 생활에 해당하는 문항들 중에 '나는 한국에서 경험한 새로운 생활이 유익하다고 생각한다'와 '나는 한국의 고유한 생활양식이 좋다'의 문항을 선정하여 분석에 활용하였다. 우선, '나는 한국에서 경험한 새로운 생활이 유익하다고 생각한다'의 문항에 대한 응답결과는 〈표 4-51〉에 나타나 있으며, 전반적으로 정상분포의 양상을 보이고 있음을 확인할 수 있다.

'나는 한국에서 경험한 새로운 생활이 유익하다고 생각한다'에 '전혀 아니다'라고 응답한 대상자는 1명으로 나타났으며, 이는 0.8%에 해당하는 비율이다. '거의 아니다'라고 응답한 대상자들은 5명으로 나타났으며, 이들은 3.9%에 해당하는 비율이다. '보통이다'라고 응답한 대상자들은 39명으로 나타났으며, 이들은 30.7%에 해당하는 비율이다. '거의 그렇다'라고 응답한 대상자들은 45명으로 나타났으며, 이들은 35.4%에 해당하는 비율이다. '매우 그렇다'라고 응답한 대상자들은 37명으로 나타났으며, 이들은 29.1%에 해당하는 비율이다.

다음으로 '나는 한국의 고유한 생활양식이 좋다'의 문항에 대한 응답결과는 〈표 4-52〉에 나타나 있으며, 이 역시 전반적으로 정상분포의 양상을 보이고 있음을 확인할 수 있다.

〈표 4-51〉 조선족 여성: 나는 한국에서 경험한 새로운 생활이 유익하다고 생각한다

응답	전혀 아니다	거의 아니다	보통이다	거의 그렇다	매우 그렇다
빈도	1(0.8%)	5(3.9%)	39(30.7%)	45(35.4%)	37(29.1%)

'나는 한국의 고유한 생활양식이 좋다'에 '전혀 아니다'라고 응답한 대상자들은 3명으로 나타났으며, 이들은 2.4%에 해당하는 비율이다. '거의 아니다'라고 응답한 대상자들은 7명으로 나타났으며, 이들은 5.5%에 해당하는 비율이다. '보통이다'라고 응답한 대상자들은 62명으로 나타났으며, 이들은 48.8%에 해당하는 비율이다. '거의 그렇다'라고 응답한 대상자들은 30명으로 나타났으며, 이들은 23.6%에 해당하는 비율이다. '매우 그렇다'라고 응답한 대상자들은 25명으로 나타났으며, 이들은 19.7%에 해당하는 비율이다.

타인종 인식 변수의 빈도분석을 실시하기 위해서 본 연구자들은 타인종 인식에 해당하는 문항들 중에 '사람들이 친절하다고 생각한다'와 '능력이 우수하다고 생각한다'의 문항을 선정하여 분석에 활용하였다. 우선, '사람들이 친절하다고 생각한다'의 문항에 대한 응답결과는 〈표 4-53〉에 나타나 있으며, 전반적으로 정상분포의 양상을 보이고 있음을 확인할 수 있다.

'사람들이 친절하다고 생각한다'에 '전혀 아니다'라고 응답한 대상자는 1명으로 나타났으며, 이는 0.8%에 해당하는 비율이다. '거의 아니다'라고 응답한 대상자들은 7명으로 나타났으며, 이들은 5.5%에 해당하는 비율이다. '보통이다'라고 응답한 대상자들은 48명으로 나

〈표 4-52〉 조선족 여성: 나는 한국의 고유한 생활양식이 좋다

응답	전혀 아니다	거의 아니다	보통이다	거의 그렇다	매우 그렇다
빈도	3(2.4%)	7(5.5%)	62(48.8%)	30(23.6%)	25(19.7%)

〈표 4-53〉 조선족 여성: 사람들이 친절하다고 생각한다

응답	전혀 아니다	거의 아니다	보통이다	거의 그렇다	매우 그렇다
빈도	1(0.8%)	7(5.5%)	48(37.8%)	35(27.6%)	36(28.3%)

타났으며, 이들은 37.8%에 해당하는 비율이다. '거의 그렇다'라고 응답한 대상자들은 35명으로 나타났으며, 이들은 27.6%에 해당하는 비율이다. '매우 그렇다'라고 응답한 대상자들은 36명으로 나타났으며, 이들은 28.3%에 해당하는 비율이다.

다음으로 '능력이 우수하다고 생각한다'의 문항에 대한 응답결과는 〈표 4-54〉에 나타나 있으며, 이 역시 전반적으로 정상분포의 양상을 보이고 있음을 확인할 수 있다.

'능력이 우수하다고 생각한다'에 '전혀 아니다'라고 응답한 대상자들은 3명으로 나타났으며, 이들은 2.4%에 해당하는 비율이다. '거의 아니다'라고 응답한 대상자들은 4명으로 나타났으며, 이들은 3.1%에 해당하는 비율이다. '보통이다'라고 응답한 대상자들은 48명으로 나타났으며, 이들은 37.8%에 해당하는 비율이다. '거의 그렇다'라고 응답한 대상자들은 53명으로 나타났으며, 이들은 41.7%에 해당하는 비율이다. '매우 그렇다'라고 응답한 대상자들은 19명으로 나타났으며, 이들은 15%에 해당하는 비율이다.

타문화 인식 변수의 빈도분석을 실시하기 위해서 본 연구자들은 타문화 인식에 해당하는 문항들 중에 '문화가 매력적이라고 생각한다'와 '문화가 우수하다고 생각한다'의 문항을 선정하여 분석에 활용하였다. 우선, '문화가 매력적이라고 생각한다'의 문항에 대한 응답결과는 〈표 4-55〉에 나타나 있으며, 전반적으로 정상분포의 양상을 보이고 있음을 확인할 수 있다.

〈표 4-54〉 조선족 여성: 능력이 우수하다고 생각한다

응답	전혀 아니다	거의 아니다	보통이다	거의 그렇다	매우 그렇다
빈도	3(2.4%)	4(3.1%)	48(37.8%)	53(41.7%)	19(15%)

‘문화가 매력적이라고 생각한다’에 ‘전혀 아니다’라고 응답한 대상자는 1명으로 나타났으며, 이는 0.8%에 해당하는 비율이다. ‘거의 아니다’라고 응답한 대상자들은 5명으로 나타났으며, 이들은 3.9%에 해당하는 비율이다. ‘보통이다’라고 응답한 대상자들은 52명으로 나타났으며, 이들은 40.9%에 해당하는 비율이다. ‘거의 그렇다’라고 응답한 대상자들은 38명으로 나타났으며, 이들은 29.9%에 해당하는 비율이다. ‘매우 그렇다’라고 응답한 대상자들은 31명으로 나타났으며, 이들은 24.4%에 해당하는 비율이다.

다음으로 ‘문화가 우수하다고 생각한다’의 문항에 대한 응답결과는 〈표 4-56〉에 나타나 있으며, 이 역시 전반적으로 정상분포의 양상을 보이고 있음을 확인할 수 있다.

‘문화가 우수하다고 생각한다’에 ‘전혀 아니다’라고 응답한 대상자는 1명으로 나타났으며, 이는 0.8%에 해당하는 비율이다. ‘거의 아니다’라고 응답한 대상자들은 6명으로 나타났으며, 이들은 4.7%에 해당하는 비율이다. ‘보통이다’라고 응답한 대상자들은 47명으로 나타났으며, 이들은 37%에 해당하는 비율이다. ‘거의 그렇다’라고 응답한 대상자들은 43명으로 나타났으며, 이들은 33.9%에 해당하는 비율이다. ‘매우 그렇다’라고 응답한 대상자들은 30명으로 나타났으며, 이들은

〈표 4-55〉 조선족 여성: 문화가 매력적이라고 생각한다

응답	전혀 아니다	거의 아니다	보통이다	거의 그렇다	매우 그렇다
빈도	1(0.8%)	5(3.9%)	52(40.9%)	38(29.9%)	31(24.4%)

〈표 4-56〉 조선족 여성: 문화가 우수하다고 생각한다

응답	전혀 아니다	거의 아니다	보통이다	거의 그렇다	매우 그렇다
빈도	1(0.8%)	6(4.7%)	47(37%)	43(33.9%)	30(23.6%)

23.6%에 해당하는 비율이다.

문화스트레스 변수의 빈도분석을 실시하기 위해서 본 연구자들은 문화스트레스에 해당하는 문항들 중에 '나는 한국에서 사회적 활동에 잘 참여하고 있다'와 '나는 타국에서 왔다는 이유 때문에 신변에 위협을 느낀다'의 문항을 선정하여 분석에 활용하였다. 우선, '나는 한국에서 사회적 활동에 잘 참여하고 있다'의 문항에 대한 응답결과는 〈표 4-57〉에 나타나 있으며, 전반적으로 정상분포의 양상을 보이고 있음을 확인할 수 있다.

'나는 한국에서 사회적 활동에 잘 참여하고 있다'에 '전혀 아니다'라고 응답한 대상자들은 13명으로 나타났으며, 이들은 10.2%에 해당하는 비율이다. '거의 아니다'라고 응답한 대상자들은 18명으로 나타났으며, 이들은 14.2%에 해당하는 비율이다. '보통이다'라고 응답한 대상자들은 53명으로 나타났으며, 이들은 41.7%에 해당하는 비율이다. '거의 그렇다'라고 응답한 대상자들은 25명으로 나타났으며, 이들은 19.7%에 해당하는 비율이다. '매우 그렇다'라고 응답한 대상자들은 18명으로 나타났으며, 이들은 14.2%에 해당하는 비율이다.

다음으로 '나는 타국에서 왔다는 이유 때문에 신변에 위협을 느낀다'의 문항에 대한 응답결과는 〈표 4-58〉에 나타나 있으며, 이 역시 전반적으로 정상분포의 양상을 보이고 있음을 확인할 수 있다.

'나는 타국에서 왔다는 이유 때문에 신변에 위협을 느낀다'에 '전혀 아니다'라고 응답한 대상자는 0명으로 나타났다. '거의 아니다'라고

〈표 4-57〉 조선족 여성: 나는 한국에서 사회적 활동에 잘 참여하고 있다

응답	전혀 아니다	거의 아니다	보통이다	거의 그렇다	매우 그렇다
빈도	13(10.2%)	18(14.2%)	53(41.7%)	25(19.7%)	18(14.2%)

응답한 대상자들은 18명으로 나타났으며, 이들은 14.2%에 해당하는 비율이다. '보통이다'라고 응답한 대상자들은 51명으로 나타났으며, 이들은 40.2%에 해당하는 비율이다. '거의 그렇다'라고 응답한 대상자들은 33명으로 나타났으며, 이들은 26%에 해당하는 비율이다. '매우 그렇다'라고 응답한 대상자들은 25명으로 나타났으며, 이들은 19.7%에 해당하는 비율이다.

사회적지지 변수의 빈도분석을 실시하기 위해서 본 연구자들은 사회적지지에 해당하는 문항들 중에 '그들은 항상 나의 일에 관심을 갖고 염려해준다'와 '내가 모르거나 이해할 수 없는 일에 관해 잘 알 수 있도록 설명해준다'의 문항을 선정하여 분석에 활용하였다. 우선, '그들은 항상 나의 일에 관심을 갖고 염려해준다'의 문항에 대한 응답결과는 〈표 4-59〉에 나타나 있으며, 전반적으로 정상분포의 양상을 보이고 있음을 확인할 수 있다.

'그들은 항상 나의 일에 관심을 갖고 염려해준다'에 '전혀 아니다'라고 응답한 대상자들은 6명으로 나타났으며, 이들은 4.7%에 해당하는 비율이다. '거의 아니다'라고 응답한 대상자들은 15명으로 나타났으며, 이들은 11.8%에 해당하는 비율이다. '보통이다'라고 응답한 대상자들은 50명으로 나타났으며, 이들은 39.4%에 해당하는 비율이다.

〈표 4-58〉 조선족 여성: 나는 타국에서 왔다는 이유 때문에 신변에 위협을 느낀다

응답	전혀 아니다	거의 아니다	보통이다	거의 그렇다	매우 그렇다
빈도	0(0%)	18(14.2%)	51(40.2%)	33(26%)	25(19.7%)

〈표 4-59〉 조선족 여성: 그들은 항상 나의 일에 관심을 갖고 염려해준다

응답	전혀 아니다	거의 아니다	보통이다	거의 그렇다	매우 그렇다
빈도	6(4.7%)	15(11.8%)	50(39.4%)	34(26.8%)	22(17.3%)

'거의 그렇다'라고 응답한 대상자들은 34명으로 나타났으며, 이들은 26.8%에 해당하는 비율이다. '매우 그렇다'라고 응답한 대상자들은 22명으로 나타났으며, 이들은 17.3%에 해당하는 비율이다.

다음으로 '내가 모르거나 이해할 수 없는 일에 관해 잘 알 수 있도록 설명해준다'의 문항에 대한 응답결과는 〈표 4-60〉에 나타나 있으며, 이 역시 전반적으로 정상분포의 양상을 보이고 있음을 확인할 수 있다.

'내가 모르거나 이해할 수 없는 일에 관해 잘 알 수 있도록 설명해준다'에 '전혀 아니다'라고 응답한 대상자는 1명으로 나타났으며, 이는 0.8%에 해당하는 비율이다. '거의 아니다'라고 응답한 대상자들은 7명으로 나타났으며, 이들은 5.5%에 해당하는 비율이다. '보통이다'라고 응답한 대상자들은 51명으로 나타났으며, 이들은 40.2%에 해당하는 비율이다. '거의 그렇다'라고 응답한 대상자들은 43명으로 나타났으며, 이들은 33.9%에 해당하는 비율이다. '매우 그렇다'라고 응답한 대상자들은 25명으로 나타났으며, 이들은 19.7%에 해당하는 비율이다.

생활만족 변수의 빈도분석을 실시하기 위해서 본 연구자들은 생활만족에 해당하는 문항들 중에 '나는 현재 가족과의 관계에 만족하고 있다'와 '나는 현재 하고 있는 일에 만족하고 있다'의 문항을 선정하여 분석에 활용하였다. 우선, '나는 현재 가족과의 관계에 만족하고

〈표 4-60〉 조선족 여성: 내가 모르거나 이해할 수 없는 일에 관해 잘 알 수 있도록 설명해준다

응답	전혀 아니다	거의 아니다	보통이다	거의 그렇다	매우 그렇다
빈도	1(0.8%)	7(5.5%)	51(40.2%)	43(33.9%)	25(19.7%)

있다'의 문항에 대한 응답결과는 〈표 4-61〉에 나타나 있으며, 전반적으로 정상분포의 양상을 보이고 있음을 확인할 수 있다.

'나는 현재 가족과의 관계에 만족하고 있다'에 '전혀 아니다'라고 응답한 대상자들은 2명으로 나타났으며, 이들은 1.6%에 해당하는 비율이다. '거의 아니다'라고 응답한 대상자들은 4명으로 나타났으며, 이들은 3.1%에 해당하는 비율이다. '보통이다'라고 응답한 대상자들은 31명으로 나타났으며, 이들은 24.4%에 해당하는 비율이다. '거의 그렇다'라고 응답한 대상자들은 41명으로 나타났으며, 이들은 32.3%에 해당하는 비율이다. '매우 그렇다'라고 응답한 대상자들은 49명으로 나타났으며, 이들은 38.6%에 해당하는 비율이다.

다음으로 '나는 현재 하고 있는 일에 만족하고 있다'의 문항에 대한 응답결과는 〈표 4-62〉에 나타나 있으며, 이 역시 전반적으로 정상분포의 양상을 보이고 있음을 확인할 수 있다.

'나는 현재 하고 있는 일에 만족하고 있다'에 '전혀 아니다'라고 응답한 대상자들은 4명으로 나타났으며, 이들은 3.1%에 해당하는 비율이다. '거의 아니다'라고 응답한 대상자들은 18명으로 나타났으며, 이들은 14.2%에 해당하는 비율이다. '보통이다'라고 응답한 대상자들은 48명으로 나타났으며, 이들은 37.8%에 해당하는 비율이다. '거의 그

〈표 4-61〉 조선족 여성: 나는 현재 가족과의 관계에 만족하고 있다

응답	전혀 아니다	거의 아니다	보통이다	거의 그렇다	매우 그렇다
빈도	2(1.6%)	4(3.1%)	31(24.4%)	41(32.3%)	49(38.6%)

〈표 4-62〉 조선족 여성: 나는 현재 하고 있는 일에 만족하고 있다

응답	전혀 아니다	거의 아니다	보통이다	거의 그렇다	매우 그렇다
빈도	4(3.1%)	18(14.2%)	48(37.8%)	32(25.2%)	25(19.7%)

렇다'라고 응답한 대상자들은 32명으로 나타났으며, 이들은 25.2%에 해당하는 비율이다. '매우 그렇다'라고 응답한 대상자들은 25명으로 나타났으며, 이들은 19.7%에 해당하는 비율이다.

2) 동남아 여성의 인식

과거 행복 변수의 빈도분석을 실시하기 위해서 본 연구자들은 과거 행복에 해당하는 문항들 중에 '내 자녀가 건강하게 자란다'와 '나는 가족 혹은 친척들과 원만한 관계를 유지한다'의 문항을 선정하여 분석에 활용하였다. 우선, '내 자녀가 건강하게 자란다'의 문항에 대한 응답결과는 〈표 4-63〉에 나타나 있으며, 전반적으로 정상분포의 양상을 보이고 있음을 확인할 수 있다.

'내 자녀가 건강하게 자란다'에 '전혀 아니다'라고 응답한 대상자들은 10명으로 나타났으며, 이들은 10.0%에 해당하는 비율이다. '거의 아니다'라고 응답한 대상자들은 8명으로 나타났으며, 이들은 8.0%에 해당하는 비율이다. '보통이다'라고 응답한 대상자들은 34명으로 나타났으며, 이들은 34.0%에 해당하는 비율이다. '거의 그렇다'라고 응답한 대상자들은 21명으로 나타났으며, 이들은 21.0%에 해당하는 비율이다. '매우 그렇다'라고 응답한 대상자들은 27명으로 나타났으며, 이들은 27.0%에 해당하는 비율이다.

다음으로 '나는 가족 혹은 친척들과 원만한 관계를 유지한다'의 문

〈표 4-63〉 동남아 여성: 내 자녀가 건강하게 자란다(과거)

응답	전혀 아니다	거의 아니다	보통이다	거의 그렇다	매우 그렇다
빈도	10(10.0%)	8(8.0%)	34(34.0%)	21(21.0%)	27(27.0%)

항에 대한 응답결과는 〈표 4-64〉에 나타나 있으며, 이 역시 전반적으로 정상분포의 양상을 보이고 있음을 확인할 수 있다.

'나는 가족 혹은 친척들과 원만한 관계를 유지한다'에 '전혀 아니다'라고 응답한 대상자들은 2명으로 나타났으며, 이들은 2.0%에 해당하는 비율이다. '거의 아니다'라고 응답한 대상자들은 11명으로 나타났으며, 이들은 11.0%에 해당하는 비율이다. '보통이다'라고 응답한 대상자들은 32명으로 나타났으며, 이들은 32.0%에 해당하는 비율이다. '거의 그렇다'라고 응답한 대상자들은 33명으로 나타났으며, 이들은 33.0%에 해당하는 비율이다. '매우 그렇다'라고 응답한 대상자들은 22명으로 나타났으며, 이들은 22.0%에 해당하는 비율이다.

현재 행복 변수의 빈도분석을 실시하기 위해서 본 연구자들은 현재 행복에 해당하는 문항들 중에 '내 자녀가 건강하게 자란다'와 '나는 가족 혹은 친척들과 원만한 관계를 유지한다'의 문항을 선정하여 분석에 활용하였다. 우선, '내 자녀가 건강하게 자란다'의 문항에 대한 응답결과는 〈표 4-65〉에 나타나 있으며, 전반적으로 정상분포의 양상을 보이고 있음을 확인할 수 있다.

'내 자녀가 건강하게 자란다'에 '전혀 아니다'라고 응답한 대상자들은 6명으로 나타났으며, 이들은 6.0%에 해당하는 비율이다. '거의 아

〈표 4-64〉 동남아 여성: 나는 가족 혹은 친척들과 원만한 관계를 유지한다(과거)

응답	전혀 아니다	거의 아니다	보통이다	거의 그렇다	매우 그렇다
빈도	2(2.0%)	11(11.0%)	32(32.0%)	33(33.0%)	22(22.0%)

〈표 4-65〉 동남아 여성: 내 자녀가 건강하게 자란다(현재)

응답	전혀 아니다	거의 아니다	보통이다	거의 그렇다	매우 그렇다
빈도	6(6.0%)	4(4.0%)	30(30.0%)	26(26.0%)	34(34.0%)

니다'라고 응답한 대상자들은 4명으로 나타났으며, 이들은 4.0%에 해당하는 비율이다. '보통이다'라고 응답한 대상자들은 30명으로 나타났으며, 이들은 30.0%에 해당하는 비율이다. '거의 그렇다'라고 응답한 대상자들은 26명으로 나타났으며, 이들은 26.0%에 해당하는 비율이다. '매우 그렇다'라고 응답한 대상자들은 34명으로 나타났으며, 이들은 34.0%에 해당하는 비율이다.

다음으로 '나는 가족 혹은 친척들과 원만한 관계를 유지한다'의 문항에 대한 응답결과는 〈표 4-66〉에 나타나 있으며, 이 역시 전반적으로 정상분포의 양상을 보이고 있음을 확인할 수 있다.

'나는 가족 혹은 친척들과 원만한 관계를 유지한다'에 '전혀 아니다'라고 응답한 대상자는 1명으로 나타났으며, 이는 1.0%에 해당하는 비율이다. '거의 아니다'라고 응답한 대상자들은 10명으로 나타났으며, 이들은 10.0%에 해당하는 비율이다. '보통이다'라고 응답한 대상자들은 30명으로 나타났으며, 이들은 30.0%에 해당하는 비율이다. '거의 그렇다'라고 응답한 대상자들은 31명으로 나타났으며, 이들은 31.0%에 해당하는 비율이다. '매우 그렇다'라고 응답한 대상자들은 28명으로 나타났으며, 이들은 28.0%에 해당하는 비율이다.

과거 삶의 의미 변수의 빈도분석을 실시하기 위해서 본 연구자들은 과거 삶의 의미에 해당하는 문항들 중에 '나는 인생에 궁극적인 목적과 의미가 있음을 믿고 있다'와 '나는 내 자신의 삶의 목표를 성취하기 위해 노력하고 있다'의 문항을 선정하여 분석에 활용하였다.

〈표 4-66〉 동남아 여성: 나는 가족 혹은 친척들과 원만한 관계를 유지한다(현재)

응답	전혀 아니다	거의 아니다	보통이다	거의 그렇다	매우 그렇다
빈도	1(1.0%)	10(10.0%)	30(30.0%)	31(31.0%)	28(28.0%)

우선, '나는 인생에 궁극적인 목적과 의미가 있음을 믿고 있다'의 문항에 대한 응답결과는 〈표 4-67〉에 나타나 있으며, 전반적으로 정상분포의 양상을 보이고 있음을 확인할 수 있다.

'나는 인생에 궁극적인 목적과 의미가 있음을 믿고 있다'에 '전혀 아니다'라고 응답한 대상자들은 4명으로 나타났으며, 이들은 4.0%에 해당하는 비율이다. '거의 아니다'라고 응답한 대상자들은 17명으로 나타났으며, 이들은 17.0%에 해당하는 비율이다. '보통이다'라고 응답한 대상자들은 43명으로 나타났으며, 이들은 43.0%에 해당하는 비율이다. '거의 그렇다'라고 응답한 대상자들은 28명으로 나타났으며, 이들은 28.0%에 해당하는 비율이다. '매우 그렇다'라고 응답한 대상자들은 8명으로 나타났으며, 이들은 8.0%에 해당하는 비율이다.

다음으로 '나는 내 자신의 삶의 목표를 성취하기 위해 노력하고 있다'의 문항에 대한 응답결과는 〈표 4-68〉에 나타나 있으며, 이 역시 전반적으로 정상분포의 양상을 보이고 있음을 확인할 수 있다.

'나는 내 자신의 삶의 목표를 성취하기 위해 노력하고 있다'에 '전혀 아니다'라고 응답한 대상자들은 5명으로 나타났으며, 이들은 5.0%에 해당하는 비율이다. '거의 아니다'라고 응답한 대상자들은 19명으로 나타났으며, 이들은 19.0%에 해당하는 비율이다. '보통이다'라고

〈표 4-67〉 동남아 여성: 나는 인생에 궁극적인 목적과 의미가 있음을 믿고 있다(과거)

응답	전혀 아니다	거의 아니다	보통이다	거의 그렇다	매우 그렇다
빈도	4(4.0%)	17(17.0%)	43(43.0%)	28(28.0%)	8(8.0%)

〈표 4-68〉 동남아 여성: 나는 내 자신의 삶의 목표를 성취하기 위해 노력하고 있다(과거)

응답	전혀 아니다	거의 아니다	보통이다	거의 그렇다	매우 그렇다
빈도	5(5.0%)	19(19.0%)	36(36.0%)	24(24.0%)	16(16.0%)

응답한 대상자들은 36명으로 나타났으며, 이들은 36.0%에 해당하는 비율이다. '거의 그렇다'라고 응답한 대상자들은 24명으로 나타났으며, 이들은 24.0%에 해당하는 비율이다. '매우 그렇다'라고 응답한 대상자들은 16명으로 나타났으며, 이들은 16.0%에 해당하는 비율이다.

현재 삶의 의미 변수의 빈도분석을 실시하기 위해서 본 연구자들은 현재 삶의 의미에 해당하는 문항들 중에 '나는 인생에 궁극적인 목적과 의미가 있음을 믿고 있다'와 '나는 내 자신의 삶의 목표를 성취하기 위해 노력하고 있다'의 문항을 선정하여 분석에 활용하였다. 우선, '나는 인생에 궁극적인 목적과 의미가 있음을 믿고 있다'의 문항에 대한 응답결과는 〈표 4-69〉에 나타나 있으며, 전반적으로 정상분포의 양상을 보이고 있음을 확인할 수 있다.

'나는 인생에 궁극적인 목적과 의미가 있음을 믿고 있다'에 '전혀 아니다'라고 응답한 대상자는 1명으로 나타났으며, 이는 1.0%에 해당하는 비율이다. '거의 아니다'라고 응답한 대상자들은 11명으로 나타났으며, 이들은 11.0%에 해당하는 비율이다. '보통이다'라고 응답한 대상자들은 40명으로 나타났으며, 이들은 40.0%에 해당하는 비율이다. '거의 그렇다'라고 응답한 대상자들은 36명으로 나타났으며, 이들은 36.0%에 해당하는 비율이다. '매우 그렇다'라고 응답한 대상자들은 12명으로 나타났으며, 이들은 12.0%에 해당하는 비율이다.

다음으로 '나는 내 자신의 삶의 목표를 성취하기 위해 노력하고 있다'의 문항에 대한 응답결과는 〈표 4-70〉에 나타나 있으며, 이 역시

〈표 4-69〉 동남아 여성: 나는 인생에 궁극적인 목적과 의미가 있음을 믿고 있다(현재)

응답	전혀 아니다	거의 아니다	보통이다	거의 그렇다	매우 그렇다
빈도	1(1.0%)	11(11.0%)	40(40.0%)	36(36.0%)	12(12.0%)

전반적으로 정상분포의 양상을 보이고 있음을 확인할 수 있다.

'나는 내 자신의 삶의 목표를 성취하기 위해 노력하고 있다'에 '전혀 아니다'라고 응답한 대상자들은 3명으로 나타났으며, 이들은 3.0%에 해당하는 비율이다. '거의 아니다'라고 응답한 대상자들은 12명으로 나타났으며, 이들은 12.0%에 해당하는 비율이다. '보통이다'라고 응답한 대상자들은 40명으로 나타났으며, 이들은 40.0%에 해당하는 비율이다. '거의 그렇다'라고 응답한 대상자들은 30명으로 나타났으며, 이들은 30.0%에 해당하는 비율이다. '매우 그렇다'라고 응답한 대상자들은 15명으로 나타났으며, 이들은 15.0%에 해당하는 비율이다.

과거 자기수용 변수의 빈도분석을 실시하기 위해서 본 연구자들은 과거 자기수용에 해당하는 문항들 중에 '나는 부정적인 피드백을 받으면, 이를 내 행동 혹은 수행을 향상시킬 수 있는 기회로 삼는다'와 '나는 자신이 하는 일에서 성공한 사람들은 특별히 가치 있는 사람이라고 생각한다'의 문항을 선정하여 분석에 활용하였다. 우선, '나는 부정적인 피드백을 받으면, 이를 내 행동 혹은 수행을 향상시킬 수 있는 기회로 삼는다'의 문항에 대한 응답결과는 〈표 4-71〉에 나타나 있으며, 전반적으로 정상분포의 양상을 보이고 있음을 확인할 수 있다.

'나는 부정적인 피드백을 받으면, 이를 내 행동 혹은 수행을 향상시킬 수 있는 기회로 삼는다'에 '전혀 아니다'라고 응답한 대상자들은 5명으로 나타났으며, 이들은 5.0%에 해당하는 비율이다. '거의 아니다'라고 응답한 대상자들은 26명으로 나타났으며, 이들은 26.0%에

〈표 4-70〉 동남아 여성: 나는 내 자신의 삶의 목표를 성취하기 위해 노력하고 있다(현재)

응답	전혀 아니다	거의 아니다	보통이다	거의 그렇다	매우 그렇다
빈도	3(3.0%)	12(12.0%)	40(40.0%)	30(30.0%)	15(15.0%)

해당하는 비율이다. ‘보통이다’라고 응답한 대상자들은 52명으로 나타났으며, 이들은 52.0%에 해당하는 비율이다. ‘거의 그렇다’라고 응답한 대상자들은 13명으로 나타났으며, 이들은 13.0%에 해당하는 비율이다. ‘매우 그렇다’라고 응답한 대상자들은 4명으로 나타났으며, 이들은 4.0%에 해당하는 비율이다.

다음으로 ‘나는 자신이 하는 일에서 성공한 사람들은 특별히 가치 있는 사람이라고 생각한다’의 문항에 대한 응답결과는 〈표 4-72〉에 나타나 있으며, 이 역시 전반적으로 정상분포의 양상을 보이고 있음을 확인할 수 있다.

‘나는 자신이 하는 일에서 성공한 사람들은 특별히 가치 있는 사람이라고 생각한다’에 ‘전혀 아니다’라고 응답한 대상자들은 6명으로 나타났으며, 이들은 6.0%에 해당하는 비율이다. ‘거의 아니다’라고 응답한 대상자들은 14명으로 나타났으며, 이들은 14.0%에 해당하는 비율이다. ‘보통이다’라고 응답한 대상자들은 41명으로 나타났으며, 이들은 41.0%에 해당하는 비율이다. ‘거의 그렇다’라고 응답한 대상자들은 28명으로 나타났으며, 이들은 28.0%에 해당하는 비율이다.

〈표 4-71〉 동남아 여성: 나는 부정적인 피드백을 받으면, 이를 내 행동 혹은 수행을 향상시킬 수 있는 기회로 삼는다(과거)

응답	전혀 아니다	거의 아니다	보통이다	거의 그렇다	매우 그렇다
빈도	5(5.0%)	26(26.0%)	52(52.0%)	13(13.0%)	4(4.0%)

〈표 4-72〉 동남아 여성: 나는 자신이 하는 일에서 성공한 사람들은 특별히 가치 있는 사람이라고 생각한다(과거)

응답	전혀 아니다	거의 아니다	보통이다	거의 그렇다	매우 그렇다
빈도	6(6.0%)	14(14.0%)	41(41.0%)	28(28.0%)	11(11.0%)

'매우 그렇다'라고 응답한 대상자들은 11명으로 나타났으며, 이들은 11.0%에 해당하는 비율이다.

현재 자기수용 변수의 빈도분석을 실시하기 위해서 본 연구자들은 현재 자기수용에 해당하는 문항들 중에 '나는 부정적인 피드백을 받으면, 이를 내 행동 혹은 수행을 향상시킬 수 있는 기회로 삼는다'와 '나는 하는 일에서 성공했을 때 자신을 특별히 가치 있는 사람이라고 생각한다'의 문항을 선정하여 분석에 활용하였다. 우선, '나는 부정적인 피드백을 받으면, 이를 내 행동 혹은 수행을 향상시킬 수 있는 기회로 삼는다'의 문항에 대한 응답결과는 〈표 4-73〉에 나타나 있으며, 전반적으로 정상분포의 양상을 보이고 있음을 확인할 수 있다.

'나는 부정적인 피드백을 받으면, 이를 내 행동 혹은 수행을 향상시킬 수 있는 기회로 삼는다'에 '전혀 아니다'라고 응답한 대상자는 1명으로 나타났으며, 이는 1.0%에 해당하는 비율이다. '거의 아니다'라고 응답한 대상자들은 21명으로 나타났으며, 이들은 21.0%에 해당하는 비율이다. '보통이다'라고 응답한 대상자들은 42명으로 나타났으며, 이들은 42.0%에 해당하는 비율이다. '거의 그렇다'라고 응답한 대상자들은 26명으로 나타났으며, 이들은 26.0%에 해당하는 비율이다. '매우 그렇다'라고 응답한 대상자들은 10명으로 나타났으며, 이들은 10.0%에 해당하는 비율이다.

다음으로 '나는 자신이 하는 일에서 성공한 사람들은 특별히 가치

〈표 4-73〉 동남아 여성: 나는 부정적인 피드백을 받으면, 이를 내 행동 혹은 수행을 향상시킬 수 있는 기회로 삼는다(현재)

응답	전혀 아니다	거의 아니다	보통이다	거의 그렇다	매우 그렇다
빈도	1(1.0%)	21(21.0%)	42(42.0%)	26(26.0%)	10(10.0%)

있는 사람이라고 생각한다'의 문항에 대한 응답결과는 〈표 4-74〉에 나타나 있으며, 이 역시 전반적으로 정상분포의 양상을 보이고 있음을 확인할 수 있다.

'나는 하는 일에서 성공했을 때 자신을 특별히 가치 있는 사람이라고 생각한다'에 '전혀 아니다'라고 응답한 대상자들은 4명으로 나타났으며, 이들은 4.0%에 해당하는 비율이다. '거의 아니다'라고 응답한 대상자들은 10명으로 나타났으며, 이들은 10.0%에 해당하는 비율이다. '보통이다'라고 응답한 대상자들은 40명으로 나타났으며, 이들은 40.0%에 해당하는 비율이다. '거의 그렇다'라고 응답한 대상자들은 32명으로 나타났으며, 이들은 32.0%에 해당하는 비율이다. '매우 그렇다'라고 응답한 대상자들은 14명으로 나타났으며, 이들은 14.0%에 해당하는 비율이다.

공동체의식 변수의 빈도분석을 실시하기 위해서 본 연구자들은 공동체의식에 해당하는 문항들 중에 '나는 곤란한 상황에 처한 사람들을 돕는 데에 적극적이다'와 '나는 이재민이 도움을 요청한다면, 나의 생활이 불편하더라도 당분간 그들과 함께 살겠다'의 문항을 선정하여 분석에 활용하였다. 우선, '나는 곤란한 상황에 처한 사람들을 돕는 데에 적극적이다'의 문항에 대한 응답결과는 〈표 4-75〉에 나타나 있으며, 전반적으로 정상분포의 양상을 보이고 있음을 확인할 수 있다.

'나는 곤란한 상황에 처한 사람들을 돕는 데에 적극적이다'에 '전혀

〈표 4-74〉 동남아 여성: 나는 하는 일에서 성공했을 때 자신을 특별히 가치 있는 사람이라고 생각한다(현재)

응답	전혀 아니다	거의 아니다	보통이다	거의 그렇다	매우 그렇다
빈도	4(4.0%)	10(10.0%)	40(40.0%)	32(32.0%)	14(14.0%)

아니다'라고 응답한 대상자들은 2명으로 나타났으며, 이들은 2.0%에 해당하는 비율이다. '거의 아니다'라고 응답한 대상자들은 23명으로 나타났으며, 이들은 23.0%에 해당하는 비율이다. '보통이다'라고 응답한 대상자들은 37명으로 나타났으며, 이들은 37.0%에 해당하는 비율이다. '거의 그렇다'라고 응답한 대상자들은 27명으로 나타났으며, 이들은 27.0%에 해당하는 비율이다. '매우 그렇다'라고 응답한 대상자들은 11명으로 나타났으며, 이들은 11.0%에 해당하는 비율이다.

다음으로 '나는 이재민이 도움을 요청한다면, 나의 생활이 불편하더라도 당분간 그들과 함께 살겠다'의 문항에 대한 응답결과는 〈표 4-76〉에 나타나 있으며, 이 역시 전반적으로 정상분포의 양상을 보이고 있음을 확인할 수 있다.

'나는 이재민이 도움을 요청한다면, 나의 생활이 불편하더라도 당분간 그들과 함께 살겠다'에 '전혀 아니다'라고 응답한 대상자들은 16명으로 나타났으며, 이들은 16.0%에 해당하는 비율이다. '거의 아니다'라고 응답한 대상자들은 39명으로 나타났으며, 이들은 39.0%에 해당하는 비율이다. '보통이다'라고 응답한 대상자들은 30명으로 나타났으며, 이들은 30.0%에 해당하는 비율이다. '거의 그렇다'라고 응답

〈표 4-75〉 동남아 여성: 나는 곤란한 상황에 처한 사람들을 돕는 데에 적극적이다

응답	전혀 아니다	거의 아니다	보통이다	거의 그렇다	매우 그렇다
빈도	2(2.0%)	23(23.0%)	37(37.0%)	27(27.0%)	11(11.0%)

〈표 4-76〉 동남아 여성: 나는 이재민이 도움을 요청한다면, 나의 생활이 불편하더라도 당분간 그들과 함께 살겠다

응답	전혀 아니다	거의 아니다	보통이다	거의 그렇다	매우 그렇다
빈도	16(16.0%)	39(39.0%)	30(30.0%)	14(14.0%)	1(1.0%)

한 대상자들은 14명으로 나타났으며, 이들은 14.0%에 해당하는 비율이다. '매우 그렇다'라고 응답한 대상자는 1명으로 나타났으며, 이는 1.0%에 해당하는 비율이다.

사회적 거리감 변수의 빈도분석을 실시하기 위해서 본 연구자들은 사회적 거리감에 해당하는 문항들 중에 '나는 우리 집을 다른 외국인에게 세주지 않겠다'와 '나는 우리 지역에 이사 온 다른 외국인을 이웃으로 받아들일 수 있다'의 문항을 선정하여 분석에 활용하였다. 우선, '나는 우리 집을 다른 외국인에게 세주지 않겠다'의 문항에 대한 응답결과는 〈표 4-77〉에 나타나 있으며, 전반적으로 정상분포의 양상을 보이고 있음을 확인할 수 있다.

'나는 우리 집을 다른 외국인에게 세주지 않겠다'에 '전혀 아니다'라고 응답한 대상자들은 31명으로 나타났으며, 이들은 31.0%에 해당하는 비율이다. '거의 아니다'라고 응답한 대상자들은 29명으로 나타났으며, 이들은 29.0%에 해당하는 비율이다. '보통이다'라고 응답한 대상자들은 26명으로 나타났으며, 이들은 26.0%에 해당하는 비율이다. '거의 그렇다'라고 응답한 대상자들은 9명으로 나타났으며, 이들은 9.0%에 해당하는 비율이다. '매우 그렇다'라고 응답한 대상자들은 5명으로 나타났으며, 이들은 5.0%에 해당하는 비율이다.

다음으로 '나는 우리 지역에 이사 온 다른 외국인을 이웃으로 받아들일 수 있다'의 문항에 대한 응답결과는 〈표 4-78〉에 나타나 있으며, 이 역시 전반적으로 정상분포의 양상을 보이고 있음을 확인할 수

〈표 4-77〉 동남아 여성: 나는 우리 집을 다른 외국인에게 세주지 않겠다

응답	전혀 아니다	거의 아니다	보통이다	거의 그렇다	매우 그렇다
빈도	31(31.0%)	29(29.0%)	26(26.0%)	9(9.0%)	5(5.0%)

있다.

'나는 우리 지역에 이사 온 다른 외국인을 이웃으로 받아들일 수 있다'에 '전혀 아니다'라고 응답한 대상자는 1명으로 나타났으며, 이는 1.0%에 해당하는 비율이다. '거의 아니다'라고 응답한 대상자들은 2명으로 나타났으며, 이들은 2.0%에 해당하는 비율이다. '보통이다'라고 응답한 대상자들은 18명으로 나타났으며, 이들은 18.0%에 해당하는 비율이다. '거의 그렇다'라고 응답한 대상자들은 37명으로 나타났으며, 이들은 37.0%에 해당하는 비율이다. '매우 그렇다'라고 응답한 대상자들은 42명으로 나타났으며, 이들은 42.0%에 해당하는 비율이다.

시민의식 변수의 빈도분석을 실시하기 위해서 본 연구자들은 시민의식에 해당하는 문항들 중에 '나는 내가 속한 집단의 결정을 존중하는 것이 중요하다'와 '나는 내가 속한 집단의 이익을 위해서라면 개인의 이익을 기꺼이 희생한다'의 문항을 선정하여 분석에 활용하였다. 우선, '나는 내가 속한 집단의 결정을 존중하는 것이 중요하다'의 문항에 대한 응답결과는 〈표 4-79〉에 나타나 있으며, 전반적으로 정상분포의 양상을 보이고 있음을 확인할 수 있다.

'나는 내가 속한 집단의 결정을 존중하는 것이 중요하다'에 '전혀 아니다'라고 응답한 대상자들은 0명으로 나타났다. '거의 아니다'라고 응답한 대상자는 1명으로 나타났으며 이는 1.0%에 해당하는 비율이

〈표 4-78〉 동남아 여성: 나는 우리 지역에 이사 온 다른 외국인을 이웃으로 받아들일 수 있다

응답	전혀 아니다	거의 아니다	보통이다	거의 그렇다	매우 그렇다
빈도	1(1.0%)	2(2.0%)	18(18.0%)	37(37.0%)	42(42.0%)

다. '보통이다'라고 응답한 대상자들은 33명으로 나타났으며, 이들은 33.0%에 해당하는 비율이다. '거의 그렇다'라고 응답한 대상자들은 47명으로 나타났으며, 이들은 47.0%에 해당하는 비율이다. '매우 그렇다'라고 응답한 대상자들은 19명으로 나타났으며, 이들은 19.0%에 해당하는 비율이다.

다음으로 '나는 내가 속한 집단의 이익을 위해서라면 개인의 이익을 기꺼이 희생한다'의 문항에 대한 응답결과는 〈표 4-80〉에 나타나 있으며, 이 역시 전반적으로 정상분포의 양상을 보이고 있음을 확인할 수 있다.

'나는 내가 속한 집단의 이익을 위해서라면 개인의 이익을 기꺼이 희생한다'에 '전혀 아니다'라고 응답한 대상자들은 4명으로 나타났으며, 이들은 4.0%에 해당하는 비율이다. '거의 아니다'라고 응답한 대상자들은 19명으로 나타났으며, 이들은 19.0%에 해당하는 비율이다. '보통이다'라고 응답한 대상자들은 53명으로 나타났으며, 이들은 53.0%에 해당하는 비율이다. '거의 그렇다'라고 응답한 대상자들은 18명으로 나타났으며, 이들은 18.0%에 해당하는 비율이다. '매우 그렇다'라고 응답한 대상자들은 6명으로 나타났으며, 이들은 6.0%에 해당하는

〈표 4-79〉 동남아 여성: 나는 내가 속한 집단의 결정을 존중하는 것이 중요하다

응답	전혀 아니다	거의 아니다	보통이다	거의 그렇다	매우 그렇다
빈도	0(0.0%)	1(1.0%)	33(33.0%)	47(47.0%)	19(19.0%)

〈표 4-80〉 동남아 여성: 나는 내가 속한 집단의 이익을 위해서라면 개인의 이익을 기꺼이 희생한다

응답	전혀 아니다	거의 아니다	보통이다	거의 그렇다	매우 그렇다
빈도	4(4.0%)	19(19.0%)	53(53.0%)	18(18.0%)	6(6.0%)

비율이다.

민주시민의식 변수의 빈도분석을 실시하기 위해서 본 연구자들은 민주시민의식에 해당하는 문항들 중에 '개인의 자유는 어떤 일이 있어도 보장되어야 한다'와 '사회나 정치생활에서 국민이나 집단은 모든 문제를 법치주의에 입각해서 해결해야 한다'의 문항을 선정하여 분석에 활용하였다. 우선, '개인의 자유는 어떤 일이 있어도 보장되어야 한다'의 문항에 대한 응답결과는 〈표 4-81〉에 나타나 있으며, 전반적으로 정상분포의 양상을 보이고 있음을 확인할 수 있다.

'개인의 자유는 어떤 일이 있어도 보장되어야 한다'에 '전혀 아니다'라고 응답한 대상자는 1명으로 나타났으며, 이는 1.0%에 해당하는 비율이다. '거의 아니다'라고 응답한 대상자들은 3명으로 나타났으며, 이들은 3.0%에 해당하는 비율이다. '보통이다'라고 응답한 대상자들은 19명으로 나타났으며, 이들은 19.0%에 해당하는 비율이다. '거의 그렇다'라고 응답한 대상자들은 44명으로 나타났으며, 이들은 44.0%에 해당하는 비율이다. '매우 그렇다'라고 응답한 대상자들은 33명으로 나타났으며, 이들은 33.0%에 해당하는 비율이다.

다음으로 '사회나 정치생활에서 국민이나 집단은 모든 문제를 법치주의에 입각해서 해결해야 한다'의 문항에 대한 응답결과는 〈표 4-82〉에 나타나 있으며, 이 역시 전반적으로 정상분포의 양상을 보이고 있음을 확인할 수 있다.

'사회나 정치생활에서 국민이나 집단은 모든 문제를 법치주의에 입

〈표 4-81〉 동남아 여성: 개인의 자유는 어떤 일이 있어도 보장되어야 한다

응답	전혀 아니다	거의 아니다	보통이다	거의 그렇다	매우 그렇다
빈도	1(1.0%)	3(3.0%)	19(19.0%)	44(44.0%)	33(33.0%)

각해서 해결해야 한다'에 '전혀 아니다'라고 응답한 대상자는 1명으로 나타났으며, 이는 1.0%에 해당하는 비율이다. '거의 아니다'라고 응답한 대상자들은 12명으로 나타났으며, 이들은 12.0%에 해당하는 비율이다. '보통이다'라고 응답한 대상자들은 40명으로 나타났으며, 이들은 40.0%에 해당하는 비율이다. '거의 그렇다'라고 응답한 대상자들은 28명으로 나타났으며, 이들은 28.0%에 해당하는 비율이다. '매우 그렇다'라고 응답한 대상자들은 19명으로 나타났으며, 이들은 19.0%에 해당하는 비율이다.

타인수용의식 변수의 빈도분석을 실시하기 위해서 본 연구자들은 타인수용의식에 해당하는 문항들 중에 '대부분의 사람들은 자기만이 옳다는 생각으로 자신의 나쁜 점을 인정하지 않으려고 한다'와 '당신이 남에게 호의를 베풀기 시작하면 그들은 당신을 무시하게 될 것이다'의 문항을 선정하여 분석에 활용하였다. 우선, '대부분의 사람들은 자기만이 옳다는 생각으로 자신의 나쁜 점을 인정하지 않으려고 한다'의 문항에 대한 응답결과는 〈표 4-83〉에 나타나 있으며, 전반적으로 정상분포의 양상을 보이고 있음을 확인할 수 있다.

'대부분의 사람들은 자기만이 옳다는 생각으로 자신의 나쁜 점을 인정하지 않으려고 한다'에 '전혀 아니다'라고 응답한 대상자들은 0명으로 나타났다. '거의 아니다'라고 응답한 대상자들은 10명으로 나타났으며, 이들은 10.0%에 해당하는 비율이다. '보통이다'라고 응답한

〈표 4-82〉 동남아 여성: 사회나 정치생활에서 국민이나 집단은 모든 문제를 법치주의에 입각해서 해결해야 한다

응답	전혀 아니다	거의 아니다	보통이다	거의 그렇다	매우 그렇다
빈도	1(1.0%)	12(12.0%)	40(40.0%)	28(28.0%)	19(19.0%)

대상자들은 42명으로 나타났으며, 이들은 42.0%에 해당하는 비율이다. '거의 그렇다'라고 응답한 대상자들은 39명으로 나타났으며, 이들은 39.0%에 해당하는 비율이다. '매우 그렇다'라고 응답한 대상자들은 9명으로 나타났으며, 이들은 9.0%에 해당하는 비율이다.

다음으로 '당신이 남에게 호의를 베풀기 시작하면 그들은 당신을 무시하게 될 것이다'의 문항에 대한 응답결과는 〈표 4-84〉에 나타나 있으며, 이 역시 전반적으로 정상분포의 양상을 보이고 있음을 확인할 수 있다.

'당신이 남에게 호의를 베풀기 시작하면 그들은 당신을 무시하게 될 것이다'에 '전혀 아니다'라고 응답한 대상자들은 14명으로 나타났으며, 이들은 14.0%에 해당하는 비율이다. '거의 아니다'라고 응답한 대상자들은 41명으로 나타났으며, 이들은 41.0%에 해당하는 비율이다. '보통이다'라고 응답한 대상자들은 29명으로 나타났으며, 이들은 29.0%에 해당하는 비율이다. '거의 그렇다'라고 응답한 대상자들은 15명으로 나타났으며, 이들은 15.0%에 해당하는 비율이다. '매우 그렇다'라고 응답한 대상자는 1명으로 나타났으며, 이는 1.0%에 해당

〈표 4-83〉 동남아 여성: 대부분의 사람들은 자기만이 옳다는 생각으로 자신의 나쁜 점을 인정하지 않으려고 한다

응답	전혀 아니다	거의 아니다	보통이다	거의 그렇다	매우 그렇다
빈도	0(0.0%)	10(10.0%)	42(42.0%)	39(39.0%)	9(9.0%)

〈표 4-84〉 동남아 여성: 당신이 남에게 호의를 베풀기 시작하면 그들은 당신을 무시하게 될 것이다

응답	전혀 아니다	거의 아니다	보통이다	거의 그렇다	매우 그렇다
빈도	14(14.0%)	41(41.0%)	29(29.0%)	15(15.0%)	1(1.0%)

하는 비율이다.

한국 생활 변수의 빈도분석을 실시하기 위해서 본 연구자들은 한국 생활에 해당하는 문항들 중에 '나는 한국에서 경험한 새로운 생활이 유익하다고 생각한다'와 '나는 한국의 고유한 생활양식이 좋다'의 문항을 선정하여 분석에 활용하였다. 우선, '나는 한국에서 경험한 새로운 생활이 유익하다고 생각한다'의 문항에 대한 응답결과는 〈표 4-85〉에 나타나 있으며, 전반적으로 정상분포의 양상을 보이고 있음을 확인할 수 있다.

'나는 한국에서 경험한 새로운 생활이 유익하다고 생각한다'에 '전혀 아니다'라고 응답한 대상자들은 0명으로 나타났다. '거의 아니다'라고 응답한 대상자들은 9명으로 나타났으며, 이들은 9.0%에 해당하는 비율이다. '보통이다'라고 응답한 대상자들은 31명으로 나타났으며, 이들은 31.0%에 해당하는 비율이다. '거의 그렇다'라고 응답한 대상자들은 32명으로 나타났으며, 이들은 32.0%에 해당하는 비율이다. '매우 그렇다'라고 응답한 대상자들은 28명으로 나타났으며, 이들은 28.0%에 해당하는 비율이다.

다음으로 '나는 한국의 고유한 생활양식이 좋다'의 문항에 대한 응답결과는 〈표 4-86〉에 나타나 있으며, 이 역시 전반적으로 정상분포의 양상을 보이고 있음을 확인할 수 있다.

'나는 한국의 고유한 생활양식이 좋다'에 '전혀 아니다'라고 응답한 대상자들은 0명으로 나타났다. '거의 아니다'라고 응답한 대상자들은

〈표 4-85〉 동남아 여성: 나는 한국에서 경험한 새로운 생활이 유익하다고 생각한다

응답	전혀 아니다	거의 아니다	보통이다	거의 그렇다	매우 그렇다
빈도	0(0.0%)	9(9.0%)	31(31.0%)	32(32.0%)	28(28.0%)

9명으로 나타났으며, 이들은 9.0%에 해당하는 비율이다. '보통이다'라고 응답한 대상자들은 44명으로 나타났으며, 이들은 44.0%에 해당하는 비율이다. '거의 그렇다'라고 응답한 대상자들은 31명으로 나타났으며, 이들은 31.0%에 해당하는 비율이다. '매우 그렇다'라고 응답한 대상자들은 16명으로 나타났으며, 이들은 16.0%에 해당하는 비율이다.

타인종 인식 변수의 빈도분석을 실시하기 위해서 본 연구자들은 타인종 인식에 해당하는 문항들 중에 '사람들이 친절하다고 생각한다'와 '능력이 우수하다고 생각한다'의 문항을 선정하여 분석에 활용하였다. 우선, '사람들이 친절하다고 생각한다'의 문항에 대한 응답결과는 〈표 4-87〉에 나타나 있으며, 전반적으로 정상분포의 양상을 보이고 있음을 확인할 수 있다.

'사람들이 친절하다고 생각한다'에 '전혀 아니다'라고 응답한 대상자는 1명으로 나타났으며, 이는 1.0%에 해당하는 비율이다. '거의 아니다'라고 응답한 대상자들은 12명으로 나타났으며, 이들은 12.0%에 해당하는 비율이다. '보통이다'라고 응답한 대상자들은 42명으로 나타났으며, 이들은 42.0%에 해당하는 비율이다. '거의 그렇다'라고 응답한 대상자들은 37명으로 나타났으며, 이들은 37.0%에 해당하는

〈표 4-86〉 동남아 여성: 나는 한국의 고유한 생활양식이 좋다

응답	전혀 아니다	거의 아니다	보통이다	거의 그렇다	매우 그렇다
빈도	0(0.0%)	9(9.0%)	44(44.0%)	31(31.0%)	16(16.0%)

〈표 4-87〉 동남아 여성: 사람들이 친절하다고 생각한다

응답	전혀 아니다	거의 아니다	보통이다	거의 그렇다	매우 그렇다
빈도	1(1.0%)	12(12.0%)	42(42.0%)	37(37.0%)	8(8.0%)

비율이다. '매우 그렇다'라고 응답한 대상자들은 8명으로 나타났으며, 이들은 8.0%에 해당하는 비율이다.

다음으로 '능력이 우수하다고 생각한다'의 문항에 대한 응답결과는 〈표 4-88〉에 나타나 있으며, 이 역시 전반적으로 정상분포의 양상을 보이고 있음을 확인할 수 있다.

'능력이 우수하다고 생각한다'에 '전혀 아니다'라고 응답한 대상자는 1명으로 나타났으며, 이는 1.0%에 해당하는 비율이다. '거의 아니다'라고 응답한 대상자들은 4명으로 나타났으며, 이들은 4.0%에 해당하는 비율이다. '보통이다'라고 응답한 대상자들은 29명으로 나타났으며, 이들은 29.0%에 해당하는 비율이다. '거의 그렇다'라고 응답한 대상자들은 47명으로 나타났으며, 이들은 47.0%에 해당하는 비율이다. '매우 그렇다'라고 응답한 대상자들은 19명으로 나타났으며, 이들은 19.0%에 해당하는 비율이다.

타문화 인식 변수의 빈도분석을 실시하기 위해서 본 연구자들은 타문화 인식에 해당하는 문항들 중에 '문화가 매력적이라고 생각한다'와 '문화가 우수하다고 생각한다'의 문항을 선정하여 분석에 활용하였다. 우선, '문화가 매력적이라고 생각한다'의 문항에 대한 응답결과는 〈표 4-89〉에 나타나 있으며, 전반적으로 정상분포의 양상을 보이고 있음을 확인할 수 있다.

'문화가 매력적이라고 생각한다'에 '전혀 아니다'라고 응답한 대상자는 1명으로 나타났으며, 이는 1.0%에 해당하는 비율이다. '거의 아

〈표 4-88〉 동남아 여성: 능력이 우수하다고 생각한다

응답	전혀 아니다	거의 아니다	보통이다	거의 그렇다	매우 그렇다
빈도	1(1.0%)	4(4.0%)	29(29.0%)	47(47.0%)	19(19.0%)

니다'라고 응답한 대상자들은 3명으로 나타났으며, 이들은 3.0%에 해당하는 비율이다. '보통이다'라고 응답한 대상자들은 27명으로 나타났으며, 이들은 27.0%에 해당하는 비율이다. '거의 그렇다'라고 응답한 대상자들은 46명으로 나타났으며, 이들은 46.0%에 해당하는 비율이다. '매우 그렇다'라고 응답한 대상자들은 23명으로 나타났으며, 이들은 23.0%에 해당하는 비율이다.

다음으로 '문화가 우수하다고 생각한다의 문항에 대한 응답결과는 〈표 4-90〉에 나타나 있으며, 이 역시 전반적으로 정상분포의 양상을 보이고 있음을 확인할 수 있다.

'문화가 우수하다고 생각한다'에 '전혀 아니다'라고 응답한 대상자들은 0명으로 나타났다. '거의 아니다'라고 응답한 대상자들은 10명으로 나타났으며, 이들은 10.0%에 해당하는 비율이다. '보통이다'라고 응답한 대상자들은 29명으로 나타났으며, 이들은 29.0%에 해당하는 비율이다. '거의 그렇다'라고 응답한 대상자들은 36명으로 나타났으며, 이들은 36.0%에 해당하는 비율이다. '매우 그렇다'라고 응답한 대상자들은 25명으로 나타났으며, 이들은 25.0%에 해당하는 비율이다.

문화스트레스 변수의 빈도분석을 실시하기 위해서 본 연구자들은

〈표 4-89〉 동남아 여성: 문화가 매력적이라고 생각한다

응답	전혀 아니다	거의 아니다	보통이다	거의 그렇다	매우 그렇다
빈도	1(1.0%)	3(3.0%)	27(27.0%)	46(46.0%)	23(23.0%)

〈표 4-90〉 동남아 여성: 문화가 우수하다고 생각한다

응답	전혀 아니다	거의 아니다	보통이다	거의 그렇다	매우 그렇다
빈도	0(0.0%)	10(10.0%)	29(29.0%)	36(36.0%)	25(25.0%)

문화스트레스에 해당하는 문항들 중에 '나는 한국에서 사회적 활동에 잘 참여하고 있다'와 '나는 타국에서 왔다는 이유 때문에 신변에 위협을 느낀다'의 문항을 선정하여 분석에 활용하였다. 우선, '나는 한국에서 사회적 활동에 잘 참여하고 있다'의 문항에 대한 응답결과는 〈표 4-91〉에 나타나 있으며, 전반적으로 정상분포의 양상을 보이고 있음을 확인할 수 있다.

'나는 한국에서 사회적 활동에 잘 참여하고 있다'에 '전혀 아니다'라고 응답한 대상자들은 5명으로 나타났으며, 이들은 5.0%에 해당하는 비율이다. '거의 아니다'라고 응답한 대상자들은 22명으로 나타났으며, 이들은 22.0%에 해당하는 비율이다. '보통이다'라고 응답한 대상자들은 34명으로 나타났으며, 이들은 34.0%에 해당하는 비율이다. '거의 그렇다'라고 응답한 대상자들은 25명으로 나타났으며, 이들은 25.0%에 해당하는 비율이다. '매우 그렇다'라고 응답한 대상자들은 14명으로 나타났으며, 이들은 14.0%에 해당하는 비율이다.

다음으로 '나는 타국에서 왔다는 이유 때문에 신변에 위협을 느낀다'의 문항에 대한 응답결과는 〈표 4-92〉에 나타나 있으며, 이 역시 전반적으로 정상분포의 양상을 보이고 있음을 확인할 수 있다.

'나는 타국에서 왔다는 이유 때문에 신변에 위협을 느낀다'에 '전혀 아니다'라고 응답한 대상자들은 4명으로 나타났으며, 이들은 4.0%에 해당하는 비율이다. '거의 아니다'라고 응답한 대상자들은 23명으로 나타났으며, 이들은 23.0%에 해당하는 비율이다. '보통이다'라고 응

〈표 4-91〉 동남아 여성: 나는 한국에서 사회적 활동에 잘 참여하고 있다

응답	전혀 아니다	거의 아니다	보통이다	거의 그렇다	매우 그렇다
빈도	5(5.0%)	22(22.0%)	34(34.0%)	25(25.0%)	14(14.0%)

답한 대상자들은 47명으로 나타났으며, 이들은 47.0%에 해당하는 비율이다. '거의 그렇다'라고 응답한 대상자들은 23명으로 나타났으며, 이들은 23.0%에 해당하는 비율이다. '매우 그렇다'라고 응답한 대상자들은 3명으로 나타났으며, 이들은 3.0%에 해당하는 비율이다.

사회적지지 변수의 빈도분석을 실시하기 위해서 본 연구자들은 사회적지지에 해당하는 문항들 중에 '그들은 항상 나의 일에 관심을 갖고 염려해준다'와 '내가 모르거나 이해할 수 없는 일에 관해 잘 알 수 있도록 설명해준다'의 문항을 선정하여 분석에 활용하였다. 우선, '그들은 항상 나의 일에 관심을 갖고 염려해준다'의 문항에 대한 응답결과는 〈표 4-93〉에 나타나 있으며, 전반적으로 정상분포의 양상을 보이고 있음을 확인할 수 있다.

'그들은 항상 나의 일에 관심을 갖고 염려해준다'에 '전혀 아니다'라고 응답한 대상자들은 2명으로 나타났으며, 이들은 2.0%에 해당하는 비율이다. '거의 아니다'라고 응답한 대상자들은 12명으로 나타났으며, 이들은 12.0%에 해당하는 비율이다. '보통이다'라고 응답한 대상자들은 48명으로 나타났으며, 이들은 48.0%에 해당하는 비율이다. '거의 그렇다'라고 응답한 대상자들은 30명으로 나타났으며, 이들은 30.0%에 해당하는 비율이다. '매우 그렇다'라고 응답한 대상자들은 8명

〈표 4-92〉 동남아 여성: 나는 타국에서 왔다는 이유 때문에 신변에 위협을 느낀다

응답	전혀 아니다	거의 아니다	보통이다	거의 그렇다	매우 그렇다
빈도	4(4.0%)	23(23.0%)	47(47.0%)	23(23.0%)	3(3.0%)

〈표 4-93〉 동남아 여성: 그들은 항상 나의 일에 관심을 갖고 염려해준다

응답	전혀 아니다	거의 아니다	보통이다	거의 그렇다	매우 그렇다
빈도	2(2.0%)	12(12.0%)	48(48.0%)	30(30.0%)	8(8.0%)

으로 나타났으며, 이들은 8.0%에 해당하는 비율이다.

다음으로 '내가 모르거나 이해할 수 없는 일에 관해 잘 알 수 있도록 설명해준다'의 문항에 대한 응답결과는 〈표 8-94〉에 나타나 있으며, 이 역시 전반적으로 정상분포의 양상을 보이고 있음을 확인할 수 있다.

'내가 모르거나 이해할 수 없는 일에 관해 잘 알 수 있도록 설명해준다'에 '전혀 아니다'라고 응답한 대상자는 1명으로 나타났으며, 이는 1.0%에 해당하는 비율이다. '거의 아니다'라고 응답한 대상자들은 13명으로 나타났으며, 이들은 13.0%에 해당하는 비율이다. '보통이다'라고 응답한 대상자들은 35명으로 나타났으며, 이들은 35.0%에 해당하는 비율이다. '거의 그렇다'라고 응답한 대상자들은 42명으로 나타났으며, 이들은 42.0%에 해당하는 비율이다. '매우 그렇다'라고 응답한 대상자들은 9명으로 나타났으며, 이들은 9.0%에 해당하는 비율이다.

생활만족 변수의 빈도분석을 실시하기 위해서 본 연구자들은 생활만족에 해당하는 문항들 중에 '나는 현재 가족과의 관계에 만족하고 있다'와 '나는 현재 하고 있는 일에 만족하고 있다'의 문항을 선정하여 분석에 활용하였다. 우선, '나는 현재 가족과의 관계에 만족하고 있다'의 문항에 대한 응답결과는 〈표 4-95〉에 나타나 있으며, 전반적으로 정상분포의 양상을 보이고 있음을 확인할 수 있다.

〈표 4-94〉 동남아 여성: 내가 모르거나 이해할 수 없는 일에 관해 잘 알 수 있도록 설명해준다

응답	전혀 아니다	거의 아니다	보통이다	거의 그렇다	매우 그렇다
빈도	1(1.0%)	13(13.0%)	35(35.0%)	42(42.0%)	9(9.0%)

‘나는 현재 가족과의 관계에 만족하고 있다’에 ‘전혀 아니다’라고 응답한 대상자들은 0명으로 나타났다. ‘거의 아니다’라고 응답한 대상자들은 12명으로 나타났으며, 이들은 12.0%에 해당하는 비율이다. ‘보통이다’라고 응답한 대상자들은 29명으로 나타났으며, 이들은 29.0%에 해당하는 비율이다. ‘거의 그렇다’라고 응답한 대상자들은 43명으로 나타났으며, 이들은 43.0%에 해당하는 비율이다. ‘매우 그렇다’라고 응답한 대상자들은 16명으로 나타났으며, 이들은 16.0%에 해당하는 비율이다.

다음으로 ‘나는 현재 하고 있는 일에 만족하고 있다’의 문항에 대한 응답결과는 〈표 4-96〉에 나타나 있으며, 이 역시 전반적으로 정상분포의 양상을 보이고 있음을 확인할 수 있다.

‘나는 현재 하고 있는 일에 만족하고 있다’에 ‘전혀 아니다’라고 응답한 대상자들은 4명으로 나타났으며, 이들은 4.0%에 해당하는 비율이다. ‘거의 아니다’라고 응답한 대상자들은 18명으로 나타났으며, 이들은 18.0%에 해당하는 비율이다. ‘보통이다’라고 응답한 대상자들은 43명으로 나타났으며, 이들은 43.0%에 해당하는 비율이다. ‘거의 그렇다’라고 응답한 대상자들은 26명으로 나타났으며, 이들은 26.0%에 해당하는 비율이다. ‘매우 그렇다’라고 응답한 대상자들은 9명으로 나

〈표 4-95〉 동남아 여성: 나는 현재 가족과의 관계에 만족하고 있다

응답	전혀 아니다	거의 아니다	보통이다	거의 그렇다	매우 그렇다
빈도	0(0.0%)	12(12.0%)	29(29.0%)	43(43.0%)	16(16.0%)

〈표 4-96〉 동남아 여성: 나는 현재 하고 있는 일에 만족하고 있다

응답	전혀 아니다	거의 아니다	보통이다	거의 그렇다	매우 그렇다
빈도	4(4.0%)	18(18.0%)	43(43.0%)	26(26.0%)	9(9.0%)

타났으며, 이들은 9.0%에 해당하는 비율이다.

3) 새터민의 인식

과거 행복 변수의 빈도분석을 실시하기 위해서 본 연구자들은 과거 행복에 해당하는 문항들 중에 '내 자녀가 건강하게 자란다'와 '나는 가족 혹은 친척들과 원만한 관계를 유지한다'의 문항을 선정하여 분석에 활용하였다. 우선, '내 자녀가 건강하게 자란다'의 문항에 대한 응답결과는 〈표 4-97〉에 나타나 있으며, 전반적으로 정상분포의 양상을 보이고 있음을 확인할 수 있다.

'내 자녀가 건강하게 자란다'에 '전혀 아니다'라고 응답한 대상자들은 18명으로 나타났으며, 이들은 22.8%에 해당하는 비율이다. '거의 아니다'라고 응답한 대상자들은 4명으로 나타났으며, 이들은 5.1%에 해당하는 비율이다. '보통이다'라고 응답한 대상자들은 29명으로 나타났으며, 이들은 36.7%에 해당하는 비율이다. '거의 그렇다'라고 응답한 대상자들은 16명으로 나타났으며, 이들은 20.3%에 해당하는 비율이다. '매우 그렇다'라고 응답한 대상자들은 12명으로 나타났으며, 이들은 15.2%에 해당하는 비율이다.

다음으로 '나는 가족 혹은 친척들과 원만한 관계를 유지한다'의 문항에 대한 응답결과는 〈표 4-98〉에 나타나 있으며, 이 역시 전반적으로 정상분포의 양상을 보이고 있음을 확인할 수 있다.

〈표 4-97〉 새터민: 내 자녀가 건강하게 자란다(과거)

응답	전혀 아니다	거의 아니다	보통이다	거의 그렇다	매우 그렇다
빈도	18(22.8%)	4(5.1%)	29(36.7%)	16(20.3%)	12(15.2%)

'나는 가족 혹은 친척들과 원만한 관계를 유지한다'에 '전혀 아니다'라고 응답한 대상자들은 4명으로 나타났으며, 이들은 5.1%에 해당하는 비율이다. '거의 아니다'라고 응답한 대상자들은 17명으로 나타났으며, 이들은 21.5%에 해당하는 비율이다. '보통이다'라고 응답한 대상자들은 29명으로 나타났으며, 이들은 36.7%에 해당하는 비율이다. '거의 그렇다'라고 응답한 대상자들은 15명으로 나타났으며, 이들은 19.0%에 해당하는 비율이다. '매우 그렇다'라고 응답한 대상자들은 14명으로 나타났으며, 이들은 17.7%에 해당하는 비율이다.

현재 행복 변수의 빈도분석을 실시하기 위해서 본 연구자들은 현재 행복에 해당하는 문항들 중에 '내 자녀가 건강하게 자란다'와 '나는 가족 혹은 친척들과 원만한 관계를 유지한다'의 문항을 선정하여 분석에 활용하였다. 우선, '내 자녀가 건강하게 자란다'의 문항에 대한 응답결과는 〈표 4-99〉에 나타나 있으며, 전반적으로 정상분포의 양상을 보이고 있음을 확인할 수 있다.

'내 자녀가 건강하게 자란다'에 '전혀 아니다'라고 응답한 대상자들은 12명으로 나타났으며, 이들은 15.2%에 해당하는 비율이다. '거의 아니다'라고 응답한 대상자들은 11명으로 나타났으며, 이들은 13.9%에 해당하는 비율이다. '보통이다'라고 응답한 대상자들은 27명으로

〈표 4-98〉 새터민: 나는 가족 혹은 친척들과 원만한 관계를 유지한다(과거)

응답	전혀 아니다	거의 아니다	보통이다	거의 그렇다	매우 그렇다
빈도	4(5.1%)	17(21.5%)	29(36.7%)	15(19.0%)	14(17.7%)

〈표 4-99〉 새터민: 내 자녀가 건강하게 자란다(현재)

응답	전혀 아니다	거의 아니다	보통이다	거의 그렇다	매우 그렇다
빈도	12(15.2%)	11(13.9%)	27(34.2%)	12(15.2%)	17(21.5%)

나타났으며, 이들은 34.2%에 해당하는 비율이다. '거의 그렇다'라고 응답한 대상자들은 12명으로 나타났으며, 이들은 15.2%에 해당하는 비율이다. '매우 그렇다'라고 응답한 대상자들은 17명으로 나타났으며, 이들은 21.5%에 해당하는 비율이다.

다음으로 '나는 가족 혹은 친척들과 원만한 관계를 유지한다'의 문항에 대한 응답결과는 〈표 4-100〉에 나타나 있으며, 이 역시 전반적으로 정상분포의 양상을 보이고 있음을 확인할 수 있다.

'나는 가족 혹은 친척들과 원만한 관계를 유지한다'에 '전혀 아니다'라고 응답한 대상자들은 6명으로 나타났으며, 이들은 7.6%에 해당하는 비율이다. '거의 아니다'라고 응답한 대상자들은 12명으로 나타났으며, 이들은 15.2%에 해당하는 비율이다. '보통이다'라고 응답한 대상자들은 31명으로 나타났으며, 이들은 39.2%에 해당하는 비율이다. '거의 그렇다'라고 응답한 대상자들은 18명으로 나타났으며, 이들은 22.8%에 해당하는 비율이다. '매우 그렇다'라고 응답한 대상자들은 12명으로 나타났으며, 이들은 15.2%에 해당하는 비율이다.

과거 삶의 의미 변수의 빈도분석을 실시하기 위해서 본 연구자들은 과거 삶의 의미에 해당하는 문항들 중에 '나는 인생에 궁극적인 목적과 의미가 있음을 믿고 있다'와 '나는 내 자신의 삶의 목표를 성취하기 위해 노력하고 있다'의 문항을 선정하여 분석에 활용하였다. 우선, '나는 인생에 궁극적인 목적과 의미가 있음을 믿고 있다'의 문항에 대한 응답결과는 〈표 4-101〉에 나타나 있으며, 전반적으로 정

〈표 4-100〉 새터민: 나는 가족 혹은 친척들과 원만한 관계를 유지한다(현재)

응답	전혀 아니다	거의 아니다	보통이다	거의 그렇다	매우 그렇다
빈도	6(7.6%)	12(15.2%)	31(39.2%)	18(22.8%)	12(15.2%)

상분포의 양상을 보이고 있음을 확인할 수 있다.

'나는 인생에 궁극적인 목적과 의미가 있음을 믿고 있다'에 '전혀 아니다'라고 응답한 대상자들은 7명으로 나타났으며, 이들은 8.9%에 해당하는 비율이다. '거의 아니다'라고 응답한 대상자들은 7명으로 나타났으며, 이들은 8.9%에 해당하는 비율이다. '보통이다'라고 응답한 대상자들은 39명으로 나타났으며, 이들은 49.4%에 해당하는 비율이다. '거의 그렇다'라고 응답한 대상자들은 20명으로 나타났으며, 이들은 25.3%에 해당하는 비율이다. '매우 그렇다'라고 응답한 대상자들은 6명으로 나타났으며, 이들은 7.6%에 해당하는 비율이다.

다음으로 '나는 내 자신의 삶의 목표를 성취하기 위해 노력하고 있다'의 문항에 대한 응답결과는 〈표 4-102〉에 나타나 있으며, 이 역시 전반적으로 정상분포의 양상을 보이고 있음을 확인할 수 있다.

'나는 내 자신의 삶의 목표를 성취하기 위해 노력하고 있다'에 '전혀 아니다'라고 응답한 대상자들은 8명으로 나타났으며, 이들은 10.1%에 해당하는 비율이다. '거의 아니다'라고 응답한 대상자들은 17명으로 나타났으며, 이들은 21.5%에 해당하는 비율이다. '보통이다'라고 응답한 대상자들은 31명으로 나타났으며, 이들은 39.2%에 해당하는 비율이다. '거의 그렇다'라고 응답한 대상자들은 17명으로 나타났으

〈표 4-101〉 새터민: 나는 인생에 궁극적인 목적과 의미가 있음을 믿고 있다(과거)

응답	전혀 아니다	거의 아니다	보통이다	거의 그렇다	매우 그렇다
빈도	7(8.9%)	7(8.9%)	39(49.4%)	20(25.3%)	6(7.6%)

〈표 4-102〉 새터민: 나는 내 자신의 삶의 목표를 성취하기 위해 노력하고 있다(과거)

응답	전혀 아니다	거의 아니다	보통이다	거의 그렇다	매우 그렇다
빈도	8(10.1%)	17(21.5%)	31(39.2%)	17(21.5%)	6(7.6%)

며, 이들은 21.5%에 해당하는 비율이다. '매우 그렇다'라고 응답한 대상자들은 6명으로 나타났으며, 이들은 7.6%에 해당하는 비율이다.

현재 삶의 의미 변수의 빈도분석을 실시하기 위해서 본 연구자들은 현재 삶의 의미에 해당하는 문항들 중에 '나는 인생에 궁극적인 목적과 의미가 있음을 믿고 있다'와 '나는 내 자신의 삶의 목표를 성취하기 위해 노력하고 있다'의 문항을 선정하여 분석에 활용하였다. 우선, '나는 인생에 궁극적인 목적과 의미가 있음을 믿고 있다'의 문항에 대한 응답결과는 〈표 4-103〉에 나타나 있으며, 전반적으로 정상분포의 양상을 보이고 있음을 확인할 수 있다.

'나는 인생에 궁극적인 목적과 의미가 있음을 믿고 있다'에 '전혀 아니다'라고 응답한 대상자들은 7명으로 나타났으며, 이들은 8.9%에 해당하는 비율이다. '거의 아니다'라고 응답한 대상자들은 7명으로 나타났으며, 이들은 8.9%에 해당하는 비율이다. '보통이다'라고 응답한 대상자들은 30명으로 나타났으며, 이들은 38.0%에 해당하는 비율이다. '거의 그렇다'라고 응답한 대상자들은 24명으로 나타났으며, 이들은 30.4%에 해당하는 비율이다. '매우 그렇다'라고 응답한 대상자들은 11명으로 나타났으며, 이들은 13.9%에 해당하는 비율이다.

다음으로 '나는 내 자신의 삶의 목표를 성취하기 위해 노력하고 있다'의 문항에 대한 응답결과는 〈표 4-104〉에 나타나 있으며, 이 역시 전반적으로 정상분포의 양상을 보이고 있음을 확인할 수 있다.

'나는 내 자신의 삶의 목표를 성취하기 위해 노력하고 있다'에 '전

〈표 4-103〉 새터민: 나는 인생에 궁극적인 목적과 의미가 있음을 믿고 있다(현재)

응답	전혀 아니다	거의 아니다	보통이다	거의 그렇다	매우 그렇다
빈도	7(8.9%)	7(8.9%)	30(38.0%)	24(30.4%)	11(13.9%)

혀 아니다'라고 응답한 대상자들은 4명으로 나타났으며, 이들은 5.1%에 해당하는 비율이다. '거의 아니다'라고 응답한 대상자들은 11명으로 나타났으며, 이들은 13.9%에 해당하는 비율이다. '보통이다'라고 응답한 대상자들은 32명으로 나타났으며, 이들은 40.5%에 해당하는 비율이다. '거의 그렇다'라고 응답한 대상자들은 23명으로 나타났으며, 이들은 29.1%에 해당하는 비율이다. '매우 그렇다'라고 응답한 대상자들은 9명으로 나타났으며, 이들은 11.4%에 해당하는 비율이다.

과거 자기수용 변수의 빈도분석을 실시하기 위해서 본 연구자들은 과거 자기수용에 해당하는 문항들 중에 '나는 부정적인 피드백을 받으면, 이를 내 행동 혹은 수행을 향상시킬 수 있는 기회로 삼는다'와 '나는 자신이 하는 일에서 성공한 사람들은 특별히 가치 있는 사람이라고 생각한다'의 문항을 선정하여 분석에 활용하였다. 우선, '나는 부정적인 피드백을 받으면, 이를 내 행동 혹은 수행을 향상시킬 수 있는 기회로 삼는다'의 문항에 대한 응답결과는 〈표 4-105〉에 나타나 있으며, 전반적으로 정상분포의 양상을 보이고 있음을 확인할 수 있다.

'나는 부정적인 피드백을 받으면, 이를 내 행동 혹은 수행을 향상시킬 수 있는 기회로 삼는다'에 '전혀 아니다'라고 응답한 대상자들은 5명으로 나타났으며, 이들은 6.3%에 해당하는 비율이다. '거의 아니다'라고 응답한 대상자들은 19명으로 나타났으며, 이들은 24.1%에 해당하는 비율이다. '보통이다'라고 응답한 대상자들은 38명으로 나

〈표 4-104〉 새터민: 나는 내 자신의 삶의 목표를 성취하기 위해 노력하고 있다(현재)

응답	전혀 아니다	거의 아니다	보통이다	거의 그렇다	매우 그렇다
빈도	4(5.1%)	11(13.9%)	32(40.5%)	23(29.1%)	9(11.4%)

타났으며, 이들은 48.1%에 해당하는 비율이다. '거의 그렇다'라고 응답한 대상자들은 13명으로 나타났으며, 이들은 16.5%에 해당하는 비율이다. '매우 그렇다'라고 응답한 대상자들은 4명으로 나타났으며, 이들은 5.1%에 해당하는 비율이다.

다음으로 '나는 자신이 하는 일에서 성공한 사람들은 특별히 가치 있는 사람이라고 생각한다'의 문항에 대한 응답결과는 〈표 4-106〉에 나타나 있으며, 이 역시 전반적으로 정상분포의 양상을 보이고 있음을 확인할 수 있다.

'나는 자신이 하는 일에서 성공한 사람들은 특별히 가치 있는 사람이라고 생각한다'에 '전혀 아니다'라고 응답한 대상자들은 15명으로 나타났으며, 이들은 19.0%에 해당하는 비율이다. '거의 아니다'라고 응답한 대상자들은 7명으로 나타났으며, 이들은 8.9%에 해당하는 비율이다. '보통이다'라고 응답한 대상자들은 25명으로 나타났으며, 이들은 31.6%에 해당하는 비율이다. '거의 그렇다'라고 응답한 대상자들은 23명으로 나타났으며, 이들은 29.1%에 해당하는 비율이다. '매우 그렇다'라고 응답한 대상자들은 9명으로 나타났으며, 이들은 11.4%에 해당하는 비율이다.

〈표 4-105〉 새터민: 나는 부정적인 피드백을 받으면, 이를 내 행동 혹은 수행을 향상시킬 수 있는 기회로 삼는다(과거)

응답	전혀 아니다	거의 아니다	보통이다	거의 그렇다	매우 그렇다
빈도	5(6.3%)	19(24.1%)	38(48.1%)	13(16.5%)	4(5.1%)

〈표 4-106〉 새터민: 나는 자신이 하는 일에서 성공한 사람들은 특별히 가치 있는 사람이라고 생각한다(과거)

응답	전혀 아니다	거의 아니다	보통이다	거의 그렇다	매우 그렇다
빈도	15(19.0%)	7(8.9%)	25(31.6%)	23(29.1%)	9(11.4%)

현재 자기수용 변수의 빈도분석을 실시하기 위해서 본 연구자들은 현재 자기수용에 해당하는 문항들 중에 '나는 부정적인 피드백을 받으면, 이를 내 행동 혹은 수행을 향상시킬 수 있는 기회로 삼는다'와 '나는 자신이 하는 일에서 성공한 사람들은 특별히 가치 있는 사람이라고 생각한다'의 문항을 선정하여 분석에 활용하였다. 우선, '나는 부정적인 피드백을 받으면, 이를 내 행동 혹은 수행을 향상시킬 수 있는 기회로 삼는다'의 문항에 대한 응답결과는 〈표 4-107〉에 나타나 있으며, 전반적으로 정상분포의 양상을 보이고 있음을 확인할 수 있다.

'나는 부정적인 피드백을 받으면, 이를 내 행동 혹은 수행을 향상시킬 수 있는 기회로 삼는다'에 '전혀 아니다'라고 응답한 대상자들은 3명으로 나타났으며, 이들은 3.8%에 해당하는 비율이다. '거의 아니다'라고 응답한 대상자들은 8명으로 나타났으며, 이들은 10.1%에 해당하는 비율이다. '보통이다'라고 응답한 대상자들은 36명으로 나타났으며, 이들은 45.6%에 해당하는 비율이다. '거의 그렇다'라고 응답한 대상자들은 20명으로 나타났으며, 이들은 25.3%에 해당하는 비율이다. '매우 그렇다'라고 응답한 대상자들은 12명으로 나타났으며, 이들은 15.2%에 해당하는 비율이다.

다음으로 '나는 자신이 하는 일에서 성공한 사람들은 특별히 가치 있는 사람이라고 생각한다'의 문항에 대한 응답결과는 〈표 4-108〉에

〈표 4-107〉 새터민: 나는 부정적인 피드백을 받으면, 이를 내 행동 혹은 수행을 향상시킬 수 있는 기회로 삼는다(현재)

응답	전혀 아니다	거의 아니다	보통이다	거의 그렇다	매우 그렇다
빈도	3(3.8%)	8(10.1%)	36(45.6%)	20(25.3%)	12(15.2%)

나타나 있으며, 이 역시 전반적으로 정상분포의 양상을 보이고 있음을 확인할 수 있다.

'나는 자신이 하는 일에서 성공한 사람들은 특별히 가치 있는 사람이라고 생각한다'에 '전혀 아니다'라고 응답한 대상자들은 5명으로 나타났으며, 이들은 6.3%에 해당하는 비율이다. '거의 아니다'라고 응답한 대상자들은 13명으로 나타났으며, 이들은 16.5%에 해당하는 비율이다. '보통이다'라고 응답한 대상자들은 31명으로 나타났으며, 이들은 39.2%에 해당하는 비율이다. '거의 그렇다'라고 응답한 대상자들은 24명으로 나타났으며, 이들은 30.4%에 해당하는 비율이다. '매우 그렇다'라고 응답한 대상자들은 6명으로 나타났으며, 이들은 7.6%에 해당하는 비율이다.

공동체의식 변수의 빈도분석을 실시하기 위해서 본 연구자들은 공동체의식에 해당하는 문항들 중에 '나는 곤란한 상황에 처한 사람들을 돕는 데에 적극적이다'와 '나는 이재민이 도움을 요청한다면, 나의 생활이 불편하더라도 당분간 그들과 함께 살겠다'의 문항을 선정하여 분석에 활용하였다. 우선, '나는 곤란한 상황에 처한 사람들을 돕는 데에 적극적이다'의 문항에 대한 응답결과는 〈표 4-109〉에 나타나 있으며, 전반적으로 정상분포의 양상을 보이고 있음을 확인할 수 있다.

'나는 곤란한 상황에 처한 사람들을 돕는 데에 적극적이다'에 '전혀 아니다'라고 응답한 대상자들은 10명으로 나타났으며, 이들은 12.7%

〈표 4-108〉 새터민: 나는 자신이 하는 일에서 성공한 사람들은 특별히 가치 있는 사람이라고 생각한다(현재)

응답	전혀 아니다	거의 아니다	보통이다	거의 그렇다	매우 그렇다
빈도	5(6.3%)	13(16.5%)	31(39.2%)	24(30.4%)	6(7.6%)

에 해당하는 비율이다. '거의 아니다'라고 응답한 대상자들은 9명으로 나타났으며, 이들은 11.4%에 해당하는 비율이다. '보통이다'라고 응답한 대상자들은 37명으로 나타났으며, 이들은 46.8%에 해당하는 비율이다. '거의 그렇다'라고 응답한 대상자들은 20명으로 나타났으며, 이들은 25.3%에 해당하는 비율이다. '매우 그렇다'라고 응답한 대상자들은 3명으로 나타났으며, 이들은 3.8%에 해당하는 비율이다.

다음으로 '나는 이재민이 도움을 요청한다면, 나의 생활이 불편하더라도 당분간 그들과 함께 살겠다'의 문항에 대한 응답결과는 〈표 4-110〉에 나타나 있으며, 이 역시 전반적으로 정상분포의 양상을 보이고 있음을 확인할 수 있다.

'나는 이재민이 도움을 요청한다면, 나의 생활이 불편하더라도 당분간 그들과 함께 살겠다'에 '전혀 아니다'라고 응답한 대상자들은 13명으로 나타났으며, 이들은 16.5%에 해당하는 비율이다. '거의 아니다'라고 응답한 대상자들은 24명으로 나타났으며, 이들은 30.4%에 해당하는 비율이다. '보통이다'라고 응답한 대상자들은 26명으로 나타났으며, 이들은 32.9%에 해당하는 비율이다. '거의 그렇다'라고 응답한 대상자들은 15명으로 나타났으며, 이들은 19.0%에 해당하는 비

〈표 4-109〉 새터민: 나는 곤란한 상황에 처한 사람들을 돕는 데에 적극적이다

응답	전혀 아니다	거의 아니다	보통이다	거의 그렇다	매우 그렇다
빈도	10(12.7%)	9(11.4%)	37(46.8%)	20(25.3%)	3(3.8%)

〈표 4-110〉 새터민: 나는 이재민이 도움을 요청한다면, 나의 생활이 불편하더라도 당분간 그들과 함께 살겠다

응답	전혀 아니다	거의 아니다	보통이다	거의 그렇다	매우 그렇다
빈도	13(16.5%)	24(30.4%)	26(32.9%)	15(19.0%)	1(1.3%)

율이다. '매우 그렇다'라고 응답한 대상자는 1명으로 나타났으며, 이들은 1.3%에 해당하는 비율이다.

사회적 거리감 변수의 빈도분석을 실시하기 위해서 본 연구자들은 사회적 거리감에 해당하는 문항들 중에 '나는 우리 집을 다른 외국인에게 세주지 않겠다'와 '나는 우리 지역에 이사 온 다른 외국인을 이웃으로 받아들일 수 있다'의 문항을 선정하여 분석에 활용하였다. 우선, '나는 우리 집을 다른 외국인에게 세주지 않겠다'의 문항에 대한 응답결과는 〈표 4-111〉에 나타나 있으며, 전반적으로 정상분포의 양상을 보이고 있음을 확인할 수 있다.

'나는 우리 집을 다른 외국인에게 세주지 않겠다'에 '전혀 아니다'라고 응답한 대상자들은 20명으로 나타났으며, 이들은 25.3%에 해당하는 비율이다. '거의 아니다'라고 응답한 대상자들은 28명으로 나타났으며, 이들은 35.4%에 해당하는 비율이다. '보통이다'라고 응답한 대상자들은 21명으로 나타났으며, 이들은 26.6%에 해당하는 비율이다. '거의 그렇다'라고 응답한 대상자들은 7명으로 나타났으며, 이들은 8.9%에 해당하는 비율이다. '매우 그렇다'라고 응답한 대상자들은 3명으로 나타났으며, 이들은 3.8%에 해당하는 비율이다.

다음으로 '나는 우리 지역에 이사 온 다른 외국인을 이웃으로 받아들일 수 있다'의 문항에 대한 응답결과는 〈표 4-112〉에 나타나 있으며, 이 역시 전반적으로 정상분포의 양상을 보이고 있음을 확인할 수 있다.

〈표 4-111〉 새터민: 나는 우리 집을 다른 외국인에게 세주지 않겠다

응답	전혀 아니다	거의 아니다	보통이다	거의 그렇다	매우 그렇다
빈도	20(25.3%)	28(35.4%)	21(26.6%)	7(8.9%)	3(3.8%)

'나는 우리 지역에 이사 온 다른 외국인을 이웃으로 받아들일 수 있다'에 '전혀 아니다'라고 응답한 대상자들은 4명으로 나타났으며, 이들은 5.1%에 해당하는 비율이다. '거의 아니다'라고 응답한 대상자들은 4명으로 나타났으며, 이들은 5.1%에 해당하는 비율이다. '보통이다'라고 응답한 대상자들은 27명으로 나타났으며, 이들은 34.2%에 해당하는 비율이다. '거의 그렇다'라고 응답한 대상자들은 24명으로 나타났으며, 이들은 30.4%에 해당하는 비율이다. '매우 그렇다'라고 응답한 대상자들은 20명으로 나타났으며, 이들은 25.3%에 해당하는 비율이다.

시민의식 변수의 빈도분석을 실시하기 위해서 본 연구자들은 시민의식에 해당하는 문항들 중에 '나는 내가 속한 집단의 결정을 존중하는 것이 중요하다'와 '나는 내가 속한 집단의 이익을 위해서라면 개인의 이익을 기꺼이 희생한다'의 문항을 선정하여 분석에 활용하였다. 우선, '나는 내가 속한 집단의 결정을 존중하는 것이 중요하다'의 문항에 대한 응답결과는 〈표 4-113〉에 나타나 있으며, 전반적으로 정상분포의 양상을 보이고 있음을 확인할 수 있다.

'나는 내가 속한 집단의 결정을 존중하는 것이 중요하다'에 '전혀 아니다'라고 응답한 대상자들은 3명으로 나타났으며, 이들은 3.8%에 해당하는 비율이다. '거의 아니다'라고 응답한 대상자들은 11명으로 나타났으며, 이들은 13.9%에 해당하는 비율이다. '보통이다'라고 응답한

〈표 4-112〉 새터민: 나는 우리 지역에 이사 온 다른 외국인을 이웃으로 받아들일 수 있다

응답	전혀 아니다	거의 아니다	보통이다	거의 그렇다	매우 그렇다
빈도	4(5.1%)	4(5.1%)	27(34.2%)	24(30.4%)	20(25.3%)

대상자들은 36명으로 나타났으며, 이들은 45.6%에 해당하는 비율이다. '거의 그렇다'라고 응답한 대상자들은 19명으로 나타났으며, 이들은 24.1%에 해당하는 비율이다. '매우 그렇다'라고 응답한 대상자들은 10명으로 나타났으며, 이들은 12.7%에 해당하는 비율이다.

다음으로 '나는 내가 속한 집단의 이익을 위해서라면 개인의 이익을 기꺼이 희생한다'의 문항에 대한 응답결과는 〈표 4-114〉에 나타나 있으며, 이 역시 전반적으로 정상분포의 양상을 보이고 있음을 확인할 수 있다.

'나는 내가 속한 집단의 이익을 위해서라면 개인의 이익을 기꺼이 희생한다'에 '전혀 아니다'라고 응답한 대상자들은 6명으로 나타났으며, 이들은 7.6%에 해당하는 비율이다. '거의 아니다'라고 응답한 대상자들은 20명으로 나타났으며, 이들은 25.3%에 해당하는 비율이다. '보통이다'라고 응답한 대상자들은 30명으로 나타났으며, 이들은 38.0%에 해당하는 비율이다. '거의 그렇다'라고 응답한 대상자들은 18명으로 나타났으며, 이들은 22.8%에 해당하는 비율이다. '매우 그렇다'라고 응답한 대상자들은 5명으로 나타났으며, 이들은 6.3%에 해당하는 비율이다.

〈표 4-113〉 새터민: 나는 내가 속한 집단의 결정을 존중하는 것이 중요하다

응답	전혀 아니다	거의 아니다	보통이다	거의 그렇다	매우 그렇다
빈도	3(3.8%)	11(13.9%)	36(45.6%)	19(24.1%)	10(12.7%)

〈표 4-114〉 새터민: 나는 내가 속한 집단의 이익을 위해서라면 개인의 이익을 기꺼이 희생한다

응답	전혀 아니다	거의 아니다	보통이다	거의 그렇다	매우 그렇다
빈도	6(7.6%)	20(25.3%)	30(38.0%)	18(22.8%)	5(6.3%)

민주시민의식 변수의 빈도분석을 실시하기 위해서 본 연구자들은 민주시민의식에 해당하는 문항들 중에 '개인의 자유는 어떤 일이 있어도 보장되어야 한다'와 '사회나 정치생활에서 국민이나 집단은 모든 문제를 법치주의에 입각해서 해결해야 한다'의 문항을 선정하여 분석에 활용하였다. 우선, '개인의 자유는 어떤 일이 있어도 보장되어야 한다'의 문항에 대한 응답결과는 〈표 4-115〉에 나타나 있으며, 전반적으로 정상분포의 양상을 보이고 있음을 확인할 수 있다.

'개인의 자유는 어떤 일이 있어도 보장되어야 한다'에 '전혀 아니다'라고 응답한 대상자들은 3명으로 나타났으며, 이들은 3.8%에 해당하는 비율이다. '거의 아니다'라고 응답한 대상자들은 6명으로 나타났으며, 이들은 7.6%에 해당하는 비율이다. '보통이다'라고 응답한 대상자들은 22명으로 나타났으며, 이들은 27.8%에 해당하는 비율이다. '거의 그렇다'라고 응답한 대상자들은 30명으로 나타났으며, 이들은 38.0%에 해당하는 비율이다. '매우 그렇다'라고 응답한 대상자들은 18명으로 나타났으며, 이들은 22.8%에 해당하는 비율이다.

다음으로 '사회나 정치생활에서 국민이나 집단은 모든 문제를 법치주의에 입각해서 해결해야 한다'의 문항에 대한 응답결과는 〈표 4-116〉에 나타나 있으며, 이 역시 전반적으로 정상분포의 양상을 보이고 있음을 확인할 수 있다.

'사회나 정치생활에서 국민이나 집단은 모든 문제를 법치주의에 입각해서 해결해야 한다'에 '전혀 아니다'라고 응답한 대상자들은 3명으

〈표 4-115〉 새터민: 개인의 자유는 어떤 일이 있어도 보장되어야 한다

응답	전혀 아니다	거의 아니다	보통이다	거의 그렇다	매우 그렇다
빈도	3(3.8%)	6(7.6%)	22(27.8%)	30(38.0%)	18(22.8%)

로 나타났으며, 이들은 3.8%에 해당하는 비율이다. '거의 아니다'라고 응답한 대상자들은 4명으로 나타났으며, 이들은 5.1%에 해당하는 비율이다. '보통이다'라고 응답한 대상자들은 39명으로 나타났으며, 이들은 49.4%에 해당하는 비율이다. '거의 그렇다'라고 응답한 대상자들은 28명으로 나타났으며, 이들은 35.4%에 해당하는 비율이다. '매우 그렇다'라고 응답한 대상자들은 5명으로 나타났으며, 이들은 6.3%에 해당하는 비율이다.

타인수용의식 변수의 빈도분석을 실시하기 위해서 본 연구자들은 타인수용의식에 해당하는 문항들 중에 '대부분의 사람들은 자기만이 옳다는 생각으로 자신의 나쁜 점을 인정하지 않으려고 한다'와 '당신이 남에게 호의를 베풀기 시작하면 그들은 당신을 무시하게 될 것이다'의 문항을 선정하여 분석에 활용하였다. 우선, '대부분의 사람들은 자기만이 옳다는 생각으로 자신의 나쁜 점을 인정하지 않으려고 한다'의 문항에 대한 응답결과는 〈표 4-117〉에 나타나 있으며, 전반적으로 정상분포의 양상을 보이고 있음을 확인할 수 있다.

'대부분의 사람들은 자기만이 옳다는 생각으로 자신의 나쁜 점을 인정하지 않으려고 한다'에 '전혀 아니다'라고 응답한 대상자들은 5명으로 나타났으며, 이들은 6.3%에 해당하는 비율이다. '거의 아니다'라고 응답한 대상자들은 11명으로 나타났으며, 이들은 13.9%에 해당하는 비율이다. '보통이다'라고 응답한 대상자들은 41명으로 나타

〈표 4-116〉 새터민: 사회나 정치생활에서 국민이나 집단은 모든 문제를 법치주의에 입각해서 해결해야 한다

응답	전혀 아니다	거의 아니다	보통이다	거의 그렇다	매우 그렇다
빈도	3(3.8%)	4(5.1%)	39(49.4%)	28(35.4%)	5(6.3%)

났으며, 이들은 51.9%에 해당하는 비율이다. '거의 그렇다'라고 응답한 대상자들은 16명으로 나타났으며, 이들은 20.3%에 해당하는 비율이다. '매우 그렇다'라고 응답한 대상자들은 6명으로 나타났으며, 이들은 7.6%에 해당하는 비율이다.

다음으로 '당신이 남에게 호의를 베풀기 시작하면 그들은 당신을 무시하게 될 것이다'의 문항에 대한 응답결과는 〈표 4-118〉에 나타나 있으며, 이 역시 전반적으로 정상분포의 양상을 보이고 있음을 확인할 수 있다.

'당신이 남에게 호의를 베풀기 시작하면 그들은 당신을 무시하게 될 것이다'에 '전혀 아니다'라고 응답한 대상자는 0명으로 나타났다. '거의 아니다'라고 응답한 대상자들은 12명으로 나타났으며, 이들은 15.2%에 해당하는 비율이다. '보통이다'라고 응답한 대상자들은 31명으로 나타났으며, 이들은 39.2%에 해당하는 비율이다. '거의 그렇다'라고 응답한 대상자들은 25명으로 나타났으며, 이들은 31.6%에 해당하는 비율이다. '매우 그렇다'라고 응답한 대상자들은 11명으로 나타났으며, 이들은 13.9%에 해당하는 비율이다.

〈표 4-117〉 새터민: 대부분의 사람들은 자기만이 옳다는 생각으로 자신의 나쁜 점을 인정하지 않으려고 한다

응답	전혀 아니다	거의 아니다	보통이다	거의 그렇다	매우 그렇다
빈도	5(6.3%)	11(13.9%)	41(51.9%)	16(20.3%)	6(7.6%)

〈표 4-118〉 새터민: 당신이 남에게 호의를 베풀기 시작하면 그들은 당신을 무시하게 될 것이다

응답	전혀 아니다	거의 아니다	보통이다	거의 그렇다	매우 그렇다
빈도	0(0.0%)	12(15.2%)	31(39.2%)	25(31.6%)	11(13.9%)

한국 생활 변수의 빈도분석을 실시하기 위해서 본 연구자들은 한국 생활에 해당하는 문항들 중에 '나는 한국에서 경험한 새로운 생활이 유익하다고 생각한다'와 '나는 한국의 고유한 생활양식이 좋다'의 문항을 선정하여 분석에 활용하였다. 우선, '나는 한국에서 경험한 새로운 생활이 유익하다고 생각한다'의 문항에 대한 응답결과는 〈표 4-119〉에 나타나 있으며, 전반적으로 정상분포의 양상을 보이고 있음을 확인할 수 있다.

'나는 한국에서 경험한 새로운 생활이 유익하다고 생각한다'에 '전혀 아니다'라고 응답한 대상자들은 4명으로 나타났으며, 이들은 5.1%에 해당하는 비율이다. '거의 아니다'라고 응답한 대상자들은 3명으로 나타났으며, 이들은 3.8%에 해당하는 비율이다. '보통이다'라고 응답한 대상자들은 35명으로 나타났으며, 이들은 44.3%에 해당하는 비율이다. '거의 그렇다'라고 응답한 대상자들은 30명으로 나타났으며, 이들은 38.0%에 해당하는 비율이다. '매우 그렇다'라고 응답한 대상자들은 7명으로 나타났으며, 이들은 8.9%에 해당하는 비율이다.

다음으로 '나는 한국의 고유한 생활양식이 좋다'의 문항에 대한 응답결과는 〈표 4-120〉에 나타나 있으며, 이 역시 전반적으로 정상분포의 양상을 보이고 있음을 확인할 수 있다.

'나는 한국의 고유한 생활양식이 좋다'에 '전혀 아니다'라고 응답한 대상자들은 4명으로 나타났으며, 이들은 5.1%에 해당하는 비율이다. '거의 아니다'라고 응답한 대상자들은 8명으로 나타났으며, 이들은

〈표 4-119〉 새터민: 나는 한국에서 경험한 새로운 생활이 유익하다고 생각한다

응답	전혀 아니다	거의 아니다	보통이다	거의 그렇다	매우 그렇다
빈도	4(5.1%)	3(3.8%)	35(44.3%)	30(38.0%)	7(8.9%)

10.1%에 해당하는 비율이다. '보통이다'라고 응답한 대상자들은 44명으로 나타났으며, 이들은 55.7%에 해당하는 비율이다. '거의 그렇다'라고 응답한 대상자들은 20명으로 나타났으며, 이들은 25.3%에 해당하는 비율이다. '매우 그렇다'라고 응답한 대상자들은 3명으로 나타났으며, 이들은 3.8%에 해당하는 비율이다.

타인종 인식 변수의 빈도분석을 실시하기 위해서 본 연구자들은 타인종 인식에 해당하는 문항들 중에 '사람들이 친절하다고 생각한다'와 '능력이 우수하다고 생각한다'의 문항을 선정하여 분석에 활용하였다. 우선, '사람들이 친절하다고 생각한다'의 문항에 대한 응답결과는 〈표 4-121〉에 나타나 있으며, 전반적으로 정상분포의 양상을 보이고 있음을 확인할 수 있다.

'사람들이 친절하다고 생각한다'에 '전혀 아니다'라고 응답한 대상자들은 3명으로 나타났으며, 이들은 3.8%에 해당하는 비율이다. '거의 아니다'라고 응답한 대상자들은 10명으로 나타났으며, 이들은 12.7%에 해당하는 비율이다. '보통이다'라고 응답한 대상자들은 41명으로 나타났으며, 이들은 51.9%에 해당하는 비율이다. '거의 그렇다'라고 응답한 대상자들은 22명으로 나타났으며, 이들은 27.8%에 해당하는 비율이다. '매우 그렇다'라고 응답한 대상자들은 3명으로 나타났으며,

〈표 4-120〉 새터민: 나는 한국의 고유한 생활양식이 좋다

응답	전혀 아니다	거의 아니다	보통이다	거의 그렇다	매우 그렇다
빈도	4(5.1%)	8(10.1%)	44(55.7%)	20(25.3%)	3(3.8%)

〈표 4-121〉 새터민: 사람들이 친절하다고 생각한다

응답	전혀 아니다	거의 아니다	보통이다	거의 그렇다	매우 그렇다
빈도	3(3.8%)	10(12.7%)	41(51.9%)	22(27.8%)	3(3.8%)

이들은 3.8%에 해당하는 비율이다.

다음으로 '능력이 우수하다고 생각한다'의 문항에 대한 응답결과는 〈표 4-122〉에 나타나 있으며, 이 역시 전반적으로 정상분포의 양상을 보이고 있음을 확인할 수 있다.

'능력이 우수하다고 생각한다'에 '전혀 아니다'라고 응답한 대상자들은 4명으로 나타났으며, 이들은 5.1%에 해당하는 비율이다. '거의 아니다'라고 응답한 대상자들은 5명으로 나타났으며, 이들은 6.3%에 해당하는 비율이다. '보통이다'라고 응답한 대상자들은 31명으로 나타났으며, 이들은 39.2%에 해당하는 비율이다. '거의 그렇다'라고 응답한 대상자들은 31명으로 나타났으며, 이들은 39.2%에 해당하는 비율이다. '매우 그렇다'라고 응답한 대상자들은 8명으로 나타났으며, 이들은 10.1%에 해당하는 비율이다.

타문화 인식 변수의 빈도분석을 실시하기 위해서 본 연구자들은 타문화 인식에 해당하는 문항들 중에 '문화가 매력적이라고 생각한다'와 '문화가 우수하다고 생각한다'의 문항을 선정하여 분석에 활용하였다. 우선, '문화가 매력적이라고 생각한다'의 문항에 대한 응답결과는 〈표 4-123〉에 나타나 있으며, 전반적으로 정상분포의 양상을 보이고 있음을 확인할 수 있다.

'문화가 매력적이라고 생각한다'에 '전혀 아니다'라고 응답한 대상자들은 5명으로 나타났으며, 이들은 6.3%에 해당하는 비율이다. '거의 아니다'라고 응답한 대상자들은 4명으로 나타났으며, 이들은 5.1%

〈표 4-122〉 새터민: 능력이 우수하다고 생각한다

응답	전혀 아니다	거의 아니다	보통이다	거의 그렇다	매우 그렇다
빈도	4(5.1%)	5(6.3%)	31(39.2%)	31(39.2%)	8(10.1%)

에 해당하는 비율이다. '보통이다'라고 응답한 대상자들은 37명으로 나타났으며, 이들은 46.8%에 해당하는 비율이다. '거의 그렇다'라고 응답한 대상자들은 24명으로 나타났으며, 이들은 30.4%에 해당하는 비율이다. '매우 그렇다'라고 응답한 대상자들은 9명으로 나타났으며, 이들은 11.4%에 해당하는 비율이다.

다음으로 '문화가 우수하다고 생각한다'의 문항에 대한 응답결과는 〈표 4-124〉에 나타나 있으며, 이 역시 전반적으로 정상분포의 양상을 보이고 있음을 확인할 수 있다.

'문화가 우수하다고 생각한다'에 '전혀 아니다'라고 응답한 대상자들은 3명으로 나타났으며, 이들은 3.8%에 해당하는 비율이다. '거의 아니다'라고 응답한 대상자는 1명으로 나타났으며, 이는 1.3%에 해당하는 비율이다. '보통이다'라고 응답한 대상자들은 44명으로 나타났으며, 이들은 55.7%에 해당하는 비율이다. '거의 그렇다'라고 응답한 대상자들은 23명으로 나타났으며, 이들은 29.1%에 해당하는 비율이다. '매우 그렇다'라고 응답한 대상자들은 8명으로 나타났으며, 이들은 10.1%에 해당하는 비율이다.

문화스트레스 변수의 빈도분석을 실시하기 위해서 본 연구자들은 문화스트레스에 해당하는 문항들 중에 '나는 한국에서 사회적 활동에

〈표 4-123〉 새터민: 문화가 매력적이라고 생각한다

응답	전혀 아니다	거의 아니다	보통이다	거의 그렇다	매우 그렇다
빈도	5(6.3%)	4(5.1%)	37(46.8%)	24(30.4%)	9(11.4%)

〈표 4-124〉 새터민: 문화가 우수하다고 생각한다

응답	전혀 아니다	거의 아니다	보통이다	거의 그렇다	매우 그렇다
빈도	3(3.8%)	1(1.3%)	44(55.7%)	23(29.1%)	8(10.1%)

잘 참여하고 있다'와 '나는 타국에서 왔다는 이유 때문에 신변에 위협을 느낀다'의 문항을 선정하여 분석에 활용하였다. 우선, '나는 한국에서 사회적 활동에 잘 참여하고 있다'의 문항에 대한 응답결과는 〈표 4-125〉에 나타나 있으며, 전반적으로 정상분포의 양상을 보이고 있음을 확인할 수 있다.

'나는 한국에서 사회적 활동에 잘 참여하고 있다'에 '전혀 아니다'라고 응답한 대상자들은 5명으로 나타났으며, 이들은 6.3%에 해당하는 비율이다. '거의 아니다'라고 응답한 대상자들은 8명으로 나타났으며, 이들은 10.1%에 해당하는 비율이다. '보통이다'라고 응답한 대상자들은 37명으로 나타났으며, 이들은 46.8%에 해당하는 비율이다. '거의 그렇다'라고 응답한 대상자들은 21명으로 나타났으며, 이들은 26.6%에 해당하는 비율이다. '매우 그렇다'라고 응답한 대상자들은 8명으로 나타났으며, 이들은 10.1%에 해당하는 비율이다.

다음으로 '나는 타국에서 왔다는 이유 때문에 신변에 위협을 느낀다'의 문항에 대한 응답결과는 〈표 4-126〉에 나타나 있으며, 이 역시 전반적으로 정상분포의 양상을 보이고 있음을 확인할 수 있다.

'나는 타국에서 왔다는 이유 때문에 신변에 위협을 느낀다'에 '전혀 아니다'라고 응답한 대상자들은 3명으로 나타났으며, 이들은 3.8%에 해당하는 비율이다. '거의 아니다'라고 응답한 대상자들은 5명으로 나타났으며, 이들은 6.3%에 해당하는 비율이다. '보통이다'라고 응답한 대상자들은 44명으로 나타났으며, 이들은 55.7%에 해당하는 비율이

〈표 4-125〉 새터민: 나는 한국에서 사회적 활동에 잘 참여하고 있다

응답	전혀 아니다	거의 아니다	보통이다	거의 그렇다	매우 그렇다
빈도	5(6.3%)	8(10.1%)	37(46.8%)	21(26.6%)	8(10.1%)

다. '거의 그렇다'라고 응답한 대상자들은 21명으로 나타났으며, 이들은 26.6%에 해당하는 비율이다. '매우 그렇다'라고 응답한 대상자들은 6명으로 나타났으며, 이들은 7.6%에 해당하는 비율이다.

사회적지지 변수의 빈도분석을 실시하기 위해서 본 연구자들은 사회적지지에 해당하는 문항들 중에 '그들은 항상 나의 일에 관심을 갖고 염려해준다'와 '내가 모르거나 이해할 수 없는 일에 관해 잘 알 수 있도록 설명해준다'의 문항을 선정하여 분석에 활용하였다. 우선, '그들은 항상 나의 일에 관심을 갖고 염려해준다'의 문항에 대한 응답결과는 〈표 4-127〉에 나타나 있으며, 전반적으로 정상분포의 양상을 보이고 있음을 확인할 수 있다.

'그들은 항상 나의 일에 관심을 갖고 염려해준다'에 '전혀 아니다'라고 응답한 대상자들은 3명으로 나타났으며, 이들은 3.8%에 해당하는 비율이다. '거의 아니다'라고 응답한 대상자들은 12명으로 나타났으며, 이들은 15.2%에 해당하는 비율이다. '보통이다'라고 응답한 대상자들은 37명으로 나타났으며, 이들은 46.8%에 해당하는 비율이다. '거의 그렇다'라고 응답한 대상자들은 18명으로 나타났으며, 이들은 22.8%에 해당하는 비율이다. '매우 그렇다'라고 응답한 대상자들은 9명으로 나타났으며, 이들은 11.4%에 해당하는 비율이다.

〈표 4-126〉 새터민: 나는 타국에서 왔다는 이유 때문에 신변에 위협을 느낀다

응답	전혀 아니다	거의 아니다	보통이다	거의 그렇다	매우 그렇다
빈도	3(3.8%)	5(6.3%)	44(55.7%)	21(26.6%)	6(7.6%)

〈표 4-127〉 새터민: 그들은 항상 나의 일에 관심을 갖고 염려해준다

응답	전혀 아니다	거의 아니다	보통이다	거의 그렇다	매우 그렇다
빈도	3(3.8%)	12(15.2%)	37(46.8%)	18(22.8%)	9(11.4%)

다음으로 '내가 모르거나 이해할 수 없는 일에 관해 잘 알 수 있도록 설명해준다'의 문항에 대한 응답결과는 〈표 4-128〉에 나타나 있으며, 이 역시 전반적으로 정상분포의 양상을 보이고 있음을 확인할 수 있다.

'내가 모르거나 이해할 수 없는 일에 관해 잘 알 수 있도록 설명해준다'에 '전혀 아니다'라고 응답한 대상자들은 3명으로 나타났으며, 이들은 3.8%에 해당하는 비율이다. '거의 아니다'라고 응답한 대상자들은 6명으로 나타났으며, 이들은 7.6%에 해당하는 비율이다. '보통이다'라고 응답한 대상자들은 39명으로 나타났으며, 이들은 49.4%에 해당하는 비율이다. '거의 그렇다'라고 응답한 대상자들은 25명으로 나타났으며, 이들은 31.6%에 해당하는 비율이다. '매우 그렇다'라고 응답한 대상자들은 6명으로 나타났으며, 이들은 7.6%에 해당하는 비율이다.

생활만족 변수의 빈도분석을 실시하기 위해서 본 연구자들은 생활만족에 해당하는 문항들 중에 '나는 현재 가족과의 관계에 만족하고 있다'와 '나는 현재 하고 있는 일에 만족하고 있다'의 문항을 선정하여 분석에 활용하였다. 우선, '나는 현재 가족과의 관계에 만족하고 있다'의 문항에 대한 응답결과는 〈표 4-129〉에 나타나 있으며, 전반적으로 정상분포의 양상을 보이고 있음을 확인할 수 있다.

'나는 현재 가족과의 관계에 만족하고 있다'에 '전혀 아니다'라고

〈표 4-128〉 새터민: 내가 모르거나 이해할 수 없는 일에 관해 잘 알 수 있도록 설명해준다

응답	전혀 아니다	거의 아니다	보통이다	거의 그렇다	매우 그렇다
빈도	3(3.8%)	6(7.6%)	39(49.4%)	25(31.6%)	6(7.6%)

응답한 대상자들은 4명으로 나타났으며, 이들은 5.1%에 해당하는 비율이다. '거의 아니다'라고 응답한 대상자들은 9명으로 나타났으며, 이들은 11.4%에 해당하는 비율이다. '보통이다'라고 응답한 대상자들은 26명으로 나타났으며, 이들은 32.9%에 해당하는 비율이다. '거의 그렇다'라고 응답한 대상자들은 23명으로 나타났으며, 이들은 29.1%에 해당하는 비율이다. '매우 그렇다'라고 응답한 대상자들은 17명으로 나타났으며, 이들은 21.5%에 해당하는 비율이다.

다음으로 '나는 현재 하고 있는 일에 만족하고 있다'의 문항에 대한 응답결과는 〈표 4-130〉에 나타나 있으며, 이 역시 전반적으로 정상분포의 양상을 보이고 있음을 확인할 수 있다.

'나는 현재 하고 있는 일에 만족하고 있다'에 '전혀 아니다'라고 응답한 대상자들은 6명으로 나타났으며, 이들은 7.6%에 해당하는 비율이다. '거의 아니다'라고 응답한 대상자들은 12명으로 나타났으며, 이들은 15.2%에 해당하는 비율이다. '보통이다'라고 응답한 대상자들은 37명으로 나타났으며, 이들은 46.8%에 해당하는 비율이다. '거의 그렇다'라고 응답한 대상자들은 18명으로 나타났으며, 이들은 22.8%에 해당하는 비율이다. '매우 그렇다'라고 응답한 대상자들은 6명으로 나타났으며, 이들은 7.6%에 해당하는 비율이다.

〈표 4-129〉 새터민: 나는 현재 가족과의 관계에 만족하고 있다

응답	전혀 아니다	거의 아니다	보통이다	거의 그렇다	매우 그렇다
빈도	4(5.1%)	9(11.4%)	26(32.9%)	23(29.1%)	17(21.5%)

〈표 4-130〉 새터민: 나는 현재 하고 있는 일에 만족하고 있다

응답	전혀 아니다	거의 아니다	보통이다	거의 그렇다	매우 그렇다
빈도	6(7.6%)	12(15.2%)	37(46.8%)	18(22.8%)	6(7.6 %)

4) 조선족 여성에 대한 한국인의 인식

현재 행복 변수의 빈도분석을 실시하기 위해서 본 연구자들은 현재 행복에 해당하는 문항들 중에 '내 자녀가 건강하게 자란다'와 '나는 가족 혹은 친적들과 원만한 관계를 유지한다'의 문항을 선정하여 분석에 활용하였다. 우선, '내 자녀가 건강하게 자란다'의 문항에 대한 응답결과는 〈표 4-131〉에 나타나 있으며, 전반적으로 정상분포의 양상을 보이고 있음을 확인할 수 있다.

'내 자녀가 건강하게 자란다'에 '전혀 아니다'라고 응답한 대상자들은 4명으로 나타났으며, 이들은 4.0%에 해당하는 비율이다. '거의 아니다'라고 응답한 대상자들은 2명으로 나타났으며, 이들은 2.0%에 해당하는 비율이다. '보통이다'라고 응답한 대상자들은 13명으로 나타났으며, 이들은 13.0%에 해당하는 비율이다. '거의 그렇다'라고 응답한 대상자들은 31명으로 나타났으며, 이들은 31.0%에 해당하는 비율이다. '매우 그렇다'라고 응답한 대상자들은 20명으로 나타났으며, 이들은 20.0%에 해당하는 비율이다.

다음으로 '나는 가족 혹은 친적들과 원만한 관계를 유지한다'의 문항에 대한 응답결과는 〈표 4-132〉에 나타나 있으며, 이 역시 전반적으로 정상분포의 양상을 보이고 있음을 확인할 수 있다.

'나는 가족 혹은 친적들과 원만한 관계를 유지한다'에 '전혀 아니다'라고 응답한 대상자는 0명으로 나타났다. '거의 아니다'라고 응답

〈표 4-131〉 조선족 여성: 내 자녀가 건강하게 자란다

응답	전혀 아니다	거의 아니다	보통이다	거의 그렇다	매우 그렇다
빈도	4(4.0%)	2(2.0%)	13(13.0%)	31(31.0%)	20(20.0%)

한 대상자들은 9명으로 나타났으며, 이들은 9.0%에 해당하는 비율이다. '보통이다'라고 응답한 대상자들은 26명으로 나타났으며, 이들은 26.0%에 해당하는 비율이다. '거의 그렇다'라고 응답한 대상자들은 45명으로 나타났으며, 이들은 45.0%에 해당하는 비율이다. '매우 그렇다'라고 응답한 대상자들은 20명으로 나타났으며, 이들은 20.0%에 해당하는 비율이다.

현재 삶의 의미 변수의 빈도분석을 실시하기 위해서 본 연구자들은 현재 삶의 의미에 해당하는 문항들 중에 '나는 인생에 궁극적인 목적과 의미가 있음을 믿고 있다'와 '나는 내 자신의 삶의 목표를 성취하기 위해 노력하고 있다'의 문항을 선정하여 분석에 활용하였다. 우선, '나는 인생에 궁극적인 목적과 의미가 있음을 믿고 있다'의 문항에 대한 응답결과는 〈표 4-133〉에 나타나 있으며, 전반적으로 정상분포의 양상을 보이고 있음을 확인할 수 있다.

'나는 인생에 궁극적인 목적과 의미가 있음을 믿고 있다'에 '전혀 아니다'라고 응답한 대상자들은 0명으로 나타났다. '거의 아니다'라고 응답한 대상자들은 5명으로 나타났으며, 이들은 5.0%에 해당하는 비율이다. '보통이다'라고 응답한 대상자들은 28명으로 나타났으며, 이들은 28.0%에 해당하는 비율이다. '거의 그렇다'라고 응답한 대상자

〈표 4-132〉 조선족 여성: 나는 가족 혹은 친적들과 원만한 관계를 유지한다

응답	전혀 아니다	거의 아니다	보통이다	거의 그렇다	매우 그렇다
빈도	0(0.0%)	9(9.0%)	26(26.0%)	45(45.0%)	20(20.0%)

〈표 4-133〉 조선족 여성: 나는 인생에 궁극적인 목적과 의미가 있음을 믿고 있다

응답	전혀 아니다	거의 아니다	보통이다	거의 그렇다	매우 그렇다
빈도	0(0.0%)	5(5.0%)	28(28.0%)	37(37.0%)	30(30.0%)

들은 37명으로 나타났으며, 이들은 37.0%에 해당하는 비율이다. '매우 그렇다'라고 응답한 대상자들은 30명으로 나타났으며, 이들은 30.0%에 해당하는 비율이다.

다음으로 '나는 내 자신의 삶의 목표를 성취하기 위해 노력하고 있다'의 문항에 대한 응답결과는 〈표 4-134〉에 나타나 있으며, 이 역시 전반적으로 정상분포의 양상을 보이고 있음을 확인할 수 있다.

'나는 내 자신의 삶의 목표를 성취하기 위해 노력하고 있다'에 '전혀 아니다'라고 응답한 대상자들은 0명으로 나타났다. '거의 아니다'라고 응답한 대상자들은 8명으로 나타났으며, 이들은 8.0%에 해당하는 비율이다. '보통이다'라고 응답한 대상자들은 32명으로 나타났으며, 이들은 32.0%에 해당하는 비율이다. '거의 그렇다'라고 응답한 대상자들은 38명으로 나타났으며, 이들은 38.0%에 해당하는 비율이다. '매우 그렇다'라고 응답한 대상자들은 22명으로 나타났으며, 이들은 22.0%에 해당하는 비율이다.

현재 자기수용 변수의 빈도분석을 실시하기 위해서 본 연구자들은 현재 자기수용에 해당하는 문항들 중에 '나는 부정적인 피드백을 받으면, 이를 내 행동 혹은 수행을 향상시킬 수 있는 기회로 삼는다'와 '나는 자신이 하는 일에서 성공한 사람들은 특별히 가치 있는 사람이라고 생각한다'의 문항을 선정하여 분석에 활용하였다. 우선, '나는 부정적인 피드백을 받으면, 이를 내 행동 혹은 수행을 향상시킬 수 있는 기회로 삼는다'의 문항에 대한 응답결과는 〈표 4-135〉에 나타

〈표 4-134〉 조선족 여성: 나는 내 자신의 삶의 목표를 성취하기 위해 노력하고 있다

응답	전혀 아니다	거의 아니다	보통이다	거의 그렇다	매우 그렇다
빈도	0(0.0%)	8(8.0%)	32(32.0%)	38(38.0%)	22(22.0%)

나 있으며, 전반적으로 정상분포의 양상을 보이고 있음을 확인할 수 있다.

'나는 부정적인 피드백을 받으면, 이를 내 행동 혹은 수행을 향상시킬 수 있는 기회로 삼는다'에 '전혀 아니다'라고 응답한 대상자들은 3명으로 나타났으며, 이들은 3.0%에 해당하는 비율이다. '거의 아니다'라고 응답한 대상자들은 3명으로 나타났으며, 이들은 3.0%에 해당하는 비율이다. '보통이다'라고 응답한 대상자들은 29명으로 나타났으며, 이들은 29.0%에 해당하는 비율이다. '거의 그렇다'라고 응답한 대상자들은 50명으로 나타났으며, 이들은 50.0%에 해당하는 비율이다. '매우 그렇다'라고 응답한 대상자들은 15명으로 나타났으며, 이들은 15.0%에 해당하는 비율이다.

다음으로 '나는 자신이 하는 일에서 성공한 사람들은 특별히 가치 있는 사람이라고 생각한다'의 문항에 대한 응답결과는 〈표 4-136〉에 나타나 있으며, 이 역시 전반적으로 정상분포의 양상을 보이고 있음을 확인할 수 있다.

'나는 자신이 하는 일에서 성공한 사람들은 특별히 가치 있는 사람이라고 생각한다'에 '전혀 아니다'라고 응답한 대상자들은 2명으로 나타났으며, 이들은 2.0%에 해당하는 비율이다. '거의 아니다'라고 응답한 대상자들은 6명으로 나타났으며, 이들은 6.0%에 해당하는 비율이다. '보통이다'라고 응답한 대상자들은 19명으로 나타났으며, 이들

〈표 4-135〉 조선족 여성: 나는 부정적인 피드백을 받으면, 이를 내 행동 혹은 수행을 향상시킬 수 있는 기회로 삼는다

응답	전혀 아니다	거의 아니다	보통이다	거의 그렇다	매우 그렇다
빈도	3(3.0%)	3(3.0%)	29(29.0%)	50(50.0%)	15(15.0%)

은 19.0%에 해당하는 비율이다. '거의 그렇다'라고 응답한 대상자들은 52명으로 나타났으며, 이들은 52.0%에 해당하는 비율이다. '매우 그렇다'라고 응답한 대상자들은 21명으로 나타났으며, 이들은 21.0%에 해당하는 비율이다.

공동체의식 변수의 빈도분석을 실시하기 위해서 본 연구자들은 공동체의식에 해당하는 문항들 중에 '나는 곤란한 상황에 처한 사람들을 돕는 데에 적극적이다'와 '나는 이재민이 도움을 요청한다면, 나의 생활이 불편하더라도 당분간 그들과 함께 살겠다'의 문항을 선정하여 분석에 활용하였다. 우선, '나는 곤란한 상황에 처한 사람들을 돕는 데에 적극적이다'의 문항에 대한 응답결과는 〈표 4-137〉에 나타나 있으며, 전반적으로 정상분포의 양상을 보이고 있음을 확인할 수 있다.

'나는 곤란한 상황에 처한 사람들을 돕는 데에 적극적이다'에 '전혀 아니다'라고 응답한 대상자는 1명으로 나타났으며, 이는 1.0%에 해당하는 비율이다. '거의 아니다'라고 응답한 대상자들은 18명으로 나타났으며, 이들은 18.0%에 해당하는 비율이다. '보통이다'라고 응답한 대상자들은 47명으로 나타났으며, 이들은 47.0%에 해당하는 비율이다. '거의 그렇다'라고 응답한 대상자들은 31명으로 나타났으며,

〈표 4-136〉 조선족 여성: 나는 자신이 하는 일에서 성공한 사람들은 특별히 가치 있는 사람이라고 생각한다

응답	전혀 아니다	거의 아니다	보통이다	거의 그렇다	매우 그렇다
빈도	2(2.0%)	6(6.0%)	19(19.0%)	52(52.0%)	21(21.0%)

〈표 4-137〉 조선족 여성: 나는 곤란한 상황에 처한 사람들을 돕는 데에 적극적이다

응답	전혀 아니다	거의 아니다	보통이다	거의 그렇다	매우 그렇다
빈도	1(1.0%)	18(18.0%)	47(47.0%)	31(31.0%)	3(3.0%)

이들은 31.0%에 해당하는 비율이다. '매우 그렇다'라고 응답한 대상자들은 3명으로 나타났으며, 이들은 3.0%에 해당하는 비율이다.

다음으로 '나는 이재민이 도움을 요청한다면, 나의 생활이 불편하더라도 당분간 그들과 함께 살겠다'의 문항에 대한 응답결과는 〈표 4-138〉에 나타나 있으며, 이 역시 전반적으로 정상분포의 양상을 보이고 있음을 확인할 수 있다.

'나는 이재민이 도움을 요청한다면, 나의 생활이 불편하더라도 당분간 그들과 함께 살겠다'에 '전혀 아니다'라고 응답한 대상자들은 9명으로 나타났으며, 이들은 9.0%에 해당하는 비율이다. '거의 아니다'라고 응답한 대상자들은 25명으로 나타났으며, 이들은 25.0%에 해당하는 비율이다. '보통이다'라고 응답한 대상자들은 35명으로 나타났으며, 이들은 35.0%에 해당하는 비율이다. '거의 그렇다'라고 응답한 대상자들은 21명으로 나타났으며, 이들은 21.0%에 해당하는 비율이다. '매우 그렇다'라고 응답한 대상자들은 10명으로 나타났으며, 이들은 10.0%에 해당하는 비율이다.

사회적 거리감 변수의 빈도분석을 실시하기 위해서 본 연구자들은 사회적 거리감에 해당하는 문항들 중에 '나는 우리 집을 다른 외국인에게 세주지 않겠다'와 '나는 우리 지역에 이사 온 다른 외국인을 이웃으로 받아들일 수 있다'의 문항을 선정하여 분석에 활용하였다. 우선, '나는 우리 집을 다른 외국인에게 세주지 않겠다'의 문항에 대한

〈표 4-138〉 조선족 여성: 나는 이재민이 도움을 요청한다면, 나의 생활이 불편하더라도 당분간 그들과 함께 살겠다

응답	전혀 아니다	거의 아니다	보통이다	거의 그렇다	매우 그렇다
빈도	9(9.0%)	25(25.0%)	35(35.0%)	21(21.0%)	10(10.0%)

응답결과는 〈표 4-139〉에 나타나 있으며, 전반적으로 정상분포의 양상을 보이고 있음을 확인할 수 있다.

'나는 우리 집을 다른 외국인에게 세주지 않겠다'에 '전혀 아니다'라고 응답한 대상자들은 30명으로 나타났으며, 이들은 30.0%에 해당하는 비율이다. '거의 아니다'라고 응답한 대상자들은 34명으로 나타났으며, 이들은 34.0%에 해당하는 비율이다. '보통이다'라고 응답한 대상자들은 21명으로 나타났으며, 이들은 21.0%에 해당하는 비율이다. '거의 그렇다'라고 응답한 대상자들은 9명으로 나타났으며, 이들은 9.0%에 해당하는 비율이다. '매우 그렇다'라고 응답한 대상자들은 6명으로 나타났으며, 이들은 6.0%에 해당하는 비율이다.

다음으로 '나는 우리 지역에 이사 온 다른 외국인을 이웃으로 받아들일 수 있다'의 문항에 대한 응답결과는 〈표 4-140〉에 나타나 있으며, 이 역시 전반적으로 정상분포의 양상을 보이고 있음을 확인할 수 있다.

'나는 우리 지역에 이사 온 다른 외국인을 이웃으로 받아들일 수 있다'에 '전혀 아니다'라고 응답한 대상자들은 3명으로 나타났으며, 이들은 3.0%에 해당하는 비율이다. '거의 아니다'라고 응답한 대상자들은 8명으로 나타났으며, 이들은 8.0%에 해당하는 비율이다. '보통이다'라고 응답한 대상자들은 23명으로 나타났으며, 이들은 23.0%에 해당하는 비율이다. '거의 그렇다'라고 응답한 대상자들은 42명으로 나타났으며, 이들은 42.0%에 해당하는 비율이다. '매우 그렇다'라고

〈표 4-139〉 조선족 여성: 나는 우리 집을 다른 외국인에게 세주지 않겠다

응답	전혀 아니다	거의 아니다	보통이다	거의 그렇다	매우 그렇다
빈도	30(30.0%)	34(34.0%)	21(21.0%)	9(9.0%)	6(6.0%)

응답한 대상자들은 24명으로 나타났으며, 이들은 24.0%에 해당하는 비율이다.

시민의식 변수의 빈도분석을 실시하기 위해서 본 연구자들은 시민의식에 해당하는 문항들 중에 '나는 내가 속한 집단의 결정을 존중하는 것이 중요하다'와 '나는 내가 속한 집단의 이익을 위해서라면 개인의 이익을 기꺼이 희생한다'의 문항을 선정하여 분석에 활용하였다. 우선, '나는 내가 속한 집단의 결정을 존중하는 것이 중요하다'의 문항에 대한 응답결과는 〈표 4-141〉에 나타나 있으며, 전반적으로 정상분포의 양상을 보이고 있음을 확인할 수 있다.

'나는 내가 속한 집단의 결정을 존중하는 것이 중요하다'에 '전혀 아니다'라고 응답한 대상자들은 2명으로 나타났으며, 이들은 2.0%에 해당하는 비율이다. '거의 아니다'라고 응답한 대상자들은 2명으로 나타났으며, 이들은 2.0%에 해당하는 비율이다. '보통이다'라고 응답한 대상자들은 17명으로 나타났으며, 이들은 17.0%에 해당하는 비율이다. '거의 그렇다'라고 응답한 대상자들은 60명으로 나타났으며, 이들은 60.0%에 해당하는 비율이다. '매우 그렇다'라고 응답한 대상자들은 19명으로 나타났으며, 이들은 19.0%에 해당하는 비율이다.

〈표 4-140〉 조선족 여성: 나는 우리 지역에 이사 온 다른 외국인을 이웃으로 받아들일 수 있다

응답	전혀 아니다	거의 아니다	보통이다	거의 그렇다	매우 그렇다
빈도	3(3.0%)	8(8.0%)	23(23.0%)	42(42.0%)	24(24.0%)

〈표 4-141〉 조선족 여성: 나는 내가 속한 집단의 결정을 존중하는 것이 중요하다

응답	전혀 아니다	거의 아니다	보통이다	거의 그렇다	매우 그렇다
빈도	2(2.0%)	2(2.0%)	17(17.0%)	60(60.0%)	19(19.0%)

다음으로 '나는 내가 속한 집단의 이익을 위해서라면 개인의 이익을 기꺼이 희생한다'의 문항에 대한 응답결과는 〈표 4-142〉에 나타나 있으며, 이 역시 전반적으로 정상분포의 양상을 보이고 있음을 확인할 수 있다.

'나는 내가 속한 집단의 이익을 위해서라면 개인의 이익을 기꺼이 희생한다'에 '전혀 아니다'라고 응답한 대상자들은 3명으로 나타났으며, 이들은 3.0%에 해당하는 비율이다. '거의 아니다'라고 응답한 대상자들은 12명으로 나타났으며, 이들은 12.0%에 해당하는 비율이다. '보통이다'라고 응답한 대상자들은 49명으로 나타났으며, 이들은 49.0%에 해당하는 비율이다. '거의 그렇다'라고 응답한 대상자들은 28명으로 나타났으며, 이들은 28.0%에 해당하는 비율이다. '매우 그렇다'라고 응답한 대상자들은 8명으로 나타났으며, 이들은 8.0%에 해당하는 비율이다.

민주시민의식 변수의 빈도분석을 실시하기 위해서 본 연구자들은 민주시민의식에 해당하는 문항들 중에 '개인의 자유는 어떤 일이 있어도 보장되어야 한다'와 '사회나 정치생활에서 국민이나 집단은 모든 문제를 법치주의에 입각해서 해결해야 한다'의 문항을 선정하여 분석에 활용하였다. 우선, '개인의 자유는 어떤 일이 있어도 보장되어야 한다'의 문항에 대한 응답결과는 〈표 4-143〉에 나타나 있으며, 전반적으로 정상분포의 양상을 보이고 있음을 확인할 수 있다.

〈표 4-142〉 조선족 여성: 나는 내가 속한 집단의 이익을 위해서라면 개인의 이익을 기꺼이 희생한다

응답	전혀 아니다	거의 아니다	보통이다	거의 그렇다	매우 그렇다
빈도	3(3.0%)	12(12.0%)	49(49.0%)	28(28.0%)	8(8.0%)

'개인의 자유는 어떤 일이 있어도 보장되어야 한다'에 '전혀 아니다'라고 응답한 대상자들은 2명으로 나타났으며, 이들은 2.0%에 해당하는 비율이다. '거의 아니다'라고 응답한 대상자들은 7명으로 나타났으며, 이들은 7.0%에 해당하는 비율이다. '보통이다'라고 응답한 대상자들은 18명으로 나타났으며, 이들은 18.0%에 해당하는 비율이다. '거의 그렇다'라고 응답한 대상자들은 48명으로 나타났으며, 이들은 48.0%에 해당하는 비율이다. '매우 그렇다'라고 응답한 대상자들은 25명으로 나타났으며, 이들은 25.0%에 해당하는 비율이다.

다음으로 '사회나 정치생활에서 국민이나 집단은 모든 문제를 법치주의에 입각해서 해결해야 한다'의 문항에 대한 응답결과는 〈표 4-144〉에 나타나 있으며, 이 역시 전반적으로 정상분포의 양상을 보이고 있음을 확인할 수 있다.

'사회나 정치생활에서 국민이나 집단은 모든 문제를 법치주의에 입각해서 해결해야 한다'에 '전혀 아니다'라고 응답한 대상자들은 0명으로 나타났다. '거의 아니다'라고 응답한 대상자들은 18명으로 나타났으며, 이들은 18.0%에 해당하는 비율이다. '보통이다'라고 응답한 대상자들은 25명으로 나타났으며, 이들은 25.0%에 해당하는 비율이다.

〈표 4-143〉 조선족 여성: 개인의 자유는 어떤 일이 있어도 보장되어야 한다

응답	전혀 아니다	거의 아니다	보통이다	거의 그렇다	매우 그렇다
빈도	2(2.0%)	7(7.0%)	18(18.0%)	48(48.0%)	25(25.0%)

〈표 4-144〉 조선족 여성: 사회나 정치생활에서 국민이나 집단은 모든 문제를 법치주의에 입각해서 해결해야 한다

응답	전혀 아니다	거의 아니다	보통이다	거의 그렇다	매우 그렇다
빈도	0(0.0%)	18(18.0%)	25(25.0%)	30(30.0%)	27(27.0%)

'거의 그렇다'라고 응답한 대상자들은 30명으로 나타났으며, 이들은 30.0%에 해당하는 비율이다. '매우 그렇다'라고 응답한 대상자들은 27명으로 나타났으며, 이들은 27.0%에 해당하는 비율이다.

타인수용의식 변수의 빈도분석을 실시하기 위해서 본 연구자들은 타인수용의식에 해당하는 문항들 중에 '대부분의 사람들은 자기만이 옳다는 생각으로 자신의 나쁜 점을 인정하지 않으려고 한다'와 '당신이 남에게 호의를 베풀기 시작하면 그들은 당신을 무시하게 될 것이다'의 문항을 선정하여 분석에 활용하였다. 우선, '대부분의 사람들은 자기만이 옳다는 생각으로 자신의 나쁜 점을 인정하지 않으려고 한다'의 문항에 대한 응답결과는 〈표 4-145〉에 나타나 있으며, 전반적으로 정상분포의 양상을 보이고 있음을 확인할 수 있다.

'대부분의 사람들은 자기만이 옳다는 생각으로 자신의 나쁜 점을 인정하지 않으려고 한다'에 '전혀 아니다'라고 응답한 대상자들은 2명으로 나타났으며, 이들은 2.0%에 해당하는 비율이다. '거의 아니다'라고 응답한 대상자들은 11명으로 나타났으며, 이들은 11.0%에 해당하는 비율이다. '보통이다'라고 응답한 대상자들은 38명으로 나타났으며, 이들은 38.0%에 해당하는 비율이다. '거의 그렇다'라고 응답한 대상자들은 35명으로 나타났으며, 이들은 35.0%에 해당하는 비율이다. '매우 그렇다'라고 응답한 대상자들은 14명으로 나타났으며, 이들은 14.0%에 해당하는 비율이다.

〈표 4-145〉 조선족 여성: 대부분의 사람들은 자기만이 옳다는 생각으로 자신의 나쁜 점을 인정하지 않으려고 한다

응답	전혀 아니다	거의 아니다	보통이다	거의 그렇다	매우 그렇다
빈도	2(2.0%)	11(11.0%)	38(38.0%)	35(35.0%)	14(14.0%)

다음으로 '당신이 남에게 호의를 베풀기 시작하면 그들은 당신을 무시하게 될 것이다'의 문항에 대한 응답결과는 〈표 4-146〉에 나타나 있으며, 이 역시 전반적으로 정상분포의 양상을 보이고 있음을 확인할 수 있다.

'당신이 남에게 호의를 베풀기 시작하면 그들은 당신을 무시하게 될 것이다'에 '전혀 아니다'라고 응답한 대상자들은 25명으로 나타났으며, 이들은 25.0%에 해당하는 비율이다. '거의 아니다'라고 응답한 대상자들은 39명으로 나타났으며, 이들은 39.0%에 해당하는 비율이다. '보통이다'라고 응답한 대상자들은 22명으로 나타났으며, 이들은 22.0%에 해당하는 비율이다. '거의 그렇다'라고 응답한 대상자들은 11명으로 나타났으며, 이들은 11.0%에 해당하는 비율이다. '매우 그렇다'라고 응답한 대상자들은 3명으로 나타났으며, 이들은 3.0%에 해당하는 비율이다.

타인종 인식 변수의 빈도분석을 실시하기 위해서 본 연구자들은 타인종 인식에 해당하는 문항들 중에 '사람들이 친절하다고 생각한다'와 '능력이 우수하다고 생각한다'의 문항을 선정하여 분석에 활용하였다. 우선, '사람들이 친절하다고 생각한다'의 문항에 대한 응답결과는 〈표 4-147〉에 나타나 있으며, 전반적으로 정상분포의 양상을 보이고 있음을 확인할 수 있다.

'사람들이 친절하다고 생각한다'에 '전혀 아니다'라고 응답한 대상자

〈표 4-146〉 조선족 여성: 당신이 남에게 호의를 베풀기 시작하면 그들은 당신을 무시하게 될 것이다

응답	전혀 아니다	거의 아니다	보통이다	거의 그렇다	매우 그렇다
빈도	25(25.0%)	39(39.0%)	22(22.0%)	11(11.0%)	3(3.0%)

들은 5명으로 나타났으며, 이들은 5.0%에 해당하는 비율이다. '거의 아니다'라고 응답한 대상자들은 20명으로 나타났으며, 이들은 20.0%에 해당하는 비율이다. '보통이다'라고 응답한 대상자들은 59명으로 나타났으며, 이들은 59.0%에 해당하는 비율이다. '거의 그렇다'라고 응답한 대상자들은 13명으로 나타났으며, 이들은 13.0%에 해당하는 비율이다. '매우 그렇다'라고 응답한 대상자들은 2명으로 나타났으며, 이들은 2.0%에 해당하는 비율이다.

다음으로 '능력이 우수하다고 생각한다'의 문항에 대한 응답결과는 〈표 4-148〉에 나타나 있으며, 이 역시 전반적으로 정상분포의 양상을 보이고 있음을 확인할 수 있다.

'능력이 우수하다고 생각한다'에 '전혀 아니다'라고 응답한 대상자들은 4명으로 나타났으며, 이들은 4.0%에 해당하는 비율이다. '거의 아니다'라고 응답한 대상자들은 16명으로 나타났으며, 이들은 16.0%에 해당하는 비율이다. '보통이다'라고 응답한 대상자들은 67명으로 나타났으며, 이들은 67.0%에 해당하는 비율이다. '거의 그렇다'라고 응답한 대상자들은 11명으로 나타났으며, 이들은 11.0%에 해당하는 비율이다. '매우 그렇다'라고 응답한 대상자는 1명으로 나타났으며, 이는 1.0%에 해당하는 비율이다.

〈표 4-147〉 조선족 여성: 사람들이 친절하다고 생각한다

응답	전혀 아니다	거의 아니다	보통이다	거의 그렇다	매우 그렇다
빈도	5(5.0%)	20(20.0%)	59(59.0%)	13(13.0%)	2(2.0%)

〈표 4-148〉 조선족 여성: 능력이 우수하다고 생각한다

응답	전혀 아니다	거의 아니다	보통이다	거의 그렇다	매우 그렇다
빈도	4(4.0%)	16(16.0%)	67(67.0%)	11(11.0%)	1(1.0%)

타문화 인식 변수의 빈도분석을 실시하기 위해서 본 연구자들은 타문화 인식에 해당하는 문항들 중에 '문화가 매력적이라고 생각한다'와 '문화가 우수하다고 생각한다'의 문항을 선정하여 분석에 활용하였다. 우선, '문화가 매력적이라고 생각한다'의 문항에 대한 응답결과는 〈표 4-149〉에 나타나 있으며, 전반적으로 정상분포의 양상을 보이고 있음을 확인할 수 있다.

'문화가 매력적이라고 생각한다'에 '전혀 아니다'라고 응답한 대상자들은 6명으로 나타났으며, 이들은 6.0%에 해당하는 비율이다. '거의 아니다'라고 응답한 대상자들은 26명으로 나타났으며, 이들은 26.0%에 해당하는 비율이다. '보통이다'라고 응답한 대상자들은 42명으로 나타났으며, 이들은 42.0%에 해당하는 비율이다. '거의 그렇다'라고 응답한 대상자들은 20명으로 나타났으며, 이들은 20.0%에 해당하는 비율이다. '매우 그렇다'라고 응답한 대상자들은 6명으로 나타났으며, 이들은 6.0%에 해당하는 비율이다.

다음으로 '문화가 우수하다고 생각한다'의 문항에 대한 응답결과는 〈표 4-150〉에 나타나 있으며, 이 역시 전반적으로 정상분포의 양상을 보이고 있음을 확인할 수 있다.

'문화가 우수하다고 생각한다'에 '전혀 아니다'라고 응답한 대상자들은 5명으로 나타났으며, 이들은 5.0%에 해당하는 비율이다. '거의 아니다'라고 응답한 대상자들은 22명으로 나타났으며, 이들은 22.0%에 해당하는 비율이다. '보통이다'라고 응답한 대상자들은 52명으로

〈표 4-149〉 조선족 여성: 문화가 매력적이라고 생각한다

응답	전혀 아니다	거의 아니다	보통이다	거의 그렇다	매우 그렇다
빈도	6(6.0%)	26(26.0%)	42(42.0%)	20(20.0%)	6(6.0%)

나타났으며, 이들은 52.0%에 해당하는 비율이다. '거의 그렇다'라고 응답한 대상자들은 19명으로 나타났으며, 이들은 19.0%에 해당하는 비율이다. '매우 그렇다'라고 응답한 대상자들은 2명으로 나타났으며, 이들은 2.0%에 해당하는 비율이다.

사회적지지 변수의 빈도분석을 실시하기 위해서 본 연구자들은 사회적지지에 해당하는 문항들 중에 '그들은 항상 나의 일에 관심을 갖고 염려해준다'와 '내가 모르거나 이해할 수 없는 일에 관해 잘 알 수 있도록 설명해준다'의 문항을 선정하여 분석에 활용하였다. 우선, '그들은 항상 나의 일에 관심을 갖고 염려해준다'의 문항에 대한 응답결과는 〈표 4-151〉에 나타나 있으며, 전반적으로 정상분포의 양상을 보이고 있음을 확인할 수 있다.

'그들은 항상 나의 일에 관심을 갖고 염려해준다'에 '전혀 아니다'라고 응답한 대상자들은 4명으로 나타났으며, 이들은 4.0%에 해당하는 비율이다. '거의 아니다'라고 응답한 대상자들은 9명으로 나타났으며, 이들은 9.0%에 해당하는 비율이다. '보통이다'라고 응답한 대상자들은 56명으로 나타났으며, 이들은 56.0%에 해당하는 비율이다. '거의 그렇다'라고 응답한 대상자들은 28명으로 나타났으며, 이들은 28.0%에 해당하는 비율이다. '매우 그렇다'라고 응답한 대상자들은 3명

〈표 4-150〉 조선족 여성: 문화가 우수하다고 생각한다

응답	전혀 아니다	거의 아니다	보통이다	거의 그렇다	매우 그렇다
빈도	5(5.0%)	22(22.0%)	52(52.0%)	19(19.0%)	2(2.0%)

〈표 4-151〉 조선족 여성: 그들은 항상 나의 일에 관심을 갖고 염려해준다

응답	전혀 아니다	거의 아니다	보통이다	거의 그렇다	매우 그렇다
빈도	4(4.0%)	9(9.0%)	56(56.0%)	28(28.0%)	3(3.0%)

으로 나타났으며, 이들은 3.0%에 해당하는 비율이다.

다음으로 '내가 모르거나 이해할 수 없는 일에 관해 잘 알 수 있도록 설명해준다'의 문항에 대한 응답결과는 〈표 4-152〉에 나타나 있으며, 이 역시 전반적으로 정상분포의 양상을 보이고 있음을 확인할 수 있다.

'내가 모르거나 이해할 수 없는 일에 관해 잘 알 수 있도록 설명해준다'에 '전혀 아니다'라고 응답한 대상자는 1명으로 나타났으며, 이는 1.0%에 해당하는 비율이다. '거의 아니다'라고 응답한 대상자들은 13명으로 나타났으며, 이들은 13.0%에 해당하는 비율이다. '보통이다'라고 응답한 대상자들은 55명으로 나타났으며, 이들은 55.0%에 해당하는 비율이다. '거의 그렇다'라고 응답한 대상자들은 27명으로 나타났으며, 이들은 27.0%에 해당하는 비율이다. '매우 그렇다'라고 응답한 대상자들은 4명으로 나타났으며, 이들은 4.0%에 해당하는 비율이다.

생활만족 변수의 빈도분석을 실시하기 위해서 본 연구자들은 생활만족에 해당하는 문항들 중에 '나는 현재 가족과의 관계에 만족하고 있다'와 '나는 현재 하고 있는 일에 만족하고 있다'의 문항을 선정하여 분석에 활용하였다. 우선, '나는 현재 가족과의 관계에 만족하고 있다'의 문항에 대한 응답결과는 〈표 4-153〉에 나타나 있으며, 전반적으로 정상분포의 양상을 보이고 있음을 확인할 수 있다.

〈표 4-152〉 조선족 여성: 내가 모르거나 이해할 수 없는 일에 관해 잘 알 수 있도록 설명해준다

응답	전혀 아니다	거의 아니다	보통이다	거의 그렇다	매우 그렇다
빈도	1(1.0%)	13(13.0%)	55(55.0%)	27(27.0%)	4(4.0%)

'나는 현재 가족과의 관계에 만족하고 있다'에 '전혀 아니다'라고 응답한 대상자는 1명으로 나타났으며, 이는 1.0%에 해당하는 비율이다. '거의 아니다'라고 응답한 대상자들은 3명으로 나타났으며, 이들은 3.0%에 해당하는 비율이다. '보통이다'라고 응답한 대상자들은 29명으로 나타났으며, 이들은 29.0%에 해당하는 비율이다. '거의 그렇다'라고 응답한 대상자들은 29명으로 나타났으며, 이들은 29.0%에 해당하는 비율이다. '매우 그렇다'라고 응답한 대상자들은 38명으로 나타났으며, 이들은 38.0%에 해당하는 비율이다.

다음으로 '나는 현재 하고 있는 일에 만족하고 있다'의 문항에 대한 응답결과는 〈표 4-154〉에 나타나 있으며, 이 역시 전반적으로 정상분포의 양상을 보이고 있음을 확인할 수 있다.

'나는 현재 하고 있는 일에 만족하고 있다'에 '전혀 아니다'라고 응답한 대상자들은 3명으로 나타났으며, 이들은 3.0%에 해당하는 비율이다. '거의 아니다'라고 응답한 대상자들은 9명으로 나타났으며, 이들은 9.0%에 해당하는 비율이다. '보통이다'라고 응답한 대상자들은 44명으로 나타났으며, 이들은 44.0%에 해당하는 비율이다. '거의 그렇다'라고 응답한 대상자들은 33명으로 나타났으며, 이들은 33.0%에 해당하는 비율이다. '매우 그렇다'라고 응답한 대상자들은 11명으로

〈표 4-153〉 조선족 여성: 나는 현재 가족과의 관계에 만족하고 있다

응답	전혀 아니다	거의 아니다	보통이다	거의 그렇다	매우 그렇다
빈도	1(1.0%)	3(3.0%)	29(29.0%)	29(29.0%)	38(38.0%)

〈표 4-154〉 조선족 여성: 나는 현재 하고 있는 일에 만족하고 있다

응답	전혀 아니다	거의 아니다	보통이다	거의 그렇다	매우 그렇다
빈도	3(3.0%)	9(9.0%)	44(44.0%)	33(33.0%)	11(11.0%)

나타났으며, 이들은 11.0%에 해당하는 비율이다.

5) 동남아 여성에 대한 한국인의 인식

현재 행복 변수의 빈도분석을 실시하기 위해서 본 연구자들은 현재 행복에 해당하는 문항들 중에 '내 자녀가 건강하게 자란다'와 '나는 가족 혹은 친적들과 원만한 관계를 유지한다'의 문항을 선정하여 분석에 활용하였다. 우선, '내 자녀가 건강하게 자란다'의 문항에 대한 응답결과는 〈표 4-155〉에 나타나 있으며, 전반적으로 정상분포의 양상을 보이고 있음을 확인할 수 있다.

'내 자녀가 건강하게 자란다'에 '전혀 아니다'라고 응답한 대상자들은 2명으로 나타났으며, 이들은 2.0%에 해당하는 비율이다. '거의 아니다'라고 응답한 대상자들은 2명으로 나타났으며, 이들은 2.0%에 해당하는 비율이다. '보통이다'라고 응답한 대상자들은 10명으로 나타났으며, 이들은 10.0%에 해당하는 비율이다. '거의 그렇다'라고 응답한 대상자들은 34명으로 나타났으며, 이들은 34.0%에 해당하는 비율이다. '매우 그렇다'라고 응답한 대상자들은 23명으로 나타났으며, 이들은 23.0%에 해당하는 비율이다.

다음으로 '나는 가족 혹은 친적들과 원만한 관계를 유지한다'의 문항에 대한 응답결과는 〈표 4-156〉에 나타나 있으며, 이 역시 전반적으로 정상분포의 양상을 보이고 있음을 확인할 수 있다.

〈표 4-155〉 동남아 여성: 내 자녀가 건강하게 자란다

응답	전혀 아니다	거의 아니다	보통이다	거의 그렇다	매우 그렇다
빈도	2(2.0%)	2(2.0%)	10(10.0%)	34(34.0%)	23(23.0%)

'나는 가족 혹은 친적들과 원만한 관계를 유지한다'에 '전혀 아니다'라고 응답한 대상자들은 0명으로 나타났다. '거의 아니다'라고 응답한 대상자들은 3명으로 나타났으며, 이들은 3.0%에 해당하는 비율이다. '보통이다'라고 응답한 대상자들은 32명으로 나타났으며, 이들은 32.0%에 해당하는 비율이다. '거의 그렇다'라고 응답한 대상자들은 48명으로 나타났으며, 이들은 48.0%에 해당하는 비율이다. '매우 그렇다'라고 응답한 대상자들은 17명으로 나타났으며, 이들은 17.0%에 해당하는 비율이다.

현재 삶의 의미 변수의 빈도분석을 실시하기 위해서 본 연구자들은 현재 삶의 의미에 해당하는 문항들 중에 '나는 인생에 궁극적인 목적과 의미가 있음을 믿고 있다'와 '나는 내 자신의 삶의 목표를 성취하기 위해 노력하고 있다'의 문항을 선정하여 분석에 활용하였다. 우선, '나는 인생에 궁극적인 목적과 의미가 있음을 믿고 있다'의 문항에 대한 응답결과는 〈표 4-157〉에 나타나 있으며, 전반적으로 정상분포의 양상을 보이고 있음을 확인할 수 있다.

'나는 인생에 궁극적인 목적과 의미가 있음을 믿고 있다'에 '전혀 아니다'라고 응답한 대상자들은 0명으로 나타났다. '거의 아니다'라고 응답한 대상자들은 6명으로 나타났으며, 이들은 6.0%에 해당하는 비율이다. '보통이다'라고 응답한 대상자들은 25명으로 나타났으며, 이들은 25.0%에 해당하는 비율이다. '거의 그렇다'라고 응답한 대상자들은 42명으로 나타났으며, 이들은 42.0%에 해당하는 비율이다. '매

〈표 4-156〉 동남아 여성: 나는 가족 혹은 친적들과 원만한 관계를 유지한다

응답	전혀 아니다	거의 아니다	보통이다	거의 그렇다	매우 그렇다
빈도	0(0.0%)	3(3.0%)	32(32.0%)	48(48.0%)	17(17.0%)

우 그렇다'라고 응답한 대상자들은 25명으로 나타났으며, 이들은 25.0%에 해당하는 비율이다.

다음으로 '나는 내 자신의 삶의 목표를 성취하기 위해 노력하고 있다'의 문항에 대한 응답결과는 〈표 4-158〉에 나타나 있으며, 이 역시 전반적으로 정상분포의 양상을 보이고 있음을 확인할 수 있다.

'나는 내 자신의 삶의 목표를 성취하기 위해 노력하고 있다'에 '전혀 아니다'라고 응답한 대상자는 1명으로 나타났으며, 이는 1.0%에 해당하는 비율이다. '거의 아니다'라고 응답한 대상자들은 5명으로 나타났으며, 이들은 5.0%에 해당하는 비율이다. '보통이다'라고 응답한 대상자들은 28명으로 나타났으며, 이들은 28.0%에 해당하는 비율이다. '거의 그렇다'라고 응답한 대상자들은 45명으로 나타났으며, 이들은 45.0%에 해당하는 비율이다. '매우 그렇다'라고 응답한 대상자들은 19명으로 나타났으며, 이들은 19.0%에 해당하는 비율이다.

현재 자기수용 변수의 빈도분석을 실시하기 위해서 본 연구자들은 현재 자기수용에 해당하는 문항들 중에 '나는 부정적인 피드백을 받으면, 이를 내 행동 혹은 수행을 향상시킬 수 있는 기회로 삼는다'와 '나는 자신이 하는 일에서 성공한 사람들은 특별히 가치 있는 사람이라고 생각한다'의 문항을 선정하여 분석에 활용하였다. 우선, '나는

〈표 4-157〉 동남아 여성: 나는 인생에 궁극적인 목적과 의미가 있음을 믿고 있다

응답	전혀 아니다	거의 아니다	보통이다	거의 그렇다	매우 그렇다
빈도	0(0.0%)	6(6.0%)	25(25.0%)	42(42.0%)	25(25.0%)

〈표 4-158〉 동남아 여성: 나는 내 자신의 삶의 목표를 성취하기 위해 노력하고 있다

응답	전혀 아니다	거의 아니다	보통이다	거의 그렇다	매우 그렇다
빈도	1(1.0%)	5(5.0%)	28(28.0%)	45(45.0%)	19(19.0%)

부정적인 피드백을 받으면, 이를 내 행동 혹은 수행을 향상시킬 수 있는 기회로 삼는다'의 문항에 대한 응답결과는 〈표 4-159〉에 나타나 있으며, 전반적으로 정상분포의 양상을 보이고 있음을 확인할 수 있다.

'나는 부정적인 피드백을 받으면, 이를 내 행동 혹은 수행을 향상시킬 수 있는 기회로 삼는다'에 '전혀 아니다'라고 응답한 대상자들은 3명으로 나타났으며, 이들은 3.0%에 해당하는 비율이다. '거의 아니다'라고 응답한 대상자들은 9명으로 나타났으며, 이들은 9.0%에 해당하는 비율이다. '보통이다'라고 응답한 대상자들은 25명으로 나타났으며, 이들은 25.0%에 해당하는 비율이다. '거의 그렇다'라고 응답한 대상자들은 48명으로 나타났으며, 이들은 48.0%에 해당하는 비율이다. '매우 그렇다'라고 응답한 대상자들은 14명으로 나타났으며, 이들은 14.0%에 해당하는 비율이다.

다음으로 '나는 자신이 하는 일에서 성공한 사람들은 특별히 가치 있는 사람이라고 생각한다'의 문항에 대한 응답결과는 〈표 4-160〉에 나타나 있으며, 이 역시 전반적으로 정상분포의 양상을 보이고 있음을 확인할 수 있다.

'나는 자신이 하는 일에서 성공한 사람들은 특별히 가치 있는 사람이라고 생각한다'에 '전혀 아니다'라고 응답한 대상자들은 5명으로 나타났으며, 이들은 5.0%에 해당하는 비율이다. '거의 아니다'라고 응

〈표 4-159〉 동남아 여성: 나는 부정적인 피드백을 받으면, 이를 내 행동 혹은 수행을 향상시킬 수 있는 기회로 삼는다

응답	전혀 아니다	거의 아니다	보통이다	거의 그렇다	매우 그렇다
빈도	3(3.0%)	9(9.0%)	25(25.0%)	48(48.0%)	14(14.0%)

답한 대상자들은 5명으로 나타났으며, 이들은 5.0%에 해당하는 비율이다. '보통이다'라고 응답한 대상자들은 30명으로 나타났으며, 이들은 30.0%에 해당하는 비율이다. '거의 그렇다'라고 응답한 대상자들은 41명으로 나타났으며, 이들은 41.0%에 해당하는 비율이다. '매우 그렇다'라고 응답한 대상자들은 19명으로 나타났으며, 이들은 19.0%에 해당하는 비율이다.

공동체의식 변수의 빈도분석을 실시하기 위해서 본 연구자들은 공동체의식에 해당하는 문항들 중에 '나는 곤란한 상황에 처한 사람들을 돕는 데에 적극적이다'와 '나는 이재민이 도움을 요청한다면, 나의 생활이 불편하더라도 당분간 그들과 함께 살겠다'의 문항을 선정하여 분석에 활용하였다. 우선, '나는 곤란한 상황에 처한 사람들을 돕는 데에 적극적이다'의 문항에 대한 응답결과는 〈표 4-161〉에 나타나 있으며, 전반적으로 정상분포의 양상을 보이고 있음을 확인할 수 있다.

'나는 곤란한 상황에 처한 사람들을 돕는 데에 적극적이다'에 '전혀 아니다'라고 응답한 대상자들은 0명으로 나타났다. '거의 아니다'라고 응답한 대상자들은 14명으로 나타났으며, 이들은 14.0%에 해당하는 비율이다. '보통이다'라고 응답한 대상자들은 43명으로 나타났으며,

〈표 4-160〉 동남아 여성: 나는 자신이 하는 일에서 성공한 사람들은 특별히 가치 있는 사람이라고 생각한다

응답	전혀 아니다	거의 아니다	보통이다	거의 그렇다	매우 그렇다
빈도	5(5.0%)	5(5.0%)	30(30.0%)	41(41.0%)	19(19.0%)

〈표 4-161〉 동남아 여성: 나는 곤란한 상황에 처한 사람들을 돕는 데에 적극적이다

응답	전혀 아니다	거의 아니다	보통이다	거의 그렇다	매우 그렇다
빈도	0(0.0%)	14(14.0%)	43(43.0%)	32(32.0%)	11(11.0%)

이들은 43.0%에 해당하는 비율이다. '거의 그렇다'라고 응답한 대상자들은 32명으로 나타났으며, 이들은 32.0%에 해당하는 비율이다. '매우 그렇다'라고 응답한 대상자들은 11명으로 나타났으며, 이들은 11.0%에 해당하는 비율이다.

다음으로 '나는 이재민이 도움을 요청한다면, 나의 생활이 불편하더라도 당분간 그들과 함께 살겠다'의 문항에 대한 응답결과는 〈표 4-162〉에 나타나 있으며, 이 역시 전반적으로 정상분포의 양상을 보이고 있음을 확인할 수 있다.

'나는 이재민이 도움을 요청한다면, 나의 생활이 불편하더라도 당분간 그들과 함께 살겠다'에 '전혀 아니다'라고 응답한 대상자들은 5명으로 나타났으며, 이들은 5.0%에 해당하는 비율이다. '거의 아니다'라고 응답한 대상자들은 22명으로 나타났으며, 이들은 22.0%에 해당하는 비율이다. '보통이다'라고 응답한 대상자들은 37명으로 나타났으며, 이들은 37.0%에 해당하는 비율이다. '거의 그렇다'라고 응답한 대상자들은 29명으로 나타났으며, 이들은 29.0%에 해당하는 비율이다. '매우 그렇다'라고 응답한 대상자들은 7명으로 나타났으며, 이들은 7.0%에 해당하는 비율이다.

사회적 거리감 변수의 빈도분석을 실시하기 위해서 본 연구자들은 사회적 거리감에 해당하는 문항들 중에 '나는 우리 집을 다른 외국인에게 세주지 않겠다'와 '나는 우리 지역에 이사 온 다른 외국인을 이

〈표 4-162〉 동남아 여성: 나는 이재민이 도움을 요청한다면, 나의 생활이 불편하더라도 당분간 그들과 함께 살겠다

응답	전혀 아니다	거의 아니다	보통이다	거의 그렇다	매우 그렇다
빈도	5(5.0%)	22(22.0%)	37(37.0%)	29(29.0%)	7(7.0%)

웃으로 받아들일 수 있다'의 문항을 선정하여 분석에 활용하였다. 우선, '나는 우리 집을 다른 외국인에게 세주지 않겠다'의 문항에 대한 응답결과는 〈표 4-163〉에 나타나 있으며, 전반적으로 정상분포의 양상을 보이고 있음을 확인할 수 있다.

'나는 우리 집을 다른 외국인에게 세주지 않겠다'에 '전혀 아니다'라고 응답한 대상자들은 35명으로 나타났으며, 이들은 35.0%에 해당하는 비율이다. '거의 아니다'라고 응답한 대상자들은 25명으로 나타났으며, 이들은 25.0%에 해당하는 비율이다. '보통이다'라고 응답한 대상자들은 27명으로 나타났으며, 이들은 27.0%에 해당하는 비율이다. '거의 그렇다'라고 응답한 대상자들은 11명으로 나타났으며, 이들은 11.0%에 해당하는 비율이다. '매우 그렇다'라고 응답한 대상자들은 2명으로 나타났으며, 이들은 2.0%에 해당하는 비율이다.

다음으로 '나는 우리 지역에 이사 온 다른 외국인을 이웃으로 받아들일 수 있다'의 문항에 대한 응답결과는 〈표 4-164〉에 나타나 있으며, 이 역시 전반적으로 정상분포의 양상을 보이고 있음을 확인할 수 있다.

'나는 우리 지역에 이사 온 다른 외국인을 이웃으로 받아들일 수 있다'에 '전혀 아니다'라고 응답한 대상자들은 2명으로 나타났으며, 이들은 2.0%에 해당하는 비율이다. '거의 아니다'라고 응답한 대상자들은 3명으로 나타났으며, 이들은 3.0%에 해당하는 비율이다. '보통이다'라고 응답한 대상자들은 26명으로 나타났으며, 이들은 26.0%에

〈표 4-163〉 동남아 여성: 나는 우리 집을 다른 외국인에게 세주지 않겠다

응답	전혀 아니다	거의 아니다	보통이다	거의 그렇다	매우 그렇다
빈도	35(35.0%)	25(25.0%)	27(27.0%)	11(11.0%)	2(2.0%)

해당하는 비율이다. '거의 그렇다'라고 응답한 대상자들은 39명으로 나타났으며, 이들은 39.0%에 해당하는 비율이다. '매우 그렇다'라고 응답한 대상자들은 30명으로 나타났으며, 이들은 30.0%에 해당하는 비율이다.

시민의식 변수의 빈도분석을 실시하기 위해서 본 연구자들은 시민의식에 해당하는 문항들 중에 '나는 내가 속한 집단의 결정을 존중하는 것이 중요하다'와 '나는 내가 속한 집단의 이익을 위해서라면 개인의 이익을 기꺼이 희생한다'의 문항을 선정하여 분석에 활용하였다. 우선, '나는 내가 속한 집단의 결정을 존중하는 것이 중요하다'의 문항에 대한 응답결과는 〈표 4-165〉에 나타나 있으며, 전반적으로 정상분포의 양상을 보이고 있음을 확인할 수 있다.

'나는 내가 속한 집단의 결정을 존중하는 것이 중요하다'에 '전혀 아니다'라고 응답한 대상자들은 0명으로 나타났다. '거의 아니다'라고 응답한 대상자들은 3명으로 나타났으며, 이들은 3.0%에 해당하는 비율이다. '보통이다'라고 응답한 대상자들은 28명으로 나타났으며, 이들은 28.0%에 해당하는 비율이다. '거의 그렇다'라고 응답한 대상자들은 52명으로 나타났으며, 이들은 52.0%에 해당하는 비율이다. '매

〈표 4-164〉 동남아 여성: 나는 우리 지역에 이사 온 다른 외국인을 이웃으로 받아들일 수 있다

응답	전혀 아니다	거의 아니다	보통이다	거의 그렇다	매우 그렇다
빈도	2(2.0%)	3(3.0%)	26(26.0%)	39(39.0%)	30(30.0%)

〈표 4-165〉 동남아 여성: 나는 내가 속한 집단의 결정을 존중하는 것이 중요하다

응답	전혀 아니다	거의 아니다	보통이다	거의 그렇다	매우 그렇다
빈도	0(0.0%)	3(3.0%)	28(28.0%)	52(52.0%)	17(17.0%)

우 그렇다'라고 응답한 대상자들은 17명으로 나타났으며, 이들은 17.0%에 해당하는 비율이다.

다음으로 '나는 내가 속한 집단의 이익을 위해서라면 개인의 이익을 기꺼이 희생한다'의 문항에 대한 응답결과는 〈표 4-166〉에 나타나 있으며, 이 역시 전반적으로 정상분포의 양상을 보이고 있음을 확인할 수 있다.

'나는 내가 속한 집단의 이익을 위해서라면 개인의 이익을 기꺼이 희생한다'에 '전혀 아니다'라고 응답한 대상자들은 4명으로 나타났으며, 이들은 4.0%에 해당하는 비율이다. '거의 아니다'라고 응답한 대상자들은 18명으로 나타났으며, 이들은 18.0%에 해당하는 비율이다. '보통이다'라고 응답한 대상자들은 44명으로 나타났으며, 이들은 44.0%에 해당하는 비율이다. '거의 그렇다'라고 응답한 대상자들은 25명으로 나타났으며, 이들은 25.0%에 해당하는 비율이다. '매우 그렇다'라고 응답한 대상자들은 9명으로 나타났으며, 이들은 9.0%에 해당하는 비율이다.

민주시민의식 변수의 빈도분석을 실시하기 위해서 본 연구자들은 민주시민의식에 해당하는 문항들 중에 '개인의 자유는 어떤 일이 있어도 보장되어야 한다'와 '사회나 정치생활에서 국민이나 집단은 모든 문제를 법치주의에 입각해서 해결해야 한다'의 문항을 선정하여 분석에 활용하였다. 우선, '개인의 자유는 어떤 일이 있어도 보장되어

〈표 4-166〉 동남아 여성: 나는 내가 속한 집단의 이익을 위해서라면 개인의 이익을 기꺼이 희생한다

응답	전혀 아니다	거의 아니다	보통이다	거의 그렇다	매우 그렇다
빈도	4(4.0%)	18(18.0%)	44(44.0%)	25(25.0%)	9(9.0%)

야 한다'의 문항에 대한 응답결과는 〈표 4-167〉에 나타나 있으며, 전반적으로 정상분포의 양상을 보이고 있음을 확인할 수 있다.

'개인의 자유는 어떤 일이 있어도 보장되어야 한다'에 '전혀 아니다'라고 응답한 대상자들은 0명으로 나타났다. '거의 아니다'라고 응답한 대상자들은 5명으로 나타났으며, 이들은 5.0%에 해당하는 비율이다. '보통이다'라고 응답한 대상자들은 26명으로 나타났으며, 이들은 26.0%에 해당하는 비율이다. '거의 그렇다'라고 응답한 대상자들은 36명으로 나타났으며, 이들은 36.0%에 해당하는 비율이다. '매우 그렇다'라고 응답한 대상자들은 33명으로 나타났으며, 이들은 33.0%에 해당하는 비율이다.

다음으로 '사회나 정치생활에서 국민이나 집단은 모든 문제를 법치주의에 입각해서 해결해야 한다'의 문항에 대한 응답결과는 〈표 4-168〉에 나타나 있으며, 이 역시 전반적으로 정상분포의 양상을 보이고 있음을 확인할 수 있다.

'사회나 정치생활에서 국민이나 집단은 모든 문제를 법치주의에 입각해서 해결해야 한다'에 '전혀 아니다'라고 응답한 대상자들은 0명으로 나타났다. '거의 아니다'라고 응답한 대상자들은 10명으로 나타났으며, 이들은 10.0%에 해당하는 비율이다. '보통이다'라고 응답한 대상자들은 43명으로 나타났으며, 이들은 43.0%에 해당하는 비율이다. '거의 그렇다'라고 응답한 대상자들은 35명으로 나타났으며, 이들은 35.0%에 해당하는 비율이다. '매우 그렇다'라고 응답한 대상자들은

〈표 4-167〉 동남아 여성: 개인의 자유는 어떤 일이 있어도 보장되어야 한다

응답	전혀 아니다	거의 아니다	보통이다	거의 그렇다	매우 그렇다
빈도	0(0.0%)	5(5.0%)	26(26.0%)	36(36.0%)	33(33.0%)

12명으로 나타났으며, 이들은 12.0%에 해당하는 비율이다.

타인수용의식 변수의 빈도분석을 실시하기 위해서 본 연구자들은 타인수용의식에 해당하는 문항들 중에 '대부분의 사람들은 자기만이 옳다는 생각으로 자신의 나쁜 점을 인정하지 않으려고 한다'와 '당신이 남에게 호의를 베풀기 시작하면 그들은 당신을 무시하게 될 것이다'의 문항을 선정하여 분석에 활용하였다. 우선, '대부분의 사람들은 자기만이 옳다는 생각으로 자신의 나쁜 점을 인정하지 않으려고 한다'의 문항에 대한 응답결과는 〈표 4-169〉에 나타나 있으며, 전반적으로 정상분포의 양상을 보이고 있음을 확인할 수 있다.

'대부분의 사람들은 자기만이 옳다는 생각으로 자신의 나쁜 점을 인정하지 않으려고 한다'에 '전혀 아니다'라고 응답한 대상자는 1명으로 나타났으며, 이는 1.0%에 해당하는 비율이다. '거의 아니다'라고 응답한 대상자는 1명으로 나타났으며, 이는 1.0%에 해당하는 비율이다. '보통이다'라고 응답한 대상자들은 36명으로 나타났으며, 이들은 36.0%에 해당하는 비율이다. '거의 그렇다'라고 응답한 대상자들은 46명으로 나타났으며, 이들은 46.0%에 해당하는 비율이다. '매우 그

〈표 4-168〉 동남아 여성: 사회나 정치생활에서 국민이나 집단은 모든 문제를 법치주의에 입각해서 해결해야 한다

응답	전혀 아니다	거의 아니다	보통이다	거의 그렇다	매우 그렇다
빈도	0(0.0%)	10(10.0%)	43(43.0%)	35(35.0%)	12(12.0%)

〈표 4-169〉 동남아 여성: 대부분의 사람들은 자기만이 옳다는 생각으로 자신의 나쁜 점을 인정하지 않으려고 한다

응답	전혀 아니다	거의 아니다	보통이다	거의 그렇다	매우 그렇다
빈도	1(1.0%)	1(1.0%)	36(36.0%)	46(46.0%)	16(16.0%)

렇다'라고 응답한 대상자들은 16명으로 나타났으며, 이들은 16.0%에 해당하는 비율이다.

다음으로 '당신이 남에게 호의를 베풀기 시작하면 그들은 당신을 무시하게 될 것이다'의 문항에 대한 응답결과는 〈표 4-170〉에 나타나 있으며, 이 역시 전반적으로 정상분포의 양상을 보이고 있음을 확인할 수 있다.

'당신이 남에게 호의를 베풀기 시작하면 그들은 당신을 무시하게 될 것이다'에 '전혀 아니다'라고 응답한 대상자들은 24명으로 나타났으며, 이들은 24.0%에 해당하는 비율이다. '거의 아니다'라고 응답한 대상자들은 36명으로 나타났으며, 이들은 36.0%에 해당하는 비율이다. '보통이다'라고 응답한 대상자들은 27명으로 나타났으며, 이들은 27.0%에 해당하는 비율이다. '거의 그렇다'라고 응답한 대상자들은 10명으로 나타났으며, 이들은 10.0%에 해당하는 비율이다. '매우 그렇다'라고 응답한 대상자들은 3명으로 나타났으며, 이들은 3.0%에 해당하는 비율이다.

타인종 인식 변수의 빈도분석을 실시하기 위해서 본 연구자들은 타인종 인식에 해당하는 문항들 중에 '사람들이 친절하다고 생각한다'와 '능력이 우수하다고 생각한다'의 문항을 선정하여 분석에 활용하였다. 우선, '사람들이 친절하다고 생각한다'의 문항에 대한 응답결과는 〈표 4-171〉에 나타나 있으며, 전반적으로 정상분포의 양상을 보

〈표 4-170〉 동남아 여성: 당신이 남에게 호의를 베풀기 시작하면 그들은 당신을 무시하게 될 것이다

응답	전혀 아니다	거의 아니다	보통이다	거의 그렇다	매우 그렇다
빈도	24(24.0%)	36(36.0%)	27(27.0%)	10(10.0%)	3(3.0%)

이고 있음을 확인할 수 있다.

'사람들이 친절하다고 생각한다'에 '전혀 아니다'라고 응답한 대상자는 1명으로 나타났으며, 이는 1.0%에 해당하는 비율이다. '거의 아니다'라고 응답한 대상자들은 9명으로 나타났으며, 이들은 9.0%에 해당하는 비율이다. '보통이다'라고 응답한 대상자들은 66명으로 나타났으며, 이들은 66.0%에 해당하는 비율이다. '거의 그렇다'라고 응답한 대상자들은 22명으로 나타났으며, 이들은 22.0%에 해당하는 비율이다. '매우 그렇다'라고 응답한 대상자들은 2명으로 나타났으며, 이들은 2.0%에 해당하는 비율이다.

다음으로 '능력이 우수하다고 생각한다'의 문항에 대한 응답결과는 〈표 4-172〉에 나타나 있으며, 이 역시 전반적으로 정상분포의 양상을 보이고 있음을 확인할 수 있다.

'능력이 우수하다고 생각한다'에 '전혀 아니다'라고 응답한 대상자들은 2명으로 나타났으며, 이들은 2.0%에 해당하는 비율이다. '거의 아니다'라고 응답한 대상자들은 18명으로 나타났으며, 이들은 18.0%에 해당하는 비율이다. '보통이다'라고 응답한 대상자들은 68명으로 나타났으며, 이들은 68.0%에 해당하는 비율이다. '거의 그렇다'라고 응답한 대상자들은 10명으로 나타났으며, 이들은 10.0%에 해당하는

〈표 4-171〉 동남아 여성: 사람들이 친절하다고 생각한다

응답	전혀 아니다	거의 아니다	보통이다	거의 그렇다	매우 그렇다
빈도	1(1.0%)	9(9.0%)	66(66.0%)	22(22.0%)	2(2.0%)

〈표 4-172〉 동남아 여성: 능력이 우수하다고 생각한다

응답	전혀 아니다	거의 아니다	보통이다	거의 그렇다	매우 그렇다
빈도	2(2.0%)	18(18.0%)	68(68.0%)	10(10.0%)	2(2.0%)

비율이다. '매우 그렇다'라고 응답한 대상자들은 2명으로 나타났으며, 이들은 2.0%에 해당하는 비율이다.

타문화 인식 변수의 빈도분석을 실시하기 위해서 본 연구자들은 타문화 인식에 해당하는 문항들 중에 '문화가 매력적이라고 생각한다'와 '문화가 우수하다고 생각한다'의 문항을 선정하여 분석에 활용하였다. 우선, '문화가 매력적이라고 생각한다'의 문항에 대한 응답결과는 〈표 4-173〉에 나타나 있으며, 전반적으로 정상분포의 양상을 보이고 있음을 확인할 수 있다.

'문화가 매력적이라고 생각한다'에 '전혀 아니다'라고 응답한 대상자들은 3명으로 나타났으며, 이들은 3.0%에 해당하는 비율이다. '거의 아니다'라고 응답한 대상자들은 13명으로 나타났으며, 이들은 13.0%에 해당하는 비율이다. '보통이다'라고 응답한 대상자들은 53명으로 나타났으며, 이들은 53.0%에 해당하는 비율이다. '거의 그렇다'라고 응답한 대상자들은 26명으로 나타났으며, 이들은 26.0%에 해당하는 비율이다. '매우 그렇다'라고 응답한 대상자들은 5명으로 나타났으며, 이들은 5.0%에 해당하는 비율이다.

다음으로 '문화가 우수하다고 생각한다'의 문항에 대한 응답결과는 〈표 4-174〉에 나타나 있으며, 이 역시 전반적으로 정상분포의 양상을 보이고 있음을 확인할 수 있다.

'문화가 우수하다고 생각한다'에 '전혀 아니다'라고 응답한 대상자들은 3명으로 나타났으며, 이들은 3.0%에 해당하는 비율이다. '거의

〈표 4-173〉 동남아 여성: 문화가 매력적이라고 생각한다

응답	전혀 아니다	거의 아니다	보통이다	거의 그렇다	매우 그렇다
빈도	3(3.0%)	13(13.0%)	53(53.0%)	26(26.0%)	5(5.0%)

아니다'라고 응답한 대상자들은 17명으로 나타났으며, 이들은 17.0%에 해당하는 비율이다. '보통이다'라고 응답한 대상자들은 63명으로 나타났으며, 이들은 63.0%에 해당하는 비율이다. '거의 그렇다'라고 응답한 대상자들은 15명으로 나타났으며, 이들은 15.0%에 해당하는 비율이다. '매우 그렇다'라고 응답한 대상자들은 2명으로 나타났으며, 이들은 2.0%에 해당하는 비율이다.

사회적지지 변수의 빈도분석을 실시하기 위해서 본 연구자들은 사회적지지에 해당하는 문항들 중에 '그들은 항상 나의 일에 관심을 갖고 염려해준다'와 '내가 모르거나 이해할 수 없는 일에 관해 잘 알 수 있도록 설명해준다'의 문항을 선정하여 분석에 활용하였다. 우선, '그들은 항상 나의 일에 관심을 갖고 염려해준다'의 문항에 대한 응답결과는 〈표 4-175〉에 나타나 있으며, 전반적으로 정상분포의 양상을 보이고 있음을 확인할 수 있다.

'그들은 항상 나의 일에 관심을 갖고 염려해준다'에 '전혀 아니다'라고 응답한 대상자들은 3명으로 나타났으며, 이들은 3.0%에 해당하는 비율이다. '거의 아니다'라고 응답한 대상자들은 9명으로 나타났으며, 이들은 9.0%에 해당하는 비율이다. '보통이다'라고 응답한 대상자들은 46명으로 나타났으며, 이들은 46.0%에 해당하는 비율이다. '거의 그

〈표 4-174〉 동남아 여성: 문화가 우수하다고 생각한다

응답	전혀 아니다	거의 아니다	보통이다	거의 그렇다	매우 그렇다
빈도	3(3.0%)	17(17.0%)	63(63.0%)	15(15.0%)	2(2.0%)

〈표 4-175〉 동남아 여성: 그들은 항상 나의 일에 관심을 갖고 염려해준다

응답	전혀 아니다	거의 아니다	보통이다	거의 그렇다	매우 그렇다
빈도	3(3.0%)	9(9.0%)	46(46.0%)	37(37.0%)	5(5.0%)

렇다'라고 응답한 대상자들은 37명으로 나타났으며, 이들은 37.0%에 해당하는 비율이다. '매우 그렇다'라고 응답한 대상자들은 5명으로 나타났으며, 이들은 5.0%에 해당하는 비율이다.

다음으로 '내가 모르거나 이해할 수 없는 일에 관해 잘 알 수 있도록 설명해준다'의 문항에 대한 응답결과는 〈표 4-176〉에 나타나 있으며, 이 역시 전반적으로 정상분포의 양상을 보이고 있음을 확인할 수 있다.

'내가 모르거나 이해할 수 없는 일에 관해 잘 알 수 있도록 설명해준다'에 '전혀 아니다'라고 응답한 대상자들은 3명으로 나타났으며, 이들은 3.0%에 해당하는 비율이다. '거의 아니다'라고 응답한 대상자들은 9명으로 나타났으며, 이들은 9.0%에 해당하는 비율이다. '보통이다'라고 응답한 대상자들은 43명으로 나타났으며, 이들은 43.0%에 해당하는 비율이다. '거의 그렇다'라고 응답한 대상자들은 39명으로 나타났으며, 이들은 39.0%에 해당하는 비율이다. '매우 그렇다'라고 응답한 대상자들은 6명으로 나타났으며, 이들은 6.0%에 해당하는 비율이다.

생활만족 변수의 빈도분석을 실시하기 위해서 본 연구자들은 생활만족에 해당하는 문항들 중에 '나는 현재 가족과의 관계에 만족하고 있다'와 '나는 현재 하고 있는 일에 만족하고 있다'의 문항을 선정하여 분석에 활용하였다. 우선, '나는 현재 가족과의 관계에 만족하고

〈표 4-176〉 **동남아 여성: 내가 모르거나 이해할 수 없는 일에 관해 잘 알 수 있도록 설명해준다**

응답	전혀 아니다	거의 아니다	보통이다	거의 그렇다	매우 그렇다
빈도	3(3.0%)	9(9.0%)	43(43.0%)	39(39.0%)	6(6.0%)

있다'의 문항에 대한 응답결과는 〈표 4-177〉에 나타나 있으며, 전반적으로 정상분포의 양상을 보이고 있음을 확인할 수 있다.

'나는 현재 가족과의 관계에 만족하고 있다'에 '전혀 아니다'라고 응답한 대상자들은 3명으로 나타났으며, 이들은 3.0%에 해당하는 비율이다. '거의 아니다'라고 응답한 대상자들은 11명으로 나타났으며, 이들은 11.0%에 해당하는 비율이다. '보통이다'라고 응답한 대상자들은 19명으로 나타났으며, 이들은 19.0%에 해당하는 비율이다. '거의 그렇다'라고 응답한 대상자들은 34명으로 나타났으며, 이들은 34.0%에 해당하는 비율이다. '매우 그렇다'라고 응답한 대상자들은 33명으로 나타났으며, 이들은 33.0%에 해당하는 비율이다.

다음으로 '나는 현재 하고 있는 일에 만족하고 있다'의 문항에 대한 응답결과는 〈표 4-178〉에 나타나 있으며, 이 역시 전반적으로 정상분포의 양상을 보이고 있음을 확인할 수 있다.

'나는 현재 하고 있는 일에 만족하고 있다'에 '전혀 아니다'라고 응답한 대상자들은 4명으로 나타났으며, 이들은 4.0%에 해당하는 비율이다. '거의 아니다'라고 응답한 대상자들은 14명으로 나타났으며, 이들은 14.0%에 해당하는 비율이다. '보통이다'라고 응답한 대상자들은 38명으로 나타났으며, 이들은 38.0%에 해당하는 비율이다. '거의 그

〈표 4-177〉 동남아 여성: 나는 현재 가족과의 관계에 만족하고 있다

응답	전혀 아니다	거의 아니다	보통이다	거의 그렇다	매우 그렇다
빈도	3(3.0%)	11(11.0%)	19(19.0%)	34(34.0%)	33(33.0%)

〈표 4-178〉 동남아 여성: 나는 현재 하고 있는 일에 만족하고 있다

응답	전혀 아니다	거의 아니다	보통이다	거의 그렇다	매우 그렇다
빈도	4(4.0%)	14(14.0%)	38(38.0%)	32(32.0%)	12(12.0%)

렇다'라고 응답한 대상자들은 32명으로 나타났으며, 이들은 32.0%에 해당하는 비율이다. '매우 그렇다'라고 응답한 대상자들은 12명으로 나타났으며, 이들은 12.0%에 해당하는 비율이다.

6) 새터민에 대한 한국인의 인식

현재 행복 변수의 빈도분석을 실시하기 위해서 본 연구자들은 현재 행복에 해당하는 문항들 중에 '내 자녀가 건강하게 자란다'와 '나는 가족 혹은 친척들과 원만한 관계를 유지한다'의 문항을 선정하여 분석에 활용하였다. 우선, '내 자녀가 건강하게 자란다'의 문항에 대한 응답결과는 〈표 4-179〉에 나타나 있으며, 전반적으로 정상분포의 양상을 보이고 있음을 확인할 수 있다.

'내 자녀가 건강하게 자란다'에 '전혀 아니다'라고 응답한 대상자들은 2명으로 나타났으며, 이들은 2.6%에 해당하는 비율이다. '거의 아니다'라고 응답한 대상자는 1명으로 나타났으며, 이는 1.3%에 해당하는 비율이다. '보통이다'라고 응답한 대상자들은 11명으로 나타났으며, 이들은 14.1%에 해당하는 비율이다. '거의 그렇다'라고 응답한 대상자들은 21명으로 나타났으며, 이들은 26.9%에 해당하는 비율이다. '매우 그렇다'라고 응답한 대상자들은 34명으로 나타났으며, 이들은 43.6%에 해당하는 비율이다.

다음으로 '나는 가족 혹은 친척들과 원만한 관계를 유지한다'의 문

〈표 4-179〉 새터민: 내 자녀가 건강하게 자란다

응답	전혀 아니다	거의 아니다	보통이다	거의 그렇다	매우 그렇다
빈도	2(2.6%)	1(1.3%)	11(14.1%)	21(26.9%)	34(43.6%)

항에 대한 응답결과는 〈표 4-180〉에 나타나 있으며, 이 역시 전반적으로 정상분포의 양상을 보이고 있음을 확인할 수 있다.

'나는 가족 혹은 친척들과 원만한 관계를 유지한다'에 '전혀 아니다'라고 응답한 대상자는 1명으로 나타났으며, 이는 1.3%에 해당하는 비율이다. '거의 아니다'라고 응답한 대상자들은 2명으로 나타났으며, 이들은 2.6%에 해당하는 비율이다. '보통이다'라고 응답한 대상자들은 23명으로 나타났으며, 이들은 29.5%에 해당하는 비율이다. '거의 그렇다'라고 응답한 대상자들은 28명으로 나타났으며, 이들은 35.9%에 해당하는 비율이다. '매우 그렇다'라고 응답한 대상자들은 24명으로 나타났으며, 이들은 30.8%에 해당하는 비율이다.

현재 삶의 의미 변수의 빈도분석을 실시하기 위해서 본 연구자들은 현재 삶의 의미에 해당하는 문항들 중에 '나는 인생에 궁극적인 목적과 의미가 있음을 믿고 있다'와 '나는 내 자신의 삶의 목표를 성취하기 위해 노력하고 있다'의 문항을 선정하여 분석에 활용하였다. 우선, '나는 인생에 궁극적인 목적과 의미가 있음을 믿고 있다'의 문항에 대한 응답결과는 〈표 4-181〉에 나타나 있으며, 전반적으로 정상분포의 양상을 보이고 있음을 확인할 수 있다.

'나는 인생에 궁극적인 목적과 의미가 있음을 믿고 있다'에 '전혀 아니다'라고 응답한 대상자들은 0명으로 나타났다. '거의 아니다'라고 응답한 대상자들은 10명으로 나타났으며, 이들은 12.8%에 해당하는 비율이다. '보통이다'라고 응답한 대상자들은 21명으로 나타났으며,

〈표 4-180〉 새터민: 나는 가족 혹은 친척들과 원만한 관계를 유지한다

응답	전혀 아니다	거의 아니다	보통이다	거의 그렇다	매우 그렇다
빈도	1(1.3%)	2(2.6%)	23(29.5%)	28(35.9%)	24(30.8%)

이들은 26.9%에 해당하는 비율이다. '거의 그렇다'라고 응답한 대상자들은 26명으로 나타났으며, 이들은 33.3%에 해당하는 비율이다. '매우 그렇다'라고 응답한 대상자들은 21명으로 나타났으며, 이들은 26.9%에 해당하는 비율이다.

다음으로 '나는 내 자신의 삶의 목표를 성취하기 위해 노력하고 있다'의 문항에 대한 응답결과는 〈표 4-182〉에 나타나 있으며, 이 역시 전반적으로 정상분포의 양상을 보이고 있음을 확인할 수 있다.

'나는 내 자신의 삶의 목표를 성취하기 위해 노력하고 있다'에 '전혀 아니다'라고 응답한 대상자들은 2명으로 나타났으며, 이들은 2.6%에 해당하는 비율이다. '거의 아니다'라고 응답한 대상자들은 10명으로 나타났으며, 이들은 12.8%에 해당하는 비율이다. '보통이다'라고 응답한 대상자들은 22명으로 나타났으며, 이들은 28.2%에 해당하는 비율이다. '거의 그렇다'라고 응답한 대상자들은 26명으로 나타났으며, 이들은 33.3%에 해당하는 비율이다. '매우 그렇다'라고 응답한 대상자들은 18명으로 나타났으며, 이들은 23.1%에 해당하는 비율이다.

현재 자기수용 변수의 빈도분석을 실시하기 위해서 본 연구자들은 현재 자기수용에 해당하는 문항들 중에 '나는 부정적인 피드백을 받으면, 이를 내 행동 혹은 수행을 향상시킬 수 있는 기회로 삼는다'와

〈표 4-181〉 새터민: 나는 인생에 궁극적인 목적과 의미가 있음을 믿고 있다

응답	전혀 아니다	거의 아니다	보통이다	거의 그렇다	매우 그렇다
빈도	0(0.0%)	10(12.8%)	21(26.9%)	26(33.3%)	21(26.9%)

〈표 4-182〉 새터민: 나는 내 자신의 삶의 목표를 성취하기 위해 노력하고 있다

응답	전혀 아니다	거의 아니다	보통이다	거의 그렇다	매우 그렇다
빈도	2(2.6%)	10(12.8%)	22(28.2%)	26(33.3%)	18(23.1%)

'나는 자신이 하는 일에서 성공한 사람들은 특별히 가치 있는 사람이라고 생각한다'의 문항을 선정하여 분석에 활용하였다. 우선, '나는 부정적인 피드백을 받으면, 이를 내 행동 혹은 수행을 향상시킬 수 있는 기회로 삼는다'의 문항에 대한 응답결과는 〈표 4-183〉에 나타나 있으며, 전반적으로 정상분포의 양상을 보이고 있음을 확인할 수 있다.

'나는 부정적인 피드백을 받으면, 이를 내 행동 혹은 수행을 향상시킬 수 있는 기회로 삼는다'에 '전혀 아니다'라고 응답한 대상자들은 5명으로 나타났으며, 이들은 6.4%에 해당하는 비율이다. '거의 아니다'라고 응답한 대상자들은 29명으로 나타났으며, 이들은 37.2%에 해당하는 비율이다. '보통이다'라고 응답한 대상자들은 27명으로 나타났으며, 이들은 34.6%에 해당하는 비율이다. '거의 그렇다'라고 응답한 대상자들은 16명으로 나타났으며, 이들은 20.5%에 해당하는 비율이다. '매우 그렇다'라고 응답한 대상자는 1명으로 나타났으며, 이는 1.3%에 해당하는 비율이다.

다음으로 '나는 자신이 하는 일에서 성공한 사람들은 특별히 가치 있는 사람이라고 생각한다'의 문항에 대한 응답결과는 〈표 4-184〉에 나타나 있으며, 이 역시 전반적으로 정상분포의 양상을 보이고 있음을 확인할 수 있다.

'나는 자신이 하는 일에서 성공한 사람들은 특별히 가치 있는 사람

〈표 4-183〉 새터민: 나는 부정적인 피드백을 받으면, 이를 내 행동 혹은 수행을 향상시킬 수 있는 기회로 삼는다

응답	전혀 아니다	거의 아니다	보통이다	거의 그렇다	매우 그렇다
빈도	5(6.4%)	29(37.2%)	27(34.6%)	16(20.5%)	1(1.3%)

이라고 생각한다'에 '전혀 아니다'라고 응답한 대상자들은 4명으로 나타났으며, 이들은 5.1%에 해당하는 비율이다. '거의 아니다'라고 응답한 대상자들은 10명으로 나타났으며, 이들은 12.8%에 해당하는 비율이다. '보통이다'라고 응답한 대상자들은 25명으로 나타났으며, 이들은 32.1%에 해당하는 비율이다. '거의 그렇다'라고 응답한 대상자들은 22명으로 나타났으며, 이들은 28.2%에 해당하는 비율이다. '매우 그렇다'라고 응답한 대상자들은 17명으로 나타났으며, 이들은 21.8%에 해당하는 비율이다.

공동체의식 변수의 빈도분석을 실시하기 위해서 본 연구자들은 공동체의식에 해당하는 문항들 중에 '나는 곤란한 상황에 처한 사람들을 돕는 데에 적극적이다'와 '나는 이재민이 도움을 요청한다면, 나의 생활이 불편하더라도 당분간 그들과 함께 살겠다'의 문항을 선정하여 분석에 활용하였다. 우선, '나는 곤란한 상황에 처한 사람들을 돕는 데에 적극적이다'의 문항에 대한 응답결과는 〈표 4-185〉에 나타나 있으며, 전반적으로 정상분포의 양상을 보이고 있음을 확인할 수 있다.

'나는 곤란한 상황에 처한 사람들을 돕는 데에 적극적이다'에 '전혀 아니다'라고 응답한 대상자들은 3명으로 나타났으며, 이들은 3.8%에 해당하는 비율이다. '거의 아니다'라고 응답한 대상자들은 18명으로 나타났으며, 이들은 23.1%에 해당하는 비율이다. '보통이다'라고 응답한 대상자들은 26명으로 나타났으며, 이들은 33.3%에 해당하는

〈표 4-184〉 새터민: 나는 자신이 하는 일에서 성공한 사람들은 특별히 가치 있는 사람이라고 생각한다

응답	전혀 아니다	거의 아니다	보통이다	거의 그렇다	매우 그렇다
빈도	4(5.1%)	10(12.8%)	25(32.1%)	22(28.2%)	17(21.8%)

비율이다. '거의 그렇다'라고 응답한 대상자들은 24명으로 나타났으며, 이들은 30.8%에 해당하는 비율이다. '매우 그렇다'라고 응답한 대상자들은 7명으로 나타났으며, 이들은 9.0%에 해당하는 비율이다.

다음으로 '나는 이재민이 도움을 요청한다면, 나의 생활이 불편하더라도 당분간 그들과 함께 살겠다'의 문항에 대한 응답결과는 〈표 4-186〉에 나타나 있으며, 이 역시 전반적으로 정상분포의 양상을 보이고 있음을 확인할 수 있다.

'나는 이재민이 도움을 요청한다면, 나의 생활이 불편하더라도 당분간 그들과 함께 살겠다'에 '전혀 아니다'라고 응답한 대상자들은 6명으로 나타났으며, 이들은 7.7%에 해당하는 비율이다. '거의 아니다'라고 응답한 대상자들은 24명으로 나타났으며, 이들은 30.8%에 해당하는 비율이다. '보통이다'라고 응답한 대상자들은 28명으로 나타났으며, 이들은 35.9%에 해당하는 비율이다. '거의 그렇다'라고 응답한 대상자들은 14명으로 나타났으며, 이들은 17.9%에 해당하는 비율이다. '매우 그렇다'라고 응답한 대상자들은 6명으로 나타났으며, 이들은 7.7%에 해당하는 비율이다.

사회적 거리감 변수의 빈도분석을 실시하기 위해서 본 연구자들은

〈표 4-185〉 새터민: 나는 곤란한 상황에 처한 사람들을 돕는 데에 적극적이다

응답	전혀 아니다	거의 아니다	보통이다	거의 그렇다	매우 그렇다
빈도	3(3.8%)	18(23.1%)	26(33.3%)	24(30.8%)	7(9.0%)

〈표 4-186〉 새터민: 나는 이재민이 도움을 요청한다면, 나의 생활이 불편하더라도 당분간 그들과 함께 살겠다

응답	전혀 아니다	거의 아니다	보통이다	거의 그렇다	매우 그렇다
빈도	6(7.7%)	24(30.8%)	28(35.9%)	14(17.9%)	6(7.7%)

사회적 거리감에 해당하는 문항들 중에 '나는 우리 집을 다른 외국인에게 세주지 않겠다'와 '나는 우리 지역에 이사 온 다른 외국인을 이웃으로 받아들일 수 있다'의 문항을 선정하여 분석에 활용하였다. 우선, '나는 우리 집을 다른 외국인에게 세주지 않겠다'의 문항에 대한 응답결과는 〈표 4-187〉에 나타나 있으며, 전반적으로 정상분포의 양상을 보이고 있음을 확인할 수 있다.

'나는 우리 집을 다른 외국인에게 세주지 않겠다'에 '전혀 아니다'라고 응답한 대상자들은 22명으로 나타났으며, 이들은 28.2%에 해당하는 비율이다. '거의 아니다'라고 응답한 대상자들은 23명으로 나타났으며, 이들은 29.5%에 해당하는 비율이다. '보통이다'라고 응답한 대상자들은 19명으로 나타났으며, 이들은 24.4%에 해당하는 비율이다. '거의 그렇다'라고 응답한 대상자들은 8명으로 나타났으며, 이들은 10.3%에 해당하는 비율이다. '매우 그렇다'라고 응답한 대상자들은 6명으로 나타났으며, 이들은 7.7%에 해당하는 비율이다.

다음으로 '나는 우리 지역에 이사 온 다른 외국인을 이웃으로 받아들일 수 있다'의 문항에 대한 응답결과는 〈표 4-188〉에 나타나 있으며, 이 역시 전반적으로 정상분포의 양상을 보이고 있음을 확인할 수 있다.

'나는 우리 지역에 이사 온 다른 외국인을 이웃으로 받아들일 수 있다'에 '전혀 아니다'라고 응답한 대상자는 1명으로 나타났으며, 이는 1.3%에 해당하는 비율이다. '거의 아니다'라고 응답한 대상자들은

〈표 4-187〉 새터민: 나는 우리 집을 다른 외국인에게 세주지 않겠다

응답	전혀 아니다	거의 아니다	보통이다	거의 그렇다	매우 그렇다
빈도	22(28.2%)	23(29.5%)	19(24.4%)	8(10.3%)	6(7.7%)

5명으로 나타났으며, 이들은 6.4%에 해당하는 비율이다. '보통이다'라고 응답한 대상자들은 20명으로 나타났으며, 이들은 25.6%에 해당하는 비율이다. '거의 그렇다'라고 응답한 대상자들은 30명으로 나타났으며, 이들은 38.5%에 해당하는 비율이다. '매우 그렇다'라고 응답한 대상자들은 22명으로 나타났으며, 이들은 28.2%에 해당하는 비율이다.

시민의식 변수의 빈도분석을 실시하기 위해서 본 연구자들은 시민의식에 해당하는 문항들 중에 '나는 내가 속한 집단의 결정을 존중하는 것이 중요하다'와 '나는 내가 속한 집단의 이익을 위해서라면 개인의 이익을 기꺼이 희생한다'의 문항을 선정하여 분석에 활용하였다. 우선, '나는 내가 속한 집단의 결정을 존중하는 것이 중요하다'의 문항에 대한 응답결과는 〈표 4-189〉에 나타나 있으며, 전반적으로 정상분포의 양상을 보이고 있음을 확인할 수 있다.

'나는 내가 속한 집단의 결정을 존중하는 것이 중요하다'에 '전혀 아니다'라고 응답한 대상자는 1명으로 나타났으며, 이는 1.3%에 해당하는 비율이다. '거의 아니다'라고 응답한 대상자들은 25명으로 나타났으며, 이들은 32.1%에 해당하는 비율이다. '보통이다'라고 응답

〈표 4-188〉 새터민: 나는 우리 지역에 이사 온 다른 외국인을 이웃으로 받아들일 수 있다

응답	전혀 아니다	거의 아니다	보통이다	거의 그렇다	매우 그렇다
빈도	1(1.3%)	5(6.4%)	20(25.6%)	30(38.5%)	22(28.2%)

〈표 4-189〉 새터민: 나는 내가 속한 집단의 결정을 존중하는 것이 중요하다

응답	전혀 아니다	거의 아니다	보통이다	거의 그렇다	매우 그렇다
빈도	1(1.3%)	25(32.1%)	32(41.0%)	19(24.4%)	1(1.3%)

한 대상자들은 32명으로 나타났으며, 이들은 41.0%에 해당하는 비율이다. '거의 그렇다'라고 응답한 대상자들은 19명으로 나타났으며, 이들은 24.4%에 해당하는 비율이다. '매우 그렇다'라고 응답한 대상자는 1명으로 나타났으며, 이는 1.3%에 해당하는 비율이다.

다음으로 '나는 내가 속한 집단의 이익을 위해서라면 개인의 이익을 기꺼이 희생한다'의 문항에 대한 응답결과는 〈표 4-190〉에 나타나 있으며, 이 역시 전반적으로 정상분포의 양상을 보이고 있음을 확인할 수 있다.

'나는 내가 속한 집단의 이익을 위해서라면 개인의 이익을 기꺼이 희생한다'에 '전혀 아니다'라고 응답한 대상자들은 3명으로 나타났으며, 이들은 3.8%에 해당하는 비율이다. '거의 아니다'라고 응답한 대상자들은 11명으로 나타났으며, 이들은 14.1%에 해당하는 비율이다. '보통이다'라고 응답한 대상자들은 39명으로 나타났으며, 이들은 50.0%에 해당하는 비율이다. '거의 그렇다'라고 응답한 대상자들은 16명으로 나타났으며, 이들은 20.5%에 해당하는 비율이다. '매우 그렇다'라고 응답한 대상자들은 9명으로 나타났으며, 이들은 11.5%에 해당하는 비율이다.

민주시민의식 변수의 빈도분석을 실시하기 위해서 본 연구자들은 민주시민의식에 해당하는 문항들 중에 '개인의 자유는 어떤 일이 있어도 보장되어야 한다'와 '사회나 정치생활에서 국민이나 집단은 모

〈표 4-190〉 새터민: 나는 내가 속한 집단의 이익을 위해서라면 개인의 이익을 기꺼이 희생한다

응답	전혀 아니다	거의 아니다	보통이다	거의 그렇다	매우 그렇다
빈도	3(3.8%)	11(14.1%)	39(50.0%)	16(20.5%)	9(11.5%)

든 문제를 법치주의에 입각해서 해결해야 한다'의 문항을 선정하여 분석에 활용하였다. 우선, '개인의 자유는 어떤 일이 있어도 보장되어야 한다'의 문항에 대한 응답결과는 〈표 4-191〉에 나타나 있으며, 전반적으로 정상분포의 양상을 보이고 있음을 확인할 수 있다.

'개인의 자유는 어떤 일이 있어도 보장되어야 한다'에 '전혀 아니다'라고 응답한 대상자는 1명으로 나타났으며, 이는 1.3%에 해당하는 비율이다. '거의 아니다'라고 응답한 대상자들은 4명으로 나타났으며, 이들은 5.1%에 해당하는 비율이다. '보통이다'라고 응답한 대상자들은 28명으로 나타났으며, 이들은 35.9%에 해당하는 비율이다. '거의 그렇다'라고 응답한 대상자들은 22명으로 나타났으며, 이들은 28.2%에 해당하는 비율이다. '매우 그렇다'라고 응답한 대상자들은 23명으로 나타났으며, 이들은 29.5%에 해당하는 비율이다.

다음으로 '사회나 정치생활에서 국민이나 집단은 모든 문제를 법치주의에 입각해서 해결해야 한다'의 문항에 대한 응답결과는 〈표 4-192〉에 나타나 있으며, 이 역시 전반적으로 정상분포의 양상을 보이고 있음을 확인할 수 있다.

'사회나 정치생활에서 국민이나 집단은 모든 문제를 법치주의에 입각해서 해결해야 한다'에 '전혀 아니다'라고 응답한 대상자는 1명으로 나타났으며, 이는 1.3%에 해당하는 비율이다. '거의 아니다'라고 응답한 대상자들은 6명으로 나타났으며, 이들은 7.7%에 해당하는 비율이다. '보통이다'라고 응답한 대상자들은 20명으로 나타났으며, 이들은

〈표 4-191〉 새터민: 개인의 자유는 어떤 일이 있어도 보장되어야 한다

응답	전혀 아니다	거의 아니다	보통이다	거의 그렇다	매우 그렇다
빈도	1(1.3%)	4(5.1%)	28(35.9%)	22(28.2%)	23(29.5%)

25.6%에 해당하는 비율이다. '거의 그렇다'라고 응답한 대상자들은 32명으로 나타났으며, 이들은 41.0%에 해당하는 비율이다. '매우 그렇다'라고 응답한 대상자들은 19명으로 나타났으며, 이들은 24.4%에 해당하는 비율이다.

타인수용의식 변수의 빈도분석을 실시하기 위해서 본 연구자들은 타인수용의식에 해당하는 문항들 중에 '대부분의 사람들은 자기만이 옳다는 생각으로 자신의 나쁜 점을 인정하지 않으려고 한다'와 '당신이 남에게 호의를 베풀기 시작하면 그들은 당신을 무시하게 될 것이다'의 문항을 선정하여 분석에 활용하였다. 우선, '대부분의 사람들은 자기만이 옳다는 생각으로 자신의 나쁜 점을 인정하지 않으려고 한다'의 문항에 대한 응답결과는 〈표 4-193〉에 나타나 있으며, 전반적으로 정상분포의 양상을 보이고 있음을 확인할 수 있다.

'대부분의 사람들은 자기만이 옳다는 생각으로 자신의 나쁜 점을 인정하지 않으려고 한다'에 '전혀 아니다'라고 응답한 대상자들은 2명으로 나타났으며, 이들은 2.6%에 해당하는 비율이다. '거의 아니다'라고 응답한 대상자들은 9명으로 나타났으며, 이들은 11.5%에 해당

〈표 4-192〉 새터민: 사회나 정치생활에서 국민이나 집단은 모든 문제를 법치주의에 입각해서 해결해야 한다

응답	전혀 아니다	거의 아니다	보통이다	거의 그렇다	매우 그렇다
빈도	1(1.3%)	6(7.7%)	20(25.6%)	32(41.0%)	19(24.4%)

〈표 4-193〉 새터민: 대부분의 사람들은 자기만이 옳다는 생각으로 자신의 나쁜 점을 인정하지 않으려고 한다

응답	전혀 아니다	거의 아니다	보통이다	거의 그렇다	매우 그렇다
빈도	2(2.6%)	9(11.5%)	16(20.5%)	38(48.7%)	13(16.7%)

하는 비율이다. '보통이다'라고 응답한 대상자들은 16명으로 나타났으며, 이들은 20.5%에 해당하는 비율이다. '거의 그렇다'라고 응답한 대상자들은 38명으로 나타났으며, 이들은 48.7%에 해당하는 비율이다. '매우 그렇다'라고 응답한 대상자들은 13명으로 나타났으며, 이들은 16.7%에 해당하는 비율이다.

다음으로 '당신이 남에게 호의를 베풀기 시작하면 그들은 당신을 무시하게 될 것이다'의 문항에 대한 응답결과는 〈표 4-194〉에 나타나 있으며, 이 역시 전반적으로 정상분포의 양상을 보이고 있음을 확인할 수 있다.

'당신이 남에게 호의를 베풀기 시작하면 그들은 당신을 무시하게 될 것이다'에 '전혀 아니다'라고 응답한 대상자들은 0명으로 나타났다. '거의 아니다'라고 응답한 대상자들은 25명으로 나타났으며, 이들은 32.1%에 해당하는 비율이다. '보통이다'라고 응답한 대상자들은 33명으로 나타났으며, 이들은 42.3%에 해당하는 비율이다. '거의 그렇다'라고 응답한 대상자들은 13명으로 나타났으며, 이들은 16.7%에 해당하는 비율이다. '매우 그렇다'라고 응답한 대상자들은 7명으로 나타났으며, 이들은 9.0%에 해당하는 비율이다.

타인종 인식 변수의 빈도분석을 실시하기 위해서 본 연구자들은 타인종 인식에 해당하는 문항들 중에 '사람들이 친절하다고 생각한다'와 '능력이 우수하다고 생각한다'의 문항을 선정하여 분석에 활용하

〈표 4-194〉 새터민: 당신이 남에게 호의를 베풀기 시작하면 그들은 당신을 무시하게 될 것이다

응답	전혀 아니다	거의 아니다	보통이다	거의 그렇다	매우 그렇다
빈도	0(0.0%)	25(32.1%)	33(42.3%)	13(16.7%)	7(9.0%)

였다. 우선, '사람들이 친절하다고 생각한다'의 문항에 대한 응답결과는 〈표 4-195〉에 나타나 있으며, 전반적으로 정상분포의 양상을 보이고 있음을 확인할 수 있다.

'사람들이 친절하다고 생각한다'에 '전혀 아니다'라고 응답한 대상자들은 4명으로 나타났으며, 이들은 5.1%에 해당하는 비율이다. '거의 아니다'라고 응답한 대상자들은 11명으로 나타났으며, 이들은 14.1%에 해당하는 비율이다. '보통이다'라고 응답한 대상자들은 46명으로 나타났으며, 이들은 59.0%에 해당하는 비율이다. '거의 그렇다'라고 응답한 대상자들은 14명으로 나타났으며, 이들은 17.9%에 해당하는 비율이다. '매우 그렇다'라고 응답한 대상자들은 3명으로 나타났으며, 이들은 3.8%에 해당하는 비율이다.

다음으로 '능력이 우수하다고 생각한다'의 문항에 대한 응답결과는 〈표 4-196〉에 나타나 있으며, 이 역시 전반적으로 정상분포의 양상을 보이고 있음을 확인할 수 있다.

'능력이 우수하다고 생각한다'에 '전혀 아니다'라고 응답한 대상자들은 3명으로 나타났으며, 이들은 3.8%에 해당하는 비율이다. '거의 아니다'라고 응답한 대상자들은 14명으로 나타났으며, 이들은 17.9%에 해당하는 비율이다. '보통이다'라고 응답한 대상자들은 52명으로

〈표 4-195〉 새터민: 사람들이 친절하다고 생각한다

응답	전혀 아니다	거의 아니다	보통이다	거의 그렇다	매우 그렇다
빈도	4(5.1%)	11(14.1%)	46(59.0%)	14(17.9%)	3(3.8%)

〈표 4-196〉 새터민: 능력이 우수하다고 생각한다

응답	전혀 아니다	거의 아니다	보통이다	거의 그렇다	매우 그렇다
빈도	3(3.8%)	14(17.9%)	52(66.7%)	5(6.4%)	4(5.1%)

나타났으며, 이들은 66.7%에 해당하는 비율이다. '거의 그렇다'라고 응답한 대상자들은 5명으로 나타났으며, 이들은 6.4%에 해당하는 비율이다. '매우 그렇다'라고 응답한 대상자들은 4명으로 나타났으며, 이들은 5.1%에 해당하는 비율이다.

타문화 인식 변수의 빈도분석을 실시하기 위해서 본 연구자들은 타문화 인식에 해당하는 문항들 중에 '문화가 매력적이라고 생각한다'와 '문화가 우수하다고 생각한다'의 문항을 선정하여 분석에 활용하였다. 우선, '문화가 매력적이라고 생각한다'의 문항에 대한 응답결과는 〈표 4-197〉에 나타나 있으며, 전반적으로 정상분포의 양상을 보이고 있음을 확인할 수 있다.

'문화가 매력적이라고 생각한다'에 '전혀 아니다'라고 응답한 대상자들은 16명으로 나타났으며, 이들은 20.5%에 해당하는 비율이다. '거의 아니다'라고 응답한 대상자들은 21명으로 나타났으며, 이들은 26.9%에 해당하는 비율이다. '보통이다'라고 응답한 대상자들은 33명으로 나타났으며, 이들은 42.3%에 해당하는 비율이다. '거의 그렇다'라고 응답한 대상자들은 5명으로 나타났으며, 이들은 6.4%에 해당하는 비율이다. '매우 그렇다'라고 응답한 대상자들은 3명으로 나타났으며, 이들은 3.8%에 해당하는 비율이다.

다음으로 '문화가 우수하다고 생각한다'의 문항에 대한 응답결과는 〈표 4-198〉에 나타나 있으며, 이 역시 전반적으로 정상분포의 양상을 보이고 있음을 확인할 수 있다.

〈표 4-197〉 새터민: 문화가 매력적이라고 생각한다

응답	전혀 아니다	거의 아니다	보통이다	거의 그렇다	매우 그렇다
빈도	16(20.5%)	21(26.9%)	33(42.3%)	5(6.4%)	3(3.8%)

'문화가 우수하다고 생각한다'에 '전혀 아니다'라고 응답한 대상자들은 17명으로 나타났으며, 이들은 21.8%에 해당하는 비율이다. '거의 아니다'라고 응답한 대상자들은 23명으로 나타났으며, 이들은 29.5%에 해당하는 비율이다. '보통이다'라고 응답한 대상자들은 33명으로 나타났으며, 이들은 42.3%에 해당하는 비율이다. '거의 그렇다'라고 응답한 대상자들은 3명으로 나타났으며, 이들은 3.8%에 해당하는 비율이다. '매우 그렇다'라고 응답한 대상자들은 2명으로 나타났으며, 이들은 2.6%에 해당하는 비율이다.

사회적지지 변수의 빈도분석을 실시하기 위해서 본 연구자들은 사회적지지에 해당하는 문항들 중에 '그들은 항상 나의 일에 관심을 갖고 염려해준다'와 '내가 모르거나 이해할 수 없는 일에 관해 잘 알 수 있도록 설명해준다'의 문항을 선정하여 분석에 활용하였다. 우선, '그들은 항상 나의 일에 관심을 갖고 염려해준다'의 문항에 대한 응답결과는 〈표 4-199〉에 나타나 있으며, 전반적으로 정상분포의 양상을 보이고 있음을 확인할 수 있다.

'그들은 항상 나의 일에 관심을 갖고 염려해준다'에 '전혀 아니다'라고 응답한 대상자들은 2명으로 나타났으며, 이들은 2.6%에 해당하는 비율이다. '거의 아니다'라고 응답한 대상자들은 14명으로 나타났으며, 이들은 17.9%에 해당하는 비율이다. '보통이다'라고 응답한 대상자들은 46명으로 나타났으며, 이들은 59.0%에 해당하는 비율이다. '거의 그렇다'라고 응답한 대상자들은 15명으로 나타났으며, 이들은

〈표 4-198〉 새터민: 문화가 우수하다고 생각한다

응답	전혀 아니다	거의 아니다	보통이다	거의 그렇다	매우 그렇다
빈도	17(21.8%)	23(29.5%)	33(42.3%)	3(3.8%)	2(2.6%)

19.2%에 해당하는 비율이다. '매우 그렇다'라고 응답한 대상자는 1명으로 나타났으며, 이는 1.3%에 해당하는 비율이다.

다음으로 '내가 모르거나 이해할 수 없는 일에 관해 잘 알 수 있도록 설명해준다'의 문항에 대한 응답결과는 〈표 4-200〉에 나타나 있으며, 이 역시 전반적으로 정상분포의 양상을 보이고 있음을 확인할 수 있다.

'내가 모르거나 이해할 수 없는 일에 관해 잘 알 수 있도록 설명해준다'에 '전혀 아니다'라고 응답한 대상자는 1명으로 나타났으며, 이는 1.3%에 해당하는 비율이다. '거의 아니다'라고 응답한 대상자들은 12명으로 나타났으며, 이들은 15.4%에 해당하는 비율이다. '보통이다'라고 응답한 대상자들은 44명으로 나타났으며, 이들은 56.4%에 해당하는 비율이다. '거의 그렇다'라고 응답한 대상자들은 17명으로 나타났으며, 이들은 21.8%에 해당하는 비율이다. '매우 그렇다'라고 응답한 대상자들은 4명으로 나타났으며, 이들은 5.1%에 해당하는 비율이다.

생활만족 변수의 빈도분석을 실시하기 위해서 본 연구자들은 생활만족에 해당하는 문항들 중에 '나는 현재 가족과의 관계에 만족하고

〈표 4-199〉 새터민: 그들은 항상 나의 일에 관심을 갖고 염려해준다

응답	전혀 아니다	거의 아니다	보통이다	거의 그렇다	매우 그렇다
빈도	2(2.6%)	14(17.9%)	46(59.0%)	15(19.2%)	1(1.3%)

〈표 4-200〉 새터민: 내가 모르거나 이해할 수 없는 일에 관해 잘 알 수 있도록 설명해준다

응답	전혀 아니다	거의 아니다	보통이다	거의 그렇다	매우 그렇다
빈도	1(1.3%)	12(15.4%)	44(56.4%)	17(21.8%)	4(5.1%)

있다'와 '나는 현재 하고 있는 일에 만족하고 있다'의 문항을 선정하여 분석에 활용하였다. 우선, '나는 현재 가족과의 관계에 만족하고 있다'의 문항에 대한 응답결과는 〈표 4-201〉에 나타나 있으며, 전반적으로 정상분포의 양상을 보이고 있음을 확인할 수 있다.

'나는 현재 가족과의 관계에 만족하고 있다'에 '전혀 아니다'라고 응답한 대상자는 1명으로 나타났으며, 이는 1.3%에 해당하는 비율이다. '거의 아니다'라고 응답한 대상자들은 2명으로 나타났으며, 이들은 2.6%에 해당하는 비율이다. '보통이다'라고 응답한 대상자들은 14명으로 나타났으며, 이들은 17.9%에 해당하는 비율이다. '거의 그렇다'라고 응답한 대상자들은 36명으로 나타났으며, 이들은 46.2%에 해당하는 비율이다. '매우 그렇다'라고 응답한 대상자들은 25명으로 나타났으며, 이들은 32.1%에 해당하는 비율이다.

다음으로 '나는 현재 하고 있는 일에 만족하고 있다'의 문항에 대한 응답결과는 〈표 4-202〉에 나타나 있으며, 이 역시 전반적으로 정상분포의 양상을 보이고 있음을 확인할 수 있다.

'나는 현재 하고 있는 일에 만족하고 있다'에 '전혀 아니다'라고 응답한 대상자들은 6명으로 나타났으며, 이들은 7.7%에 해당하는 비율이다. '거의 아니다'라고 응답한 대상자들은 8명으로 나타났으며, 이들은 10.3%에 해당하는 비율이다. '보통이다'라고 응답한 대상자들은 30명으로 나타났으며, 이들은 38.5%에 해당하는 비율이다. '거의 그렇다'라고 응답한 대상자들은 20명으로 나타났으며, 이들은 25.6%에

〈표 4-201〉 새터민: 나는 현재 가족과의 관계에 만족하고 있다

응답	전혀 아니다	거의 아니다	보통이다	거의 그렇다	매우 그렇다
빈도	1(1.3%)	2(2.6%)	14(17.9%)	36(46.2%)	25(32.1%)

〈표 4-202〉 새터민: 나는 현재 하고 있는 일에 만족하고 있다

응답	전혀 아니다	거의 아니다	보통이다	거의 그렇다	매우 그렇다
빈도	6(7.7%)	8(10.3%)	30(38.5%)	20(25.6%)	14(17.9 %)

해당하는 비율이다. '매우 그렇다'라고 응답한 대상자들은 14명으로 나타났으며, 이들은 17.9%에 해당하는 비율이다.

5. 다문화에 대한 통계적 평가

1) 다문화인들의 이주 전후에 대한 인식

다문화인들의 이주 전후에 대한 평가를 측정하기 위하여 행복, 삶의 의미, 자기수용, 생활만족에 대해서 이주 전 회상을 통한 평가와 이주 후 현 시점에 대한 평가를 비교분석하였다. 그 결과는 〈표 4-203〉과 같다. 그들은 전체적으로 한국에 오기 전보다 현재의 생활수준을 더 높게 인식하고 있었다. 하지만 세부적으로는 다른 결과를 보이기도 하였다. 조선족 여성들은 한국에 오기 전보다 현재의 행복, 삶의 의미, 자기수용, 생활만족을 더 높게 인식하고 있었다. 동남아 여성들은 생활만족을 제외하고 행복, 삶의 의미, 자기수용을 한국에 오기 전보다 현재 더 높게 인식하고 있었다. 새터민들은 조선족 여성과 같이 한국에 오기 전보다 현재의 행복, 삶의 의미, 자기수용, 생활만족을 더 높게 인식하고 있었다.

〈표 4-203〉 연구대상자별 전후 인식의 차이 검증

		한국에 오기 전	현재 시점	t
조선족 여성	행복	2.98(.49)	3.14(.50)	5.18***
	삶의 의미	3.12(.59)	3.29(.57)	3.81***
	자기수용	3.20(.57)	3.37(.54)	4.82***
	생활만족	3.37(.79)	3.55(.67)	3.21**
동남아 여성	행복	2.88(.47)	3.05(.47)	3.95***
	삶의 의미	3.11(.55)	3.23(.54)	2.22*
	자기수용	3.14(.43)	3.32(.47)	4.04***
	생활만족	3.17(.68)	3.27(.64)	1.43
새터민	행복	2.67(.58)	2.94(.53)	4.77***
	삶의 의미	2.77(.67)	3.14(.65)	4.94***
	자기수용	2.95(.64)	3.21(.58)	4.83***
	생활만족	2.94(.85)	3.30(.74)	3.43**
전체	행복	2.87(.52)	3.63(.50)	7.97***
	삶의 의미	3.03(.61)	3.23(.58)	6.31***
	자기수용	3.11(.56)	3.31(.53)	7.90***
	생활만족	3.19(.79)	3.39(.69)	4.67***

* $p<.05$, ** $p<.01$, *** $p<.001$

2) 한국 사회에서 다문화인과 국내인에 따른 인식의 차이

한국 사회에서 다문화인과 국내인이 인식하고 있는 수준들을 각 변인들의 측정을 통하여 검증하였다. 그 결과는 다음과 같다. 〈표 4-204〉에서 보듯이, 공동체의식과 문화적응 스트레스를 제외하고 다른 변인들에서 통계적으로 유의미한 차이가 있었다. 한국인들은 조선족 여성, 동남아 여성, 새터민에 대한 인식에서 평가차원에 따라 어느 정도 세부적인 차이는 있었지만 통계적으로 유의미한 차이를 확인할 수 없었다. 특히, 사회적 거리감, 타인종 인식, 타문화 인식과 같은 다문화에 대한 인식에 거의 차이가 없는 것으로 확인되었다.

〈표 4-204〉 변인의 평균과 ANOVA 검증(Duncan을 통한 사후검증 a〈b〈c〈d)

	조선족 여성	동남아 여성	새터민	한국인의 인식 (조선족 여성)	한국인의 인식 (동남아 여성)	한국인의 인식 (새터민)	F
행복(이주 이전)	2.98(.49)[b]	2.88(.47)[b]	2.67(.58)[a]	-	-	-	9.01***
행복(현 시점)	3.14(.50)[bc]	3.05(.47)[ab]	2.94(.53)[a]	3.13(.33)[bc]	3.20(.41)[c]	3.18(.45)[bc]	3.83**
삶의 의미 (이주 이전)	3.12(.59)[b]	3.11(.55)[b]	2.77(.67)[a]	-	-	-	9.76***
삶의 의미 (현 시점)	3.29(.57)[ab]	3.23(.54)[a]	3.14(.65)[a]	3.42(.44)[b]	3.44(.49)[b]	3.41(.58)[b]	4.44**
자기수용 (이주 이전)	3.20(.57)[b]	3.14(.43)[b]	2.95(.64)[a]	-	-	-	5.34**
자기수용 (현 시점)	3.37(.54)[bc]	3.32(.47)[ab]	3.21(.58)[a]	3.48(.41)[c]	3.41(.39)[bc]	3.51(.52)[c]	4.39**
공동체의식	2.93(.36)	2.96(.30)	2.83(.42)	2.88(.31)	2.91(.28)	2.91(.33)	1.50
사회적 거리감	3.58(.60)[a]	3.73(.50)[a]	3.28(.70)[b]	3.11(.73)[b]	3.18(.67)[b]	3.30(.66)[b]	14.69***
시민의식	3.69(.71)[bc]	3.56(.53)[b]	3.31(.75)[a]	3.69(.56)[bc]	3.66(.58)[bc]	3.77(.60)[c]	5.30***
민주시민의식	3.59(.50)[b]	3.54(.38)[b]	3.30(.57)[a]	3.49(.38)[b]	3.52(.32)[b]	3.59(.43)[b]	6.41***
타인수용의식	3.19(.43)[b]	3.15(.35)[b]	2.99(.49)[a]	3.13(.30)[b]	3.21(.32)[b]	3.15(.39)[b]	3.47**
한국 생활경험	3.90(.67)[b]	3.76(.64)[b]	3.42(.75)[a]	-	-	-	12.40***
타인종 인식	2.91(.38)[c]	2.94(.36)[c]	2.84(.44)[bc]	2.68(.30)[a]	2.75(.34)[ab]	2.76(.33)[ab]	8.71***
타문화 인식	3.33(.53)[d]	3.32(.50)[d]	3.17(.60)[c]	2.83(.48)[b]	2.93(.43)[b]	2.63(.54)[a]	29.21***
문화적응 스트레스	2.92(.38)	3.00(.40)	2.88(.40)	-	-	-	2.42
사회적 지지	3.46(.74)[c]	3.36(.66)[bc]	3.31(.69)[bc]	3.23(.68)[ab]	3.40(.74)[bc]	3.06(.69)[a]	3.76**
생활만족 (이주 이전)	3.37(.79)[b]	3.17(.68)[b]	2.94(.85)[a]	-	-	-	7.80***
생활만족 (현 시점)	3.55(.67)[b]	3.27(.64)[a]	3.30(.74)[a]	3.55(.59)[b]	3.50(.71)[b]	3.54(.79)[b]	3.40**

사회적 거리감과 문화적응 스트레스는 역점수임.

* $p<.05$, ** $p<.01$, *** $p<.001$

/제5장/

논 의

제5장 논 의

먼저, 대다수의 조선족 여성들이 직장 내에서 경험하는 주된 갈등 소재는 열악한 근로조건과 대인관계에서의 차별행동이었다. 이러한 갈등으로 인해 그들은 정서적 불만과 더불어 심리적 박탈감을 경험한다는 사실을 알 수 있었다. 또한 그들은 자신들을 가로막고 있는 한국 사회라는 울타리 역시 극복해야 하는 문화적 충격이었으며 오랜 시간 동안 경험한 불평등 요소로 인해 자의적으로 무기력한 태도를 보이는 사례도 있었다. 그리고 이런 경험들이 일부 특정 조선족 여성에게만 국한되는 것이 아니라 전반적으로 우리 사회가 공감하고 있는 중요한 갈등요소임을 알 수 있었다. 우리 사회에서 조선족 여성이 놓여 있는 상황은 그들만의 문제가 아니라, 우리 사회의 문제이기도 하므로 사회문제를 해결하기 위한 대책을 모색할 필요가 있다.

한편 그들의 대처 행동을 보았을 때, 스스로 해소할 수 있는 개인적 수준의 스트레스는 대부분 적극적 대처전략을 사용하고 있었지만, 문화적 수준 혹은 해결하기 어렵고 지속적인 갈등으로 무기력해진 경우에는 도피와 같은 부적응적 대처전략을 사용하고 있었다. 대처행동으로 인한 결과 역시 그들의 대처전략에 따라서 바람직한 경우도 있었지만, 대부분 부적응적으로 나타났다. 그렇다고 해서 부적응만 나타나는 것은 아니다. 사회·환경적인 측면에서 보면, 대다수의 경우 근무환경개선 제도 확충이나 성차별이나 외국인 차별적인 제도 폐지 등은 사회적 차원의 지원이 있었다면 충분히 해결할 수 있는 문제들이었으며, 현재까지도 조선족 여성들이 가장 해결되었으면 하는 문제이다. 즉, 직장생활에서 그들이 취하는 대처 전략은 그 자신들의 노력과 함께 정책적인 차원에서 사회적 지지가 수반되어야만 현실적인 문제를 극복하는 데 효과를 발휘할 수 있다.

두 번째로, 한국에 이주해 온 필리핀 여성 결혼이주민의 경우, 그들은 자신들이 경험하는 언어적·문화적 갈등을 해소하기 위해 많은 노력을 해야 한다. 그리고 그러한 과정을 통해 가정이나 사회 내에서 진정으로 적응할 수 있는 태도를 내재화할 수 있을 것이다. 아울러 그들이 가지고 있는 내적 요인들 중에 한국인과의 관계를 멀리하여 좀처럼 친밀도가 좁혀지지 않는 부분이 있다면 적응에 부정적인 결과를 초래할 것이다. 반대로 사회적 거리감을 줄이고 시민의식을 고취시킨다면 한국 사회에 성공적으로 적응하는 데 바람직한 정체성을 형성할 수 있을 것이다. 또한 외적 지원체계가 중요하기 때문에, 한국 사회는 그들을 둘러싸고 있는 사람들의 적극적인 지지를 확보하려는 노력을 보여주어야 할 것이다. 반면, 문화적응 과정에서 나타나는 스트레스는 그 자체로 영향력이 크다고 보기는 어려우며, 어떻게 대처하는지가 더 중요하다. 왜냐하면 질적분석 결과를 바탕으로 추정하였을 때, 스트레스 자체보다 적응 전략이 더 중요한 영향력을 가지고 있다고 볼 수 있기 때문이다. 따라서 그들은 한국인과 친밀감을 형성하기 위해서는 같은 필리핀 이주여성들끼리만 교류해서는 안 되고, 반드시 한국인 원주민과의 잦은 교통을 가져야 한다. 더불어 그들은 자신들이 한국 사회에 적응하는 데 도움을 주기 위해 사회적 지지 정책을 최대한 활용하는 시도를 지속적으로 해야 할 것이다.

세 번째로, 새터민들은 대부분 한국에서 부적응하는 유형으로 나타나고 있었으며, 타인이나 한국 사회를 대하는 태도에 반감이 많았고, 무력감으로 인해 정신적·인지적 고갈 상태를 보이는 경향이 강하게 나타났다. 예컨대 중재적 요소에서도 이러한 단서들이 지속적으로 불안감을 야기시키는 영향력을 미치는 것으로 판단된다. 특히, 새터민 대학생들은 이미 타인과의 관계 형성이 자신에게 도움이 되지 않을 것이라는 사회적 불신이나 무력감 속에서 거의 극단적으로 혼자 있거나 회의적인 경향을 보이는 등 부적응적 형태를 보이기도 했다. 행여 타인과 함께 과제를 수행하게 되더라도 매우 피동적인 태도를 취하여 자신의 존재감을 추락시키는 자괴감을 보이기도 했고, 만나더라도 같은 탈북자들끼리만 만나려는 성향도 보였다. 이러한 태도는 그들을 더욱 고독한 존재로 부각시킬 것이며, 타인에 대한 불신은 대인관계에 대한 자신의 불안을 증폭시킬 수 있다. 또한 대인관계에서의 부적응적 태도는 타인과 최소한의 의사소통만을 허용하게 되고, 자신의 현실적 경험을 혼자서만 해석함으로써 더욱 심각한 인지왜곡이 발생할 수 있다. 따라서 그들이 사회적 신뢰를 회복하거나 개인적 무력감을 개선할 수 있는 지원책이 필요하다. 즉, 오늘날 제도적으로는 그들이 한국 사회에 들어올 수 있는 선택권이 주어져 있다면, 앞으로는 그들이 이 사회에 적응하여 생활을 잘 유지할 수 있도록 심리적 건강을 위한 여러 조치들이 필요하다.

마지막으로, 대상자들은 모두 한국에 이주해 온 이후 자신에 대한 전반적인 평가가 개선된 것으로 나타났다. 하지만 동남아 여성들은 상대적으로 적은 만족도를 보였고, 새터민들은 질적 반응과는 사뭇 다르게 전반적인 태도 점수가 좋은 것으로 나타났다. 이것은 새터민들이 아직도 남한과 북한의 대치상황이라는 맥락 속에서 암묵적인 압박감으로 인해 사회적 바람직성에 따라 응답한 결과일 수도 있을 것이다. 그리고 이들 세 집단이 보고하는 문화적응 스트레스는 차이가 없는 것으로 나타났으며, 이들에 대한 한국인들의 태도를 반영하는 사회적 거리감, 타인종 인식, 타문화 인식에서는 이민자 집단들 간에 차이가 없는 것으로 나타났다. 아울러 본 연구의 목적은 탐색적 조사 분석이며, 다양한 현상학적 기술들을 중점적으로 설명하고자 하였다. 이에 각 변인들 간에 연계되는 모형개발을 비롯한 다양한 관계분석은 추후 연구로 남기고자 한다.

전체적으로 한국에서 거주하면서 살아가는 조선족 여성들을 비롯한 이주민들이 여러 갈등에 대해서 어떻게 대처하고 있는지 그리고 앞으로 그들이 적응을 잘하기 위해 필요한 주안점은 무엇인지를 논의하였다. 하지만 이러한 논의가 비단 본 연구의 대상자들에게만 국한된 것은 아니다. 한국에 거주하면서 일을 하고 살아가고 있는 외국인 노동자 및 유학생 등 한국 사회에서 다양한 민족 집단이 보이는 적응 실태를 폭넓게 점검하는 것이 필요하다. 나아가 다문화사회로 변화하고 있는 우리 사회에서 다문화를 제대로 이해하기 위해서는 범국가적인 차원의 연구가 반드시 필요하고, 그러한 움직임을 바탕으로 더 나은 사회구현이 실행되어야 할 것이다. 본 연구에서도 이러한 점을 고려하여 세 대상집단들이 한국 사회에서 경험하는 갈등 및 대처양식을 탐색해 보았지만, 그들과 동시적으로 상호작용하고 있는 한국인들의 인식에 대한 연구는 부족하다. 따라서 앞으로 한국인들이 어떤 생각과 태도를 가지고 있으며, 다문화인들은 어떤 갈등을 가장 심각하게 경험하는지를 동시적으로 연구해 볼 필요가 있다.

한국에 이주하여 생활하는 모든 다문화인에 대한 이해는 한국인이 타국에 갔을 때 경험하게 될 지도 모르는 문제와도 관계되어 있다. 한국에 적응하는 다문화인은 세계무대에서 활동하는 한국인의 자아상이 반영되어 있다는 점을 인식하고, 한국에 이주해 온 외국인에 대한 이해와 포용의 마음을 키워나가야 할 것이다.

/제6장/

결과물에 대한 기대효과

가. 학문 발전에의 기여 효과

나. 사회·경제 측면 연계 활용

다. 변경내용

제6장 결과물에 대한 기대효과

본 연구의 결과를 토대로 다문화 이주민의 적응에 변화를 가져올 수 있는 대안들을 마련할 수 있겠다. 가령, 다문화 이주민의 적응 유형이나 과정과 관련된 변인들을 종합적이고 체계적으로 파악함으로써, 개입을 필요로 하는 사람들의 특성 및 개입해야 할 내용을 정확하게 파악할 수 있다. 그뿐만 아니라, 이주민에 대한 한국인의 태도를 파악하고 그에 기초하여 그들을 유형화함으로써, 다문화 교육이 필요한 사람들과 교육내용을 구체화할 수 있다.

특정 지역사회의 다민족 거주자들을 대상으로 사회구조망 분석을 실시함으로써, 아래로부터의 다문화주의와 다문화 운동이 갖는 중요성을 가늠해 볼 수 있다. 특정 지역사회에 기반한 다문화 구성원 간의 의사소통 확산이나 친밀한 교류가 대립과 갈등을 제거하고 공동체적 삶에 기여한다면, 지방자치기구뿐만 아니라 민간기업 및 시민단체 등이 주도하는 다양한 다문화 간 교류프로그램을 개발하고 실행할 수 있다.

가. 학문 발전에의 기여 효과

문화적응 현상은 다문화 이주민 개인의 문화적응 측면과 한국인의 문화적 특성 간의 상호작용에 따라 집단별·유형별로 다양한 문화적응 방식이 나타날 것으로 예상하며, 각각의 공통점과 차이점을 파악할 수 있다. 내용중심적인 질적 연구와 체계화된 조사 연구를 통하여 현재 한국 사회에서 문화적응 관련 개인의 심리적 요인이 무엇이며, 그것이 어떻게 일어나는지에 대한 역동적인 문화적응 과정을 파악하였다. 그리고 최종적으로 한국 사회의 다문화에 적용 가능한 다차원적 문화적응 이해체계를 구축하여 기존의 유형에서 벗어난 새로운 문화적응 유형에 대한 패러다임을 구축하였다. 다문화 이주민의 증가로 인해 많은 사회문제가 대두되었는데, 이의 해결방안을 모색하기 위한 많은 정책적·행정적·인적·경제적 비용이 요구된다. 또한 본 연구는 경험적이고 과학적인 자료를 제공하여 이주민들의 심리적 안정지원, 복지 서비스, 문화적응 훈련시스템을 운영하고 사회적 지원을 끌어내는데 기여할 것이다. 현재 활동하고 있는 외국인 근로자들을 위한 서비스, 탈북주민에 대한 서비스, 결혼이주민 문제에 대한 서비스 인력들이 있지만, 현재 그들의 역할은 주로 위급한 상황의 문제 해결에만 집중되어 있다. 위기 극복 차원을 넘어서 예방차원과 함께 일상적 문제와 어려움 및 갈등 양상을 구체적으로 파악하여 문화적 적응과 사회 통합을 위한 자료를 제공할 수 있다.

나. 사회 · 정책 측면 연계 활용

외국 이주민들의 문화적응 시 다양한 프로그램을 통해 한국문화와 자국문화의 차이를 경험하게 하고, 그들과 접촉하는 한국 사회의 자원봉사자나 직원 등에게 두 문화 간 차이를 경험하게 하여 다문화적 가치를 수용하고 이해하는 데 기여할 수 있다. 타문화권 주민의 유입에 따른 이질감으로 이주민들과 기존문화권 주민들이 겪는 불편함과 편견에서 오는 갈등을 줄이고 문화적응에 대한 이해를 높임으로써 청소년, 가정주부, 종교인, 대학생 등 여러 계층의 사람들이 참여하는 다문화 자원봉사자 활동과 교육에 기여할 수 있다. 다문화 이주민의 증가에 따른 문화적응 교육 및 서비스를 활성화할 수 있는 자료를 제공하여 한국문화를 긍정적으로 경험할 수 있을 기회를 제공하고, 이를 위한 직간접적인 투자를 이끌어내는 데 기여할 수 있다. 타문화권으로 이주하는 한국의 유학생, 해외근무자, NGO 활동가, 종교적 활동가, 해외여행자 등에게 필요한 단기적 · 장기적 문화적응에 대한 사전 교육을 통해 부정적인 경험을 줄이고 생산적이고 긍정적인 경험을 하도록 돕는 전문적인 교육기관과 인력의 양성에 기여할 수 있다. 또한 추후 한국은 통일 후 남북한 주민의 통합을 위한 프로그램을 준비하는 것이 필요하다. 이를 위해 상황 · 맥락적이고 단계적인 연구 결과를 활용하여 새로운 프로그램을 개발하도록 국가적, 사회적, 공동체적 관심을 끌어내고, 언론매체를 통한 사회적 캠페인을 시행하는 데 기여할 수 있다.

다. 변경내용

처음 연구를 진행할 때에는 1차 연도에 새터민을 연구대상으로 삼았으나 진행상 연구참여와 면접에 어려움이 있어 새터민 연구는 시간이 필요하다고 판단하여, 1차 연도에는 새터민 대신 조선족 여성을 참여시키고 2차 연도에 새터민을 연구하는 것으로 변경하였다.

부 록 최종보고서

1. 연구과제명

조선족 여성, 동남아시아 여성 그리고 새터민의 적응 유형 분석 및 삶의 질 향상 방안 모색

2. 연구자

직위: 정 교 수

성명: 정 태 연

3. 진행 상황표

표시요령	
⟹	당초계획
····>	진 도

월 별 / 진행내용	2010 7	8-9	10	11	12	2011 1	2	3	4	5	6	7	진도율
동남아 여성 자료수집	== ---	=> ->											100%
자료 분류		== ---	== ---	=> ->									100%
자료 분석				== ---	== ---	=> ->							100%
조선족 여성 자료수집						== ---	== ---	=> ->					100%
자료 분류								== ---	== ---	=> ->			100%
자료 분석									== ---	== ---	=> ->		100%
중간보고서 제출											== ---	=> ->	100%

월 별 진행내용	2011 7	8-9	10	11	12	2012 1	2	3	4	5	6	7	진도율
중간보고	== ---	=> ->											100%
문헌조사(탈북자)		== ---	== ---	=> ->									100%
척도완성(탈북자)				== ---	== ---	=> ->							100%
자료 수집(탈북자)						== ---	== ---	=> ->					100%
자료 분석(탈북자)								== ---	== ---	=> ->			100%
총 자료 통합분석									== ---	== ---	=> ->		100%
결과보고서 제출											== ---	=> ->	100%

| 참고문헌 |

강유진(1999). 한국 남성과 결혼한 중국 조선족 여성들의 결혼 생활 실태에 관한 연구. 한국가족관계학회, 4(2), 61-80.

교육인적자원부(2007). 다문화가정 자녀 교육지원 계획 자료집.

김동배, 조학래, 김혜령(1995). 자원봉사활동이 고등학생의 인성발달에 미치는 영향에 관한 연구. 한국 사회복지협의회. 계간 사회복지, 127(4), 34-50.

김명소, 김혜원, 차명호, 임지영, 한영석(2003a). 한국 성인의 행복한 삶의 구성요인 탐색 및 척도개발. 한국심리학회지: 건강, 8(2), 415-442.

김영경(2008). 한국 내 조선족 청년들의 사회문화적응력 향상을 위한 요구 분석. 한국기독교상담심리치료학회, 15, 169-197.

김정원 외(2005). 외국인 근로자 자녀 교육복지 실태 분석연구. 한국교육개발원.

김혜숙(2007). 우리나라 사람들이 가지는 가치가 소수 집단에 대한 편견적 태도에 미치는 영향. 한국심리학회지 사회 및 성격, 21(4), 91-104.

남북 문화 통합교육원(2007). 새터민 청소년 지도 프로그램. 한국과학기술부.

노유자(1988). 서울지역 중년기 성인의 삶의 질에 관한 연구. 연세대학교 박사학위논문.

문형진(2008). 한국 내 조선족 노동자들의 갈등사례에 관한 연구, 국제지역연구, 12(1), 131-156.

박은미(2009). 새터민 대학생의 남한사회 적응에 대한 질적 연구. 중앙대학교 석사학위논문.

박행모, 문승태(2008). 농촌지역 국제결혼 이주 여성들의 사회생활 적응 교육을 위한 실태 분석. 농업교육과 인적자원개발, 40(2). 69-91.

보건복지부(2007). 국제결혼 이주여성 실태조사 및 보건·복지 지원정책 방안 보고서. 보건복지부.

신경희, 양성은(2006). 국제결혼가족의 부부갈등에 관한 연구. 대한가정학회지, 44(5), 1-8.

안병삼(2009). 초국가적 이동현상에 따른 중국 조선족의 가족해체 연구. 한국동북아논총, 52, 153-177.

오성배(2007). 국제결혼 가정 자녀의 교육 환경과 문제. 교육비평, 22, 187-213.

외국인 정책본부(2009). 출입국 외국인정책 통계연보 2008. 서울: 법무부 출입국·외국인정책본부.

유승무, 이태정(2006). 한국인의 사회적 인정 척도와 외국인에 대한 이중적 태도. 한국 사회역사학회, 9(2), 275-311.

윤인진(2000). 북한 이탈 주민의 사회적 적응 실태와 정착지원 과제. 현대사회문화연구소, 286, 28-35.

윤형숙(2004). 외국인 출신 농촌주부의 갈등과 적응: 필리핀 여성을 중심으로. 한국여성학회 학술대회.

이경주, 신효식(1997). 십대자녀가 지각한 일상적 스트레스와 부적응. 대한가정관리학회, 15(4), 15-26.

이무영, 강기정(2007). 국제결혼이주여성의 자아존중감 및 결혼만족도 향상을 위한 현실요법 집단프로그램의 효과. 한국가족복지학, 12(2), 29-44.

이영주(2007). 국제 결혼한 여성의 자녀에 대한 심리사회적 적응에 영향을 미치는 보호요인에 관한 연구. 한국심리학회지: 여성, 12(2), 83-105.

이장호(1997). 북한출신주민(탈북자포함) 심리사회적응 프로그램의 개발. 성곡논총, 28(4), 739-789.

이하령(2007). 인종에 대한 사회적 편견 연구-고정관념, 감정과 사회적 거리감의 관계를 중심으로. 한양대학교 석사학위논문.
임성택(2003). 세계시민교육관점에서의 외국인에 대한 한국학생들의 고정관념분석. 교육학연구, 41(3), 275-301.
전우택(1995). 통일 후 예상되는 북한주민들의 통일 사회 적응에 대한 연구-난민, 한국인 이민자, 북한 귀순자를 중심으로. 통일원.
정기선(2003). 외국인 노동자의 문화접촉, 사회적 거리감과 인상변화. 제97회 콜로키움 발표문, 1-29.
정진경, 양계민(2004). 문화적응이론의 전개와 현황. 한국심리학회지, 23(1), 101-136.
정천석, 강기정(2008). 국제결혼 이주여성의 한국 생활적응 유형에 관한 연구. 한국가족복지학, 13(1), 5-23.
정태연, 김기범(2005). 문화의 새로운 차원 "경직성과 유연성(Tightness-Looseness)". 한국심리학회지, 19(3), 101-116.
조영달(1994). 세계화와 한국 사회 공동체의 과제-세계화, 시민의식, 시민교육. 서울대학교 사회교육과 시민교육연구소, 21-60.
조영아, 전우택(2005). 탈북 여성들의 남한 사회 적응 문제: 결혼 경험자를 중심으로. 한국심리학회지, 10(1), 17-35.
조용관(2004). 탈북자의 남한사회 적응을 통해 본 통일교육의 과제. 한국윤리학회지, 57, 217-240.
차명숙(2005). 에니어그램 프로그램이 중학생의 자아수용과 타인수용에 미치는 효과. 창원대학교 석사학위논문.
채정민(2003). 북한이탈주민의 남한 내 심리적 문화적응 기제와 적응행태. 고려대학교 박사학위논문.
통계청(2005, 2006). http://www.nso.go.kr/chological research and clinical applications(111-140). New Jersey: Lawrence Erlbaum Associates, Inc.
한유미(2007). 탈북자 1만 명 시대: 탈북 청소년들의 고민. 자유공론, 42(9), 90-91.
허성호, 최영진, 정태연(2008). 북한이탈주민의 외상 후 스트레스 장애에 대한 진단. 스트레스연구, 16(4), 379-386.
보건복지가족부. 2010년 3월 17일 기사.
http://www.mw.go.kr/front/jb/sjb0501ls.jsp?PAR_MENU_ID=03&MENU_ID=030501

Berry, J. W.(1980). Ecological analyses for cross-cultural psychology. In N. Warren(Ed.), Studies in cross-cultural psychology, 2, 157-189. London: Academic Press.
Berry, J. W.(1992). Acculturation and adaptation in a new society. International Migration, 30, 69-85.
Berry, J. W.(1997). Immigration, acculturation and adaptation. Applied Psychology: An International Review, 46, 5-34.
Bogardus, E.(1971), "Measuring Social Distance," in K. Thomas(eds), Attitudes and Behavior, London: Penguin Books, 87-97.
Bourhis, R. Y., Moïse, L. C., Perreault, S., & Se'necal, S.(1997). Towards an interactive acculturation Model: Asocial psychological approach. International Journal of Psychology, 32, 369-386.
Gordon, M. M.(1978). Human Nature, Class, and Ethnicity. New York: Oxford University Press.
Greenland, K. & Brown, R.(2005). Acculturation and contact in Japanese students studying in the United Kingdom. The Journal of Social Psychology, 4, 373-389.
Hovey, J. D., & King, C. A.(1996). Acculturative stress, depression, and suicidal ideation among immigrant and second generation Latino adolescents. Journal of the American Academy of Child and Adolescent Psychiatry, 35, 1183-1192.
Hue-Sun Ahn(1999). Juggling two worlds: Ethnic identity of Korean-American college students. University of Pennsylvania.

Jasinskaja-Lahti, I., Liebkind, K., Horenczyk, G. & Schmitz, P.(2003). The interactive nature of acculturation: perceived discrimination, acculturation attitudes and stress among young ethnic repatriates in Finland, Israel and Germany. International Journal of Intercultural Relations, 27, 79-97.

Kendall, F. E.(1983). Diversity in the Classroom. New York and London: Columbia University.

Kurman, J., Eshel, Y., & Sbeit, K.(2005). Acculturation attitudes, perceived attitudes of the majority, and adjustment of Israeli-Arab and Jewish-Ethiopian Students to an Israeli university. The Journal of Social Psychology, 5, 593-612.

Miller, A. M., Wang, E., Szalach, L. A., & Sorokin, O.(2009). Longitudinal changes in acculturation for immigrant women from the former soviet union. Journal of Cross-Cultural Psychology, 4, 400-415.

Miller, D. C.(1991). Handbook of Research Design and Social Measurement. 5th ed. Newbury Park: Sage Publications.

Persky, I. & Birman, D.(2005). "Ethnic" identity in acculturation research: A study of multiple identities of Jewish refugees from the Former Soviet Union. Journal of Cross-Cultural Psychology, 36, 1-16.

Phinney, J.(1990). Ethnic identity in adolescents and adults: A review of research. Psychological Bulletin. 108, 499-514.

Rocaas, S., Horenczyk, G., & Schwartz, S.(2000). Acculturation discrepancies and well-being: The moderating role of conformity. European journal of Social Psychology, 30, 323-334.

Shim. Y. R., Schwartz, R. C.(2007). The relationship between degree of acculturation and adjustment difficulties among Korean immigrants living in a Western society. British Journal of Guidance

& Counselling, 4, 409-426.

Strauss, A. & Corbin, J.(1998). Basics of qualitative research: Grounded theory, procedures and techniques. Newbury Park, CA: Sage.

Ward, C., & Kennedy, A.(1994). Acculturation strategies, psychological adjustment, and sociocultural competence during cross-cultural transition. International Journal of Intercultural Relations, 18, 329-343.

Ward, C., & Kennedy, A.(1996). Crossing cultures: The relationship between psychological and socio-cultural dimensions of cross-cultural adjustment. In J. Pandey, D. Sinha, & D.P.S. Bhawuk (Eds.), Asian Contributions to Cross-Cultural Psychology. New Delhi: Sage Publications.

Wasserman, S., & Faust, K.(1995). Social network analysis. Cambridge University Press.

Wong P. T. P.(1998a). Implicit theories of meaningful life and the development of the personal meaning profile, In P. T. P. Wong & P. S. Fry(Eds.), The human quest for meaning: A handbook of psyBerry, J. W & D. L. Sam.(1997). Acculturation and adaptation. In Berry, Segall and Kagitcibasi(Eds.), Handbook of Cross-cultural Psychology volume 3(2nd ed)(pp. 291-326). Boston: Allyn & Bacon.

저자 소개

정태연(鄭泰連) 연세대학교 심리학과 졸업
연세대학교 대학원 심리학과 졸업(문학석사)
미국 코네티컷대학교 대학원 심리학과 졸업(철학박사)
현재 중앙대학교 심리학과 교수

아산재단 연구총서 제381집

조선족 여성, 동남아시아 여성 그리고 새터민의 적응 유형 분석 및 삶의 질 향상 방안 모색 값 11,000원

2015년 6월 30일 1판 1쇄

저 자 정 태 연
발 행 인 임 동 규
발 행 처 **집 문 당**
등 록 1971. 3. 23. 제300-2012-69호
영 업 부 413-120 경기도 파주시 광인사길 85
(02)743-3192~3 팩스(02)742-4657
전자우편 sale@jipmoon.co.kr
편 집 부 110-360 서울특별시 종로구 돈화문로 82
(02)743-3096~7 팩스(02)743-0227
전자우편 edit@jipmoon.co.kr
홈페이지 www.jipmoon.co.kr

ISBN 978-89-303-1681-1
978-89-303-1500-5(세트)

이 도서의 국립중앙도서관 출판예정도서목록(CIP)은 서지정보유통지원시스템 홈페이지(http://seoji.nl.go.kr)와 국가자료공동목록시스템(http://www.nl.go.kr/kolisnet)에서 이용하실 수 있습니다.(CIP제어번호: CIP2015013668)

아 | 산 | 재 | 단 | 연 | 구 | 총 | 서

1 전환기의 중국경제
김윤환 외 | 단국대 경제학과

2 폴란드 경제의 변천 개혁과 그 전망
김광수 | 숭실대 경제학과

3 재소한인
이광규 외 | 서울대 인류학과

4 소련산림과 임업
홍성천 외 | 경북대 임학과

5 아세안의 정치경제
김국진 외 | 외교안보연구원

6 태국의 사회변동과 경제발전
최석만 외 | 전남대 사회학과

7 중국의 사회경제 통계분석
신한풍 외 | 고려대 통계학과

8 중국의 정치와 경제
박두복 외 | 외교안보연구원

9 동유럽의 개혁과 시장경제의 도입
허만 외 | 부산대 사범대학

10 동유럽의 개혁운동
박영신 | 연세대 사회학과

11 현대 러시아 연구
기연수 외 | 한국외대 노어과

12 전략적 선택과 기업의 국제경쟁력
이장호 | 서강대 경영대학

13 협동사회의 정착과 정부의 역할
이종범 외 | 고려대 행정학과

14 한국 제조기업 생산성의 동적 분석
노부호 외 | 중앙대 경영대학

15 분배의 정의
변형윤 외 | 서울대 경제학과

16 도덕적 행동의 강화
이훈구 외 | 연세대 심리학과

17 관료부패와 통제
김해동 외 | 서울대 행정대학원

18 한국경제의 내실 있는 성장
정창영 외 | 연세대 경제학과

19 한국국민정신운동의 역사와 발전방향
박수명 외 | 부산대 사범대학

20 한국대학생의 가치성향과 상담효과
이영희 외 | 숙명여대 교육학과

21 가출청소년과 학교관리체제
안창규 외 | 부산대 교육학과

22 동북아 정세변화와 한 · 일관계
한승조 외 | 고려대 정치외교학과

23 언론과 부정부패
정대철 외 | 한양대 신문방송학과

24 한국의 고등학교 교육
이원호 외 | 부산대 교육학과

25 가족과 방송
김학수 외 | 서강대 신문방송학과

26 재정개혁의 전망과 재산세제의 개편 과제
오연천 | 서울대 행정대학원

27 청소년을 위한 전자게임 프로그램의 규제 및 평가체계 개발
박혜원 외 | 울산대 가정관리학과

28 정신장애자 가족의 사회심리적 특성
이근후 외 | 이화여대 의과대학

29 가족의 관계역동성과 문제인식
이광규 외 | 서울대 인류학과

30 현대인과 한국전통음식
승정자 | 숙명여대 식품영양학과

31 기업의 초고속정보통신망활용
안중호 | 서울대 경영학과

32 지역발전을 위한 교육자치제의 개선방안
김남순 | 조선대 사범대학

33 전환기의 공무원 가치관
조경호 | 울산대 행정학과

34 지방자치와 사회복지의 과제
김영모 | 중앙대 사회복지학과

35 WTO체제하의 지방중소기업 지원정책
최명주 외 | 계명대 통상학부

36 현대한국의 시민운동
이효선 | 중앙대 사회학과

37 기업 세계화의 단계 및 정도의 측정
허영도 외 | 울산대 경영학과

38 가족복지를 위한 가족주치의 시범사업의 효과
이혜리 외 | 연세대 가정의학교실

39 한국대학생의 삶의 만족도
김재은 외 | 이화여대 교육심리학과

40 지역경제와 지역산업구조의 개편방향
정기화 외 | 전남대 경제학부

41 중국기업의 소유형태별 경영특성
노철화 외 | 부산대 무역학과

42 남북한의 인성 · 사상교육
한승조 외 | 고려대 정치외교학과

43 연계적 뇌기능 조언을 위한 의료용 멀티미디어 시스템의 설계
유선국 | 연세대 의용공학교실

44 다민족국가의 민족문제와 한인사회
최협 외 | 전남대 인류학과

45 저소득층지역 청소년 여가문화와 소집단 활성화
박문수 외 | 서강대 사회학과

46 삶의 질의 국제비교와 지역간 비교분석
이재기 외 | 울산대 경제학과

47 21세기 지역주민의 삶의 질
양종회 외 | 성균관대 사회학과

48 삶의 질에 대한 국가간 비교
조명한 외 | 서울대 심리학과

49 외국인 노동자의 노사관계와 사회적 적응
석현호 외 | 성균관대 사회학과

50 한국의 사법제도와 발전 모델
정종섭 | 건국대 법학과

51 고령화사회와 중상층 노인의 사회활동
조성남 외 | 이화여대 사회학과

52 한국의 서비스 시장 개방정책
한홍렬 | 한양대 경제학부

53 한국과 AFTA간의 교역증진 및 경제 협력방안
손일태 외 | 경희대 경제통상학부

54 물류비 절감을 위한 무역업체의 정보화전략
이영수 외 | 경북대 경제통상학부

55 사회주의 체제전환과 사회정책
오정수 외 | 충남대 사회복지학과

56 남북통일 이후 농업생산체계 개편
홍성규 외 | 건국대 농업경제학과

57 국제화와 세계화
하영선 외 | 서울대 외교학과

58 IMF 개혁정책의 평가와 한국경제의 신(新) 패러다임
조동근 | 명지대 경제학과

59 구조개혁과 실업대책
박동운 | 단국대 경제무역학부

60 21세기 신노사관계
심윤종 외 | 성균관대 사회학과

61 학교에서의 집단 따돌림
이춘재 외 | 가톨릭대 심리학과

62 한국노인의 정신건강실태와 건강증진
조맹제 외 | 서울대 의과대학

63 혁명과 개혁 속의 중국 농민
김광억 | 서울대 인류학과

64 중국의 경제환경과 한국기업의 진출 전략
지용희 외 | 서강대 경영학과

65 김대중 대통령의 시스템 사고
김동환 | 중앙대 공공정책학부

66 실업과 가족해체
최일섭 외 | 서울대 사회복지학과

67 합리적 부채비율 조정방안
오상근 | 동아대 경제학과

68 한국 중산층의 생활문화
문숙재 외 | 이화여대 소비자 · 인간발달학과

69 계층간 갈등상태에서 최적소득세
김진욱 | 건국대 경상학부

70 글로벌 경쟁력 제고를 위한 기업전략과 조직구축
이만우 외 | 고려대 경영학과

71 의료보험과 국민연금의 관리효율화를 위한 통합방안
사공진 외 | 한양대 경제학부

72 정부개혁의 과제와 전략
박우서 외 | 연세대 행정학과

73 책임운영기관 제도에 관한 비교분석
김근세 | 가톨릭대 행정학과

74 새로운 패러다임하에서의 한국기업의 바람직한 지배구조
최운열 외 | 서강대 경영학과

75 현대 한국사회의 계층구조
양춘 외 | 고려대 사회학과

76 한국의 산업정책과 산업구조조정
강인수 | 숙명여대 경제학부

77 기업구조조정
김석진 | 경북대 경영학부

78 지식경영을 위한 인적자원 개발 및 관리체계
장영철 | 경희대 경영학부

79 뉴 비즈니스 모델
전성현 | 국민대 정보관리학부

80 중산층의 정체성과 소비문화
함인희 외 | 이화여대 사회학과

81 외국관광객 유치를 위한 마케팅 전략
박상규 | 강원대 경영학과

82 한국인의 세대별 문학의식
이동순 | 영남대 국문과

83 공공부문의 효율성 평가와 측정
김재홍 외 | 울산대 사회과학부

84 한국 청소년의 정치의식과 형성요인
김광웅 외 | 숙명여대 아동복지학과

85 한국 대학생의 정치의식
배한동 | 경북대 윤리교육과

86 산업의 정보화와 산업발전
이기동 | 계명대 통상학부

87 한국 제조업의 고용조정 분석
이종원 외 | 성균관대 경제학부

88 지식자산에 대한 경영전략적 평가모형 개발
배재학 외 | 울산대 컴퓨터 · 정보통신공학부

89 관광사업을 위한 한국적 이미지의 휴식복 개발
채금석 | 숙명여대 의류학과

90 한국 정치제도의 개혁
신정현 | 경희대 사회과학부

91 e비즈니스와 아웃소싱 전략
정승화 외 | 연세대 경영학과

92 집단 따돌림의 진단 및 치료방안
홍준표 | 중앙대 인간생활환경학과

93 16대 총선과 낙선운동
조기숙 | 이화여대 국제대학원

94 부동층 유권자 행태 분석
진영재 | 연세대 정치외교학과

95 사이버 공동체의 성공요인
이재관 | 숭실대 경영학부

96 온라인 소비자 행동의 이론과 실증
윤성준 | 경기대 경영학부

97 글로벌 시대 정약용 세계관의 가능성과 한계
차성환 | 한일장신대 역사사회학과

98 러시아의 체제전환 과정에서 나타난 국가의 역할과 그 전망
이상민 외 | 부산대 정치외교학과

99 남북한의 경제발전 수준과 산업구조 비교, 그리고 경제교류 협력방향
주성환 | 건국대 경제학과

100 집단따돌림과 교육해체
한준상 | 연세대 교육학과

101 공적연금제도의 효율성과 개선방안
유금록 | 군산대 행정복지학부

102 벤처기업-대기업의 성공적인 협력 모델
나중덕 | 경산대 경영학과

103 북한의 재외동포정책
조정남 외 | 고려대 정치외교학과

104 사이버 공동체 형성의 역동적 모형
장용호 | 서강대 신문방송학과

105 기업이론과 기업의 소유지배구조
김일태 외 | 전남대 경제학부

106 가축분뇨 자원화를 위한 공동이용조직에 대한 농가선호도 분석
유덕기 | 동국대 생명자원경제학과

107 개혁정책과 전문가 집단
이경원 외 | 제주대 행정학과

108 현대 한국사회의 이중가치체계
신수진 외 | 이화여대 가정관리학과

109 한국의 산업구조 변화와 기업집단 다각화 전략
김용학 외 | 연세대 사회학과

110 지식정보사회의 경제적 모형 설정 및 사례 연구
김범환 | 배제대 경영정보학부

111 변호사징계제도
오종근 | 한림대 법학부

112 인터넷 특허법
김순석 | 광주대 법학과

113 e-비즈니스 시대의 금융 및 재정정책의 새로운 패러다임
이종욱 | 서울여대 경제학과

114 청소년의 하위문화와 정체성
조성남 | 이화여대 사회학과

115 디지털금융시대의 금융구조변화와 정부규제 및 정책
이충열 | 고려대 경제학부

116 지식경영을 위한 기업의 조직설계방안
김경수 외 | 전남대 경영학과

117 전자금융의 발달과 경제정책의 새로운 패러다임
이명훈 | 명지대 경제학과

118 동아시아의 안보와 유엔체제
강성학 편저 | 고려대 정치외교학과

119 유료 치매노인 그룹홈의 개발과 관련 정책
최정신 외 | 가톨릭대 소비자 · 주거학과

120 소비자 지향적 문화산업 정책
홍영준 | 호남대 광고홍보학과

121 국제 · 국가 · 지방 환경규제의 연계
정준금 외 | 울산대 행정학과

122 현행 회사 합병 · 분할제도의 평가와 개선방안
옥무석 외 | 이화여대 법학과

123 배려지향적 도덕성과 정의지향적 도덕성
정옥분 외 | 고려대 사범대학

124 기업구조조정에 대한 채권금융기관 및 금융감독기관의 역할과 책임
이중기 | 한림대 법학과

125 실업대책으로서 한국의 법정기준근로시간 단축
박영범 | 한성대 경제학과

126 프랑스어의 비분리성 소유개념 표현
노윤채 | 연세대 언어정보연구원

127 지방채의 효율적 관리방안
강태구 | 호원대 법행정학부

128 21세기 산업구조 변화와 과학기술정책
임채성 외 | 그리스도신학대 경영정보학부

129 인터넷 쇼핑몰 이용자의 불평행동
예종석 | 한양대 경영학부

130 한국기업의 성과급제도 현황, 효과 및 개선방안
김성수 | 서울대 경영학과

131 전자상거래와 소비자보호
서민교 외 | 경일대 인터넷국제통상학과

132 평생학습 사회에서의 인적자원개발을 위한 사회적 파트너십 구축
김영화 | 홍익대 교육학과

133 한국 공교육의 새로운 구상과 전략
권대봉 외 | 고려대 교육학과

134 한국의 정부개혁
김태룡 | 상지대 행정학과

135 지방정부 생산성 측정의 이론과 실제
이은국 외 | 연세대 행정학과

136 불가 시문학론
배규범 | 경희대 학술연구 교수

137 남북경제교류의 법적 문제
제성호 | 중앙대 법학과

138 경제위기와 청소년 발달
구인회 | 서울대 사회복지학과

139 생명과학기술의 응용과 기본권보호적 한계
정상기 외 | 한남대 법학과

140 경제발전과 정치환경의 한·일 비교분석
정갑영 외 | 연세대 동서문제연구원

141 한국 공교육의 진단
윤정일 외 | 서울대 교육학과

142 우리나라 지방자치 발전을 위한 자치단체장의 역할
정성호 외 | 경기대 사회과학부

143 의료보험제도의 개혁방안
권순원 | 덕성여대 경제학과

144 중등 도덕교육의 현실과 문제
손동현 외 | 성균관대 철학과

145 사이버공동체 발전론
이명식 | 상명대 경영학과

146 남북경협 확대에 대비한 북한 담보제도의 정비방안
박휜일 | 경희대 법과대학

147 한국 공무원 인사제도 개혁
김판석 | 연세대 행정학과

148 교사화법 교육
임칠성 외 | 전남대 국어교육과

149 세계화의 문화정치학
임혁백 외 | 고려대 정치외교학과

150 효과적인 e-SCM을 위한 의사결정 조정 시스템 모형
이원준 | 성균관대 경영학부

151 환경거버넌스
김종순 외 | 건국대 행정학과

152 자동차산업의 인적자원관리
이덕로 | 서원대 경영학부

153 한국과 영국 간 지식기반산업 비교
이명호 | 한국외대 경영학과

154 한국 벤처기업의 기술네트워킹 및 기술마케팅 전략
장영일 | 인제대 경영학부

155 회사변호사의 윤리
오승종 | 성균관대 법과대학

156 미디어교육론
이정춘 | 중앙대 신문방송학과

157 조선시대 서원과 양반
윤희면 | 전남대 역사교육과

158 환경문제와 철학
박찬국 | 서울대 철학과

159 노인보건복지 이론과 실제
김명 외 | 이화여대 보건교육학과

160 북한의 법체계
권재열 외 | 숭실대 법학과

161 생명공학기술의 안전성 확보에 관한 법적 고찰
이재협 | 경희대 법학부

162 청소년복지학
김성이 외 | 이화여대 사회복지학과

163 변화하는 세계, 변화하는 복지국가
조영훈 | 동의대 사회복지학과

164 의리의 윤리와 한국의 유교문화
김낙진 | 진주교대 도덕교육과

165 미국의 통상정책과 통상법
윤충원 | 전북대 무역학과

166 사회복지 프로그램 평가
김학주 | 경상대 사회복지학과

167 환경주의와 지속가능한 발전
정대연 | 제주대 사회학과

168 무역과 환경
김기흥 외 | 경기대 경제학부

169 산업계 유해폐기물의 위험과 관리
김금수 | 호서대 경상학부

170 백범 김구의 지적 계발과정 탐색
문용린 | 서울대 교육학과

171 태평양전쟁 발발 이후 일제의 인적 지배와 그리스도교계의 대응
윤선자 | 전남대 사학과

172 거버넌스 상황에서 갈등관리를 위한 대체적 분쟁해결제도
서순복 | 광주대 법정학부

173 시장경제의 유형과 민주주의
최배근 | 건국대 경상학부

174 일본고전소설 총론
김현정 | 국립한국전통문화학교

175 국어 교육을 위한 국어 문법론
이관규 | 홍익대 국어교육과

176 율곡의 군주론
전세영 | 부산교대 윤리교육과

177 동북아시아 환경협력
정서용 | 명지대 법학과

178 기후변화협약과 기후정책
신의순 외 | 연세대 경제학과

179 인터넷과 국제 학술정보 네트워크-하이퍼링크 분석
박한우 | 영남대 언론정보학과

180 국내 기업복지의 활성화 방안
최수찬 | 연세대 사회복지대학원

181 세계화와 인간안보
김우상 외 | 연세대 정치외교학과

182 세계문화유산 종묘 이야기
지두환 | 국민대 국사학과

183 한국 평생교육의 사회철학적 과제
곽삼근 | 이화여대 교육학과

184 강점모델
정순둘 | 이화여대 사회복지학과

185 글로벌시대의 계약법
박영복 | 한국외대 법과대학

186 배심제와 시민의 사법참여
안경환 | 서울대 법학과

187 동북아공동체
김재한 | 한림대 정치외교학과

188 정치 참여와 탈물질주의
김욱 | 배재대 정치외교학과

189 퍼지전문가회로망을 이용한 금융기관의 사이버 기업여신결정 지원시스템의 개발
권혁대 | 목원대 경영학과

190 환경정책과 환경법
송인성 | 전남대 지역개발학과

191 포스트모던 시대의 평생교육학
한숭희 | 서울대 교육학과

192 현대 한국인의 세대경험과 문화
박길성 외 | 고려대 사회학과

193 서구의 근로연계복지
김종일 | 건국대 사회복지학과

194 사회복지운동론
현외성 | 경남대 사회복지학과

195 외국의 역모기지 사례
유선종 | 건국대 부동산학과

196 옛이야기와 어린이문학
이지호 | 진주교대 국어교육학과

197 노인사회복지관광의 정책과제와 방안
김창수 | 경기대 관광학부

198 복지서비스의 민간위탁 시스템 분석
김순양 | 영남대 행정학부

199 새로운 빈곤층의 대두와 정부의 정책과제
김진욱 | 건국대 경제학과

200 문화행정론
김정수 | 한양대 행정학과

201 스칸디나비아 노인용 코하우징의 계획과 적용
최정신 외 | 가톨릭대 생활과학부

202 북한의 자연생태계
공우석 | 경희대 지리학과

203 통계로 이해하는 러시아
전홍찬 | 부산대 정치외교학과

204 사회복지법인의 경영과 회계
이동규 | 충남대 회계학과

205 의약분업 정책과정
차흥봉 | 한림대 사회복지학과

206 지역공동체와 평생교육
오혁진 | 동의대 평생교육학부

207 아동보호서비스의 실제
한미현 | 백석대 사회복지학부

208 그린마케팅
박재기 | 충남대 경영학부

209 아동권리와 아동복지
이혜원 | 성공회대 사회복지학과

210 국제 이주와 인도인 디아스포라
김경학 | 전남대 인류학과

211 질병과 의료의 사회학
조병희 | 서울대 보건대학원

212 북한이탈주민의 사회통합을 위한 지역복지실천의 모색
이기영 | 부산대 사회복지학과

213 치매노인케어론
조유향 | 초당대 간호학과

214 노인상담입문
서혜경 외 | 한림대 대학원 사회복지학과

215 '통일 이후 통일과정'으로서의 독일 통일영화
이준서 | 이화여대 독어독문학과

216 중국의 사회보장
오정수 | 충남대 사회복지학과

217 환경자원의 경제적 가치와 환경오염의 사회적 비용
김재홍 | 울산대 사회과학부

218 사회복지프로그램의 경제적 평가방법
박창제 외 | 상주대 사회복지학과

219 자유의지와 결정론
안건훈 | 강원대 철학과

220 심리학자들이 쓴 행복한 결혼의 심리학
채규만 외 | 성신여대 심리학과

221 현대 해석학 강의
양해림 | 충남대 철학과

222 한국인의 주거 빈곤과 공공주택
하성규 | 중앙대 도시 및 지역계획학과

223 IMF 경제위기와 한국 출산력의 변화
김두섭 | 한양대 사회학과

224 동아시아의 영토분쟁과 국제법
이석우 | 인하대 법학부

225 독일 복지국가와 사회복지서비스
정재훈 | 서울여대 사회사업학과

226 사회복지사를 위한 실용 비모수통계
엄명용 | 성균관대 사회복지학과

227 피해자학 연구
이윤호 | 동국대 경찰행정학과

228 광고언어창작론
박영준 외 | 부경대 국어국문학과

229 환경규제 패러다임의 전환
한철 | 한남대 법학과

230 고령사회의 노동환경변화와 고용시스템의 문제점 및 법적 대응
고준기 | 국립군산대 법학과

231 세계화와 소득불평등
이성균 외 | 울산대 사회과학부

232 유비쿼터스 사회의 이해
안중호 외 | 서울대 경영학과

233 국제환경책임법론
박병도 | 건국대 법학과

234 한국의 선거와 민주주의
윤종빈 | 명지대 정치외교학과

235 한국 시민운동의 구조와 동학
조대엽 외 | 고려대 사회학과

236 또래관계
송영혜 | 대구대 재활심리학과

237 해외 한국기업과 현지인 노동자
석현호 외 | 에스콰이아학술문화재단

238 독일 국가복지에서 민간복지단체의 역할과 의미
차성환 외 | 한일장신대 사회복지학부

239 청정공학
조정호 | 동양대 생명화학공학과

240 한국전통연희론
심상교 | 부산교육대 국어교육학과

241 정신장애와 가족
서미경 | 경상대 사회복지학부

242 빈곤통계의 작성과 활용
김주환 | 동국대 정보통계학과

243 인터넷과 한국정치
강원택 | 숭실대 정치외교학과

244 북한의 시장경제이행
정영화 외 | 서경대 법학과

245 시스템사고로 본 지속가능한 도시
문태훈 | 중앙대 도시및지역계획학과

246 실버산업과 유비쿼터스 컴퓨팅
고일상 | 전남대 경영학부

247 재활상담과 사례관리
나운환 | 대구대 직업재활학과

248 영유아교육기관에서의 장애 이해 교육
유수옥 | 우석대 유아특수교육과

249 장애의 사회적 의미와 사회통합
박수경 | 대진대 사회복지학과

250 경제분석의 수리적 기초
조인성 | 공주대 경제통상학부

251 비영리부문의 비교연구
김승현 | 서울산업대 행정학과

252 고등교육경제학
반상진 | 전북대 교육학과

253 과학윤리교육의 이론과 방법
조희형 | 강원대 과학교육학부

254 결혼이민자가족의 이해
김오남 | 대불대 사회복지학과

255 동아시아 국가의 공공부조
신동면 | 경희대 사회과학부

256 특수아동 진단 및 평가
이나미 | 대불대 특수교육과

257 계약형 사회복지와 권리옹호시스템
이명현 | 경북대 상주캠퍼스 사회복지학과

258 실내공기질 및 위해성 관리
양원호 | 대구가톨릭대 산업보건학과

259 충남 방언 문법
한영목 | 충남대 국어국문학과

260 교육권론
노기호 | 군산대 법학과

261 도시경관계획론
임승빈 | 서울대 조경 · 지역시스템공학부

262 교통의 새로운 패러다임
김형철 | 경원대 도시계획 · 조경학부

263 노인의 삶의 질 향상을 위한 주거환경 디자인
천진희 | 상명대 디자인대학 실내디자인전공

264 사회복지와 문화
박병현 | 부산대 사회복지학과

265 장애인복지의 이론과 실제
이선우 | 인제대 사회복지학과

266 창의성 개발을 위한 디자인교육 콘텐츠
김선영 | 인천가톨릭대 조형예술대학 환경디자인학과

267 구성주의 사회복지 실천 기술론
고미영 | 서울신학대 사회복지학과

268 장애아교육학
김기흥 | 부산교육대 유아교육과

269 지역사회복지와 자원부문
한상진 외 | 울산대 사회학과

270 환경관리회계
육근효 | 부산외국어대 회계학부

271 인권 관점에서 보는 장애인복지
유동철 | 동의대 사회복지학과

272 정신증상
송지영 | 경희대 의과대학병원 신경정신과

273 사이버공간의 사회심리학
이성식 외 | 숭실대 정보사회학과

274 노인에 대한 사회적 돌봄과 돌봄 서비스의 질 보장
최희경 | 신라대 가족노인복지학과

275 아동 심리치료의 실제
신현균 | 전남대 심리학과

276 사회복지와 위험관리
노충래 | 이화여대 사회복지전문대학원

277 국제 탄소시장의 이해
양승룡 | 고려대 식품자원경제학과

278 타자의 초상
신문수 | 서울대 영어교육과

279 한국정치와 환경정치
나정원 | 강원대 정치외교학과

280 북한이주민
윤인진 | 고려대 사회학과

281 음주의 사회경제적 비용
정우진 외 | 연세대 보건대학원

282 지방정치와 동북아 도시거버넌스
박재욱 | 신라대 행정학과

283 노숙인 복지론
남기철 | 동덕여대 사회복지학과

284 유럽통합과정과 지역협력
이규영 | 서강대 국제대학원

285 사회복지재정 연구
지은구 | 계명대 사회과학대학 사회복지학과

286 지역사회 교육개혁을 위한 시민사회 조직의 참여
김영화 | 홍익대 교육학과

287 복지사회를 대비한 국민연금의 구조개혁
박영석 외 | 서강대 경영학부

288 한미 FTA 지재권 협상에 따른 의약품 분야 사회후생 변화
오근엽 | 충남대 무역학과

289 산업입지, 환경 그리고 지역경제
이기동 외 | 계명대 국제통상학과

290 감성지능 개발을 통한 삶의 질 향상
김경수 외 | 전남대 경영학부

291 교육복지론
이용교 외 | 광주대 사회복지학부

292 인간과 행복에 대한 철학적 성찰
박찬국 | 서울대 철학과

293 유럽연합의 사회통합 사례와 교훈
이무성 | 명지대 정치외교학과

294 민영화와 사회후생
이상호 | 전남대 경제학부

295 북한의 교육학 체계 연구
최영표 외 | 동신대 교육대학원

296 한국 지속가능발전의 구조와 변동
정대연 | 제주대 사회학과

297 우리나라의 공익 연계 마케팅에 관한 연구
임승희 | 전주대 경영학부

298 시각장애인복지론
김영일 | 조선대 특수교육과

299 그린에너지와 환경촉매
정석진 | 경희대 화학공학과

300 취약학교 초등학생을 위한 온라인 보건 교육 프로그램
박경옥 | 이화여대 보건관리학과

301 신탁제도를 통한 고령자의 보호와 지원
최수정 | 서강대 법학전문대학원

302 사회적 약자계층에 대한 실태분석 및 정책방안
이은우 외 | 울산대 경제학과

303 한류 문화와 동북아 공동체
최혜실 | 경희대 국어국문학과

304 노동유연화와 해고보호법
권혁 | 부산대 법학전문대학원

305 사회복지 위험관리의 이해
박미은 | 한남대 사회복지학과

306 의료기관의 회계와 세무
노준화 | 충남대 경영학부

307 여성인적자원의 전문성 확보를 위한 경력개발
백지연 | 이화여대 국제사무학과

308 정신병리
강선경 | 서강대 신학대학원

309 바다의 반란 적조
윤양호 | 전남대 해양기술학부

310 한국 장애인 복지 발달사
이성규 | 서울시립대 사회복지학과

311 서양예술 속의 동양 탐색
진상범 | 전북대 독어독문학과

312 한국인의 도덕성 발달 진단
문용린 | 서울대 교육학과

313 영국정치와 국가복지
고세훈 | 고려대 공공행정학부

314 인간학적 사유를 여는 중도 · 중복장애 교육학
이숙정 | 단국대 특수교육과

315 개별화 교육과정
이소현 | 이화여대 특수교육과

316 인간의 긍정적 성품
권석만 | 서울대 심리학과

317 지방자치와 지역여성의 전망
이혜숙 | 경상대 사회학과

318 한국 현대 노년소설 연구
전흥남 | 한려대 교양학부

319 정보격차 해소를 위한 창의적 정보교육 프로그램
이영준 외 | 한국교원대 컴퓨터교육과

320 한국 가족과 젠더
손승영 | 동덕여대 교양학부

321 한국의 복지혼합
김진욱 | 서강대 신학대학원

322 사회자본과 자원봉사
김태룡 외 | 상지대 행정학과

323 농촌교육복지연구
박삼철 | 단국대 교양학부

324 사회정체성 평가 차원에 대한 국제 비교조사
이명진 | 고려대 사회학과

325 캐나다 복지국가 연구
조영훈 | 동의대 사회복지학과

326 한국의 소수자운동과 인권정책
전영평 외 | 서울대 행정대학원

327 한국과 미국의 보육서비스 전달체계와 품질 비교분석
김근세 외 | 성균관대 국정관리대학원

328 한국사회의 소득불평등과 국민 의료이용
이용재 | 호서대 사회복지학과

329 정보시대의 인간안보
조화순 | 연세대 정치외교학과

330 가족의 사회경제적 특성과 아동발달
김광혁 | 전주대 사회복지학과

331 초 · 중 · 고등학생의 학업소진 진행과정 및 경로분석
이상민 | 고려대 교육학과

332 다문화사회의 사법통역
이지은 | 이화여대 통역번역대학원

333 동아시아 지역주의
유현석 | 경희대 정치외교학과

334 환경친화적 공공시설관리와 지역공동체의 삶의 질
이소영 | 중앙대 실내디자인 · 주거환경학과

335 의료보험의 법정책
김나경 | 성신여대 법과대학

336 양극화 시대 가족해체와 청소년의 적응에 관한 한국과 미국의 비교 연구
오승환 외 | 울산대 사회복지학과

337 기업의 사회적 책임과 지역경제사회발전 연구
허영도 외 | 울산대 경영학부

338 노인의 삶의 질 향상을 위한 온라인 소셜 네트워크 구축 방안
김진우 | 연세대 경영학과

339 청소년 생활역량
윤명희 외 | 동의대 평생교육학과

340 외국인 배우자의 다양성과 국제결혼의 안정성
김두섭 | 한양대 사회학과

341 정보인권의 규범구체화
이민영 | 가톨릭대 법학과

342 한국 사회복지실천의 고유성
최성재 외 | 서울대 사회복지학과

343 스웨덴의 환경책임 실천모형
최희경 | 경북대 행정학부

344 자율운동과 주거공동체
윤수종 | 전남대 사회학과

345 한국인의 공공봉사동기
김상묵 | 서울과학기술대 행정학과

346 한국 이혼가정 아동의 성장
김혜숙 | 경인교육대 교육학과

347 동양 사상과 노인 복지
홍승표 외 | 계명대 사회학과

348 노동과 사회보장의 연계
오문완 | 울산대 법학과

349 학습장애 위험군 아동의 조기선별을 위한 읽기검사 표준화 연구
김애화 외 | 단국대 특수교육학과

350 신 · 재생에너지에 기초한 녹색성장과 사회통합
김인호 | 이화여대 법학전문대학원

351 문화교류역량과 다문화 경영이 기업 경영성과에 미치는 영향
임병학 외 | 부산외대 경영학부

352 빈곤영유아의 발달과 적응
정익중 외 | 이화여대 사회복지학과

353 민사법질서와 인권
양천수 | 영남대 법학전문대학원

354 성년후견제도와 사회복지제도의 연계
신권철 | 서울시립대 법학전문대학원

355 한국 다문화사회의 이방인
김순양 | 영남대 행정학과

356 현대 시민사회와 소비자계약법
이병준 | 한국외대 법학전문대학원

357 개인의 사회적 정보보호를 위한 공공 정보서비스 개선 연구
장항배 | 상명대 경영학과

358 여성교육투자에 대한 교육경제학적 탐색
백일우 외 | 연세대 교육학부

359 사회적 기업과 지속가능한 지역발전
임업 외 | 연세대 도시공학과

360 다문화가정 구성원에 대한 투트랙 한국어 교육방안 연구
박시균 | 군산대 국어국문학과

361 아시아의 빈곤과 한국기업의 역할
한인수 | 충남대 경영학부

362 유치원 · 초등학교 연계 환경교육
박희숙 | 공주대 유아교육학과

363 비정규 고용과 사회정책
구인회 외 | 서울대학교 사회복지학과

364 사생활의 자유에 관한 비교법적 연구
이창현 | 서강대 법학전문대학원

365 다중융합 환경 기반의 미디어스킨을 활용한 문화콘텐츠 디자인 적용방안에 관한 연구
오문석 외 | 광운대 미디어영상학부

366 북한이탈주민 여성의 성인식 관련 기초조사
한인영 외 | 이화여대 사회복지학과

367 노인주택 파노라마
유선종 | 건국대 부동산학과

368 시설보호 청년의 적응
정선욱 | 덕성여대 사회복지학과

369 다수 집단과 소수 집단의 심리
김혜숙 | 아주대 심리학과

370 바이오 휴머니티
권택영 | 경희대 영어학부

371 프랑스 다문화교육의 이해
이경수 | 상명대 불어교육과

372 한 · 중 서비스산업의 비교분석과 교역 확대 방안
김상호 | 리츠메이칸 아시아태평양대 국제경영학부

373 현대의학에 있어서 생명의 시간과 인간의 존엄
김학태 | 한국외대 법학전문대학원

374 0~3세 영유아의 영상물 과몰입 실태조사 및 정신건강증진 프로그램 개발과 적용
이경숙 | 한신대 재활학과

375 복지국가의 조세와 정치
양재진 외 | 연세대 행정학과

376 청소년기 자살행위 실태와 관련 요인
박선희 | 경희대 간호과학대학

377 기술혁신에 따른 지역 간 정보격차
최정혜 외 | 연세대 경영대학

378 한국 사회의 이중구조와 생애주기적 불평등
안상훈 편 | 서울대 사회복지학과

379 소비자의 친환경행동에 영향을 미치는 사회적 · 경제적 가치에 대한 고찰
송재기 | 텍사스테크대 경영학과

380 어머니 양육행동 관련 변인들과 유아 사회정서행동 간의 구조모형 분석
심숙영 | 숙명여대 원격대학원

381 조선족 여성, 동남아시아 여성 그리고 새터민의 적응 유형 분석 및 삶의 질 향상 방안 모색
정태연 | 중앙대학교 심리학과

아 | 산 | 재 | 단 | 연 | 구 | 보 | 고 | 서

37 유기질폐기물을 이용한 고단백사료원인 조류의 생산공정
최정우 외 | 서강대 화학공학과

38 초고속정보통신망의 수용성과 정책방향
박영상 외 | 한양대 신문방송학과

39 중국의 강남사회와 한중교섭
조영록 외 | 동국대 사학과

40 세계화시대의 사회 · 문화의식
신행철 외 | 제주대 사회학과

41 국내 외국인 노동자의 문제와 대책
성규탁 외 | 연세대 사회복지학과

42 노인인력 활용정책과 프로그램
김정후 외 | 강원대 법과대학

43 한일간 학술교류 현황과 활성화방안
정홍익 외 | 서울대 행정대학원

44 계량모형에 의한 한일 경제관계의 이해
김명직 외 | 한양대 경제학부

45 직장인의 음주행태와 삶의 질
진기남 외 | 연세대 보건행정학과

46 유통정보 시스템의 구조와 설계
정용길 | 충남대 경영학과

47 남북통일 이후 사회통합을 위한 교육의 역할
안기성 외 | 고려대 교육학과

48 대중음악에 심취한 청소년들의 심리적 특성
김인경 외 | 연세대 인간행동연구소

49 멀티미디어 시스템을 활용한 교육환경의 개선방안
김한일 | 제주대 컴퓨터교육학과

50 탈냉전기 한일관계의 쟁점
최상룡 | 고려대 정치외교학과

51 자치시대 새로운 '삶의 질' 지표의 모색
김형기 외 | 경북대 경제통상학부

52 유럽통합의 역내외 협력과 갈등
이호재 외 | 고려대 정치외교학과

53 21세기를 대비한 신노사관계
김재원 | 한양대 경제학부

54 대학의 시간제학생 등록제
안규철 외 | 전남대 교육학과

55 21세기에 대비한 방송통신정책
한진만 외 | 강원대 신문방송학과

56 주민참여를 통한 혐오시설 관리운영방안
박균성 외 | 경희대 법학부

57 여성의 정치적 권리인식과 정치참여
전경옥 외 | 숙명여대 정치외교학과

58 한국인 위장질환과 식생활 · 환경요인 및 *H. pylori* 감염과의 관계
이양자 외 | 연세대 식품영양학과

59 학생과 시민의 자원봉사활동
윤정일 외 | 서울대 교육학과

60 동북아 환경문제와 지역환경협력의 모색
신연재 외 | 울산대 정치외교학과

61 노인 자원봉사활동을 통한 사회통합 프로그램 개발
김동배 | 연세대 사회복지학과

62 물류정보 시스템
김태현 | 연세대 경영학과

63 전자식 문서교환을 이용한 항공화물 운송체계
민재형 | 서강대 경영학과

64 청소년과 성
이근후 | 이화여대 의과대학

65 민족통합과 무궁화호 위성의 남북한 공동활용방안
방정배 | 성균관대 신문방송학과

66 채식주의가 20대 여성의 영양상태와 에스트로겐 대사에 미치는 영향
성미경 | 숙명여대 식품영양학과

67 가상정보공간을 통한 지역개발 활성화 전략
유재천 외 | 한림대 언론정보학부

68 조산아 관리현황 및 정책수립 방안
박상기 외 | 조선대 의과대학

69 남북한관의 의식조사와 통일교육 개선방안
김동규 외 | 고려대 북한학과

70 동양 전통 자연사상 탐구
장동순 | 충남대 환경공학과

71 초고속정보망의 시뮬레이터 구현
한기준 | 경북대 컴퓨터공학과

72 유통원가 시스템의 유효성
정다미 | 명지대 경영학과

73 국악과 문화관광의 만남
정익준 외 | 동아대 국제관광통상학부

74 기업의 지식경영 활용사례
김창은 | 명지대 산업공학과

75 선진국과 한국의 직업교육 · 훈련제도의 특성과 한계
정주연 | 고려대 경제학과

76 제주지역 성인 여성의 자원봉사활동
이상철 외 | 제주대 사회학과

77 M&A와 문화충돌 관리
박원우 | 서울대 경영학과

78 폐금속광산 인근 주민들의 중금속 오염실태
정종학 외 | 영남대 의학과

79 북한 농촌 · 농업실태와 인력자원개발 시스템을 통한 북한 농민의 구호방안
박성열 | 건국대 교육공학과

80 중소 소매점의 경쟁력과 소매성과
채명수 외 | 한국외대 무역학과

81 고령자를 위한 쾌적한 실내온도와 착의량의 설정
정운선 | 안동대 의류학과

82 지역문화 이벤트 PR
박종민 | 경희대 언론정보학부

83 인터넷 지역정보화의 실태와 전략
유평준 외 | 연세대 행정학과

84 여성 삶의 질 향상을 위한 사회교육 활성화 방안
김양희 | 중앙대 가족복지학과

85 벤처기업과 벤처금융
강대석 외 | 충남대 무역학과

86 구조조정기에 있어서 실업대책과 사회안전망 구축
박천익 | 대구대 경제학과

87 한국 유아의 조기교육
이명조 외 | 한국외대 교육대학원

88 남북한 경제공동체 형성전략
이상만 | 중앙대 경제학과

89 지방자치회계의 투명성과 주민의 알 권리
권찬태 외 | 경북대 경영학부

90 정치지도자의 정책리더십
이해영 | 경일대 행정학과

91 경제위기와 한국인의 복지의식
신광영 외 | 중앙대 사회학과

92 북한의 노동
김강식 | 한국항공대 경영학과

93 우리나라 중소기업의 정보기술 활용 현황과 경쟁력 강화를 위한 제안
정승호 | 부산외대 정보시스템학과

94 인간배아복제의 법적 · 윤리적 문제점과 그 해결방안
최병규 | 한경대 법학부

95 가치변화에 따른 투표행태
조찬래 외 | 충남대 정치외교학과

96 인터넷 경매에서의 계약체결과 소비자보호
이기수 외 | 고려대 법과대학

97 세계화시대 남북한 통합의 방향과 과제
윤민재 | 서울대 사회발전연구소

98 글로벌 시대 지방정부의 문화마케팅 전략
박흥식 | 중앙대 행정학과

99 대졸여성실업의 실태분석 및 대학-노동 시장 간 효율적 연계방안
이은우 외 | 울산대 사회과학부

100 그린 투어리즘의 분석
이응진 | 대구대 관광학부

101 지방자치단체장의 부정부패
오일환 | 한양대 아태지역연구센터

102 산업화가 유교체제하 중국여성의 지위에 미친 영향
천성림 | 배재대 사회과학연구소

103 움직이는 말하기
유혜숙 외 | 나사렛대 교양학부

104 장애학생을 위한 특수교육공학의 활용
김용욱 | 대구대 중등특수교육과

105 지식기반사회의 평생교육 이해와 평생교육 프로그램 개발
박성열 | 건국대 교육공학과

106 N세대의 미술교육
김동철 | 대구교육대 미술교육학과

107 노후계획과 투자
권택호 | 여수대 국제통상학과

108 영화산업
양영철 | 경성대 연극영화학부

109 동유럽의 변혁과 언론의 역활
정대수 | 경남대 정치언론학부

110 환율, 임금, 물가가 국제경쟁력 및 수출입산업에 미치는 영향
하인봉 | 경북대 경제통상학부

111 일본기업의 기술혁신 전략
위정현 | 중앙대 상경학부

112 노후보장정책과 역저당연금제도
조덕호 외 | 대구대 행정학과

113 유비쿼터스 라이프와 미래 사회
김석수 | 한남대 멀티미디어공학과

114 죽음과 관련된 생명윤리적 문제들
구인회 | 가톨릭의과대 인문사회과학교실

115 경제적 세계화와 빈곤문제, 그리고 국가
김준현 | 한일장신대 인문사회과학부

116 한국의 세계불교유산
김종명 | 한국학중앙연구원 한국학대학원

117 복지레저서비스론
고태규 | 한림대 국제학부

118 자생적 철학체계로서 인간중심철학
선우현 | 청주교대 윤리교육과

119 전략적 통합과 한반도 평화체제
김승채 | 고려대 정책대학원

120 환경사법론
전경운 | 경희대 법학부

121 인터넷 자료를 통해 본 한국의 이혼 문화와 사회복지
성정현 외 | 협성대 사회복지학과

122 유럽연합의 사회정책에 관한 연구
문진영 | 서강대 신학대학원 사회복지학과

123 여성건강의 통합적 관점
김혜원 | 관동대 간호학과

124 복잡계 네트워크 과학
강병남 | 서울대 물리천문학부

125 경제적인 3세대 전원주택 개발
박근준 | 호서대 건축공학과

126 사회복지와 인적자원개발
이상일 | 인제대 국제경상학부